공정한 부동산, 지속가능한 도시

공정한 부동산, 지속가능한 도시

이한주 · 강식 기획

이상경 외 지음

시공사

공정하고 지속가능한 사회를 기대하며

경기도지사 이재명

세상을 살면서 애써 강조하지 않아도 될 기본이 되는 가치가 있다. 이들 가치는 우리 사회를 정상적으로 유지하기 위해 요구되는 틀이자 전제이다. 공정성과 지속가능성은 그런 가치다. 인류 역사는 공동체가 위태로울 때마다 기본이 되는 가치를 되새기고 다시 세우고자 했다. 『도덕경』에서는, 큰 도가 사라지면 인의(人義)를 강조하게 되고, 거짓과 위선이 난무하면 지혜(智慧)를 구하게 되며, 국가 질서가 무너지면 충신이 나선다고 했다. 코로나19 위기를 극복하고 사회 패러다임의 대전환을 모색하는 지금이야말로 공정성을 회복하고 지속가능한 사회의 기틀을 마련하는 일이 무엇보다 절실하다.

공정성 회복과 지속가능성 구축을 최우선 과제로 꼽는 배경에는 갈수록 더해가는 우리 사회 불평등과 격차, 그리고 생태 위기가 있다. 저출생과 고령화, 저성장, 소득과 자산 양극화, 세대 갈등, 기후변화 위기, 한반도 긴장 등 지금 우리 사회가 마주한 고질적인 문제들은 우리 공동체의 모든 구성원에게 기회와 자원이 골고루 미치지 않는 데서 비롯한다는 공통점이 있다.

우리나라는 급격한 산업화를 바탕으로 선진국 반열에 올랐고, 외형상 눈부신 성과를 거두었다. 그러나 물질적으로 풍요로워졌지만, 과연 우리 모두 행복한가를 물어야 하고, 이러한 물음에 답하며 지금까지 그래왔던 것만큼 앞으로도 지속적으로 성장할 수 있는가를 가늠해보아야 한다. 모든 사회 구성원들은 당장의 현실이 어렵더라도 앞으로 더 나아질 것이라는 희망이 있어야 한다. 불과 50년 전에는 지금과 비교할 수 없을 만큼 경제 수준이 낮았지만, 모두가 노력하면 나라가 살기 좋아지고 개인도 행복해질 것이라는 기대가 있었다. 무엇보다 가난과 시련을 함께 극복한다는 동질감은 절대적 빈곤을 극복하는 큰 동력이었다. 우리나라는 1인당 국민소득 3만 달러를 넘어섰지만, 더 이상 함께 행복하다고 여기기 어려울 만큼 상대적 박탈감을 겪고 있다. 우리 사회가 갈수록 고되고 우울한 것은 지금까지 이룬 성과가 부족해서가 아니라 모두가 함께 누릴 수 없기 때문이다. 일부에게 그리고 현세대에게 자원과 기회가 편중되지 않고 불평등과 격차를 줄이도록 노력할 때, 우리는 행복한 미래를 꿈꿀 수 있다.

선택의 기회가 주어지고 노력을 다한다고 해서 반드시 원하는 결과가 보장되는 것은 아니지만, 건전한 사회라면 세대를 막론하고 모두에게 기회가 열려 있어야 한다. 지금 우리 사회에서 공정성 회복과 지속가능성 기반을 강조하는 것은 사람들 간 격차가 돌이키기 어려울 만큼 커지고, 기회가 골고루 주어지지 않고, 인간 사회와 자연이 조화를 이루며 발전하지 않기 때문이다.

이번에 선보이는 『공정과 지속가능 프로젝트』는 사회, 경제, 복지, 도시·부동산, 민주주의, 한반도 평화 등 여러 영역에서, 우리 사회가 지향해야 할 공정하고 지속가능한 사회에 관한 담론을 다양한 시각에서 다루고 있다. 이 프로젝트의 연속 출간을 계기로 공정과 정의, 환경과 지속가능성, 평화 등 우리 시대의 가치에 대해 더욱 치열한 논의가 이루어지길 기대한다.

들어가며

최근 수년간 부동산 가격 상승이 지속되면서 자산 불평등 문제가 사회적으로 큰 이슈가 되고 있다. 주택을 가진 사람과 가지지 못한 사람 간 자산 격차가 확대되고 있으며, 주택가격 상승의 지역별 차이로 인해 공간적 불평등이 심화되고 있다. 이 같은 자산 불평등, 공간적 불평등 문제가 공정이라는 시대적 요구와 맞물리면서 부동산시장에 대한 국민들의 개혁 요구는 더 커지고 있다.

파인스타인(Fainstein) 교수는 정의로운 도시(Just City)의 세 가지 원칙으로 민주주의(Democracy), 다양성(Diversity), 형평성(Equity)을 들고 있다.[1] 정의로운 도시에서는 의사결정이 민주적이며 개인과 집단의 다양성이 존중되고 사회적 약자를 배려하는 공정한 분배가 이루어진다. 이런 점에서 국민의 요구를 반영하지 못하는 부동산정책, 주택가격 하락을 이유로 임대주택을 반대하는 주민들, 지역별로 차이가 나는 기반시설 수준은 정의로운 도시와의 거리를 더욱 멀게 한다. 반대로 국민이 공감하는 부동산정책, 사회적 약자와 공존하는 소셜 믹스주택단지, 낙후지역으로의 개발이익 환원은 정의로운 도시에 좀 더 가까이 가게 한다.

공정이 이 시대의 요구라면 지속가능성(Sustainability)은 미래 세대

---

1   Fainstein, S. (2010) The Just City, Cornell University Press.

의 요구라고 할 수 있다. 지속가능성은 1987년 유엔환경위원회에서 지속가능 개발(Sustainable Development)이라는 개념으로 처음 대두되었으며, '미래 세대들의 수요 충족 가능성을 위협하지 않는 선에서 현재의 수요를 충족시키는 발전'으로 정의되며 환경적·경제적·사회적 지속가능성을 모두 포괄하는 것으로 이해되고 있다. 최근 들어 지속가능성은 전 지구적 탄소중립정책과 맞물리면서 더욱 강력한 모습으로 우리에게 다가오고 있다. 지속가능성을 염두에 두지 않을 경우 기업도 국가도 성장을 기대할 수 없는 상황에 접어들고 있다. 이는 공간정책이 우리 시대에 한정된 근시안적 시각으로 만들어져서는 안 되며 다음 세대까지 염두에 둔 더 큰 정책이 되어야 한다는 것을 의미한다. 공정하면서 지속가능한 정책의 개발이라는 어려운 과제가 주어졌다고 할 수 있다. 이 같은 배경하에 이 책에서는 공정과 지속가능성을 화두로 이를 실현할 수 있는 부동산정책과 도시정책을 다양하게 다루고 있다.

이 책은 기획부터 출판까지 전 단계에 걸쳐 경기도 산하 경기연구원의 지원을 받았으며, 여기서 다루고 있는 정책들의 일부는 민선 7기 경기도의 부동산정책, 도시정책들과 밀접하게 관계된다. 민선 7기 경기도에서는 '새로운 경기, 공정한 세상'을 모토로 기본소득형 국토보유세, 기본주택, 공공개발이익 도민환원제 등을 정책화하였으며 일부 정책은 실행을 통해 검증도 하고 있다. 경기도의 이 같은 정책들은 이 책 여러 곳에서 다루어지고 있는데, 이런 점에서 이 책은 경기도 정책에 관심이 있는 독자들에게는 좋은 참고 자료가 될 수 있다.

이 책은 모두 4장 14절로 구성되어 있으며, 토지공개념 정책과 주거정책으로 구성된 부동산 정책과 도시 및 지역 차원의 공간정책으로 대별된다. 이 책은 저자들이 각자 구상한 정책들을 한 절씩 분담하여 서술하는 형식으로 작업을 하였다. 이로 인해 글의 연속성이 크지 않게 되었는데 연속된 흐름을 기대한 독자에게는 실망을 줄 수도 있다. 한편으로 정책 아이디어를 기대한 독자에게는 옴니버스식의 다양한 주제 구성이 읽는 재미를 줄 수도 있다.

제1장은 토지정책으로 토지공개념 실현방안을 중심으로 4개의 소절로 구성되어 있다. 제1장 제1절에서는 토지공개념에 대한 이해와 제도화 방향을 다루고 있다. 토지공개념이란 토지를 포함한 자연물은 인간이 생산한 일반 물자보다 공공성이 높다는 인식이다. 토지공개념의 현실적인 수단으로는 토지의 소유·거래·가격·이용·수익 등에 대한 규제가 사용된다. 더 넓게 본다면 토지 관련 금융에 대한 규제가 포함되기도 한다. 수단이 이처럼 다양하기 때문에 토지공개념은 시장경제에 위배된다는 오해가 생긴다. 자유시장경제학의 거목인 프리드리히 하이에크, 애덤 스미스, 밀턴 프리드먼도 토지의 이용·수익에 관한 규제는 시장과 무관하거나 오히려 시장 친화적이라고 하였다. 토지 불로소득 환수를 핵심으로 하는 시장 친화적 토지공개념은 부동산시장을 포함한 부동산 생태계를 건강하게 한다. 이상적인 제도를 궁극적 목표로 삼더라도, 기존 제도를 개혁하려면 저항·충격·적응 문제 등 현실의 문제에 대비하지 않을 수 없다. 이를 고려하여 지가를 유지하면서 토지 불로소득만 환수할 수 있는 '이자 공제형 전략', 국민의 절대다수가 순수혜자가 되는 '기본소득형 국토보유세 전략', 세율을 서서히 인상해가는 '점증형 전략'을 소개한다.

제1장 제2절에서는 토지공개념의 역사와 부동산 정책 시사점을 다루고 있다. 과거 토지공개념의 역사와 그 역사를 통해 얻을 수 있는 부동산정책 시사점이 무엇인지 살펴본다. 토지공개념의 현대적 출발점으로 평가되는 농지개혁의 진행과정과 내용, 효과를 알아보고, 박정희 통치기간 중에 토지공개념 정신이 어떻게 후퇴했는지를 대관소찰(大觀小察)한다. 아울러 노태우 정부의 토지공개념 복원 시도와 노무현 정부의 보유세 혁명을 살펴보고, 이명박 정부·박근혜 정부·문재인 정부의 부동산정책들을 일별한다. 또한 20세기 자본주의 시장경제의 주된 속성이라 할 부채경제가 토지공개념에 던지는 화두와 도전에 대해 알아본다. 끝으로 과거의 토지공개념 이행전략들이 갖는 한계를 살펴보고 현재에 주는 정책적 시사점들을 짚어본다.

제1장 제3절에서는 토지공개념 실현을 위한 바람직한 부동산 세제를 다루고 있다. 토지의 공공성을 강조하는 토지공개념의 실현을 위해서는 토지를 개발, 보유, 처분하는 단계에서 발생하는 불로소득을 원천적으로 차단하거나 환수해야 한다. 토지의 보유 단계에서 철저하게 환수하는 방안이 토지의 개발과 거래를 저해하지 않은 중립적인 방안이다. 현재 부동산 보유세제는 재산세와 종합부동산세를 부과하나, 지나치게 고가주택과 다주택자를 대상으로 한 급격한 누진구조를 통해 시장안정 기능에 초점이 맞춰져 있다. 시장을 왜곡하지 않는다는 점에서 토지의 보유 단계에서 토지의 불로소득을 철저히 환수하는 것이 가장 바람직하다. 이를 위해 취득세나 양도세와 보유세의 관계, 그리고 보유세 중 재산세와 종합부동산세의 관계 등을 고려하여 토지 보유세 중심으로 세제를 설계하고 개편하기 위한 방향을 제시한다.

제1장 제4절에서는 토지공개념에 기초한 주거권 실현방안을 다루고 있다. 주택문제 해결, 즉 전 국민의 주거권 실현은 토지공개념에 기초하는 것이 가장 정의로우면서 효율적이다. 개인이 소유한 일반주택이든 공공이 주거복지로 제공하는 공공임대주택이든 주택문제는 결국 건물이 터하고 있는 토지의 문제로 수렴되기 때문이다. 이런 주장을 위해 여기서는 '레짐'의 관점에서 접근하려고 한다. 주택을 포함한 모든 종류의 부동산 문제를 총체적으로 바라봐야 상호보완적인 대안, 주거권 실현이 가능한 새로운 레짐을 창출할 수 있기 때문이다.

제2장 주거정책에서는 먼저 기본주택과 사회주택을 중심으로 주택공급 정책을 다루며, 이어서 주거권 강화 차원에서 거버넌스 개편과 주거법원 도입을 제안하고 있다. 제2장 제1절에서는 기본주택의 개념 및 공급 활성화 방안을 다루고 있다. 지금까지 우리나라에서 국가의 의무인 주거권은 민간시장에 주로 맡겨 주택공급 및 자가소유를 촉진하는 방향으로 이루어졌고, 일부 계층만을 공공에서 대응해 왔다. 그러나 제한적 공공임대와 자가소유 촉진 정책만으로는 보편적 주거안정을 보장하기에 한계가 있다. 이로 인해 공공임대주택 입주 대상에서 벗어난 계층은 민간임차시장 또는 주택매매시장에 내몰려 불안정한 주거가 지속되어 왔다. 반면, 공공사업자는 임대주택 공급으로 인한 감가상각, 부채비율, 적자누적 등으로 임대주택 공급물량 확대에 한계가 발생하고, 취약계층 위주의 공공임대 정책은 기피시설화, 낙인효과로 인해 지역사회 수용성을 확보하지 못하고 있다. 기본주택은 공공의 역할 분담을 통해 현재의 주택공급 방식이 가진 한계를 넘어선 지속가능한 모델로 장기공공임대주택 정책의 확장성

을 확보할 수 있다. 공공사업자는 기본주택으로 경제·사회·환경 지속가능성을 확보하여 장기공공임대주택의 대량공급이 가능하고, 다양한 계층의 입주자는 부담가능한 임대료로 주거안정을 실현할 수 있다.

제2장 제2절에서는 사회주택의 성과와 정책적 과제를 다루고 있다. 국내에서 사회주택에 대한 논의는 주택가격과 임대료 상승으로 서민들의 주거 불안이 확대되었던 시기와 일치하고 있다. 이 결과 초기 사회주택은 영구임대주택으로 논의가 흡수되었으며, 2010년 이후 사회주택은 사회적 경제주체가 저소득층의 주거 안정을 목적으로 공급하는 장기임대주택으로 규정하여 공공임대주택의 보완재적 성격이 강조되고 있다. 사회주택이 공공과 민간으로 이원화된 국내 주택공급체계에서 제3의 주택공급 방식으로 자리매김하기 위해서는 사회주택의 기능을 확대하여야 한다. 사회주택을 시장가격보다 저렴한 임대료로 장기간 임대를 목적으로 공급되는 주택으로 정의할 필요가 있다. 또한 사회주택 입주 대상을 확대하고 이에 따라 공급유형을 다양화하여야 한다. 저소득층이 낮은 임대료로 장기간 거주할 수 있는 사회주택에 대해서는 동일효과에 대한 동일지원 원칙을 적용하여 공공임대주택 수준으로 공공지원을 확대하는 것이 필요하다. 상대적으로 소득수준이 높은 계층이 입주할 수 있는 사회주택은 양질의 주택을 공급하는 대신 임대료를 적용하는 방안을 도입할 필요가 있다. 국내 사회주택은 공공임대주택 공급과 전달체계의 경직성을 보완하고, 민간이 개발이익을 목적으로 공급하는 주택의 대체재로 성격을 동시에 요구받고 있다. 이를 위해 사회주택에 대한 인식 확대, 공공기관의 역할 확대 및 재원조달 구조의 다변화, 사회주택 입법화 노력

등 많은 과제를 해결하여야 한다.

제2장 제3절에서는 주거권 강화를 위한 주거정책 거버넌스 구축 방안을 다루고 있다. 이 절에서는 주거권 관점에서 공공임대주택 공급을 포함한 주거복지정책을 강화하고 정책의 효과성을 증진하기 위한 주거 거버넌스 구축방안을 영국과 싱가포르의 해외 사례를 바탕으로 검토하고 있다. 민간 주택협회의 참여 확대, 지방분권화를 통한 지방정부 기능 강화를 추진하고 있는 영국, 정부 주도의 강력한 주거지원 프로그램을 실행하고 있는 싱가포르의 주거 거버넌스 사례를 통하여 국내 주거권 강화를 위한 주거 거버넌스 구축의 3대 기본방향을 제안하였다. 지방분권적 주거 거버넌스 마련, 주거안정 목표 실행에 효과적인 주거 거버넌스 구축, 투명하고 지속가능한 주거 거버넌스 기반 마련이 여기에 해당한다. 또한 이를 실현하기 위한 거버넌스 체계로서 장관급 주거정책 전담부서의 설립을 제안하고 있다.

제2장 제4절에서는 주택임대차 보호 강화 차원에서 주거법원 도입을 제안하고 있다. 이 절에서는 임대차 3법 도입 시행과정에서 증가할 것으로 예상되는 주택임대차 분쟁 등에 보다 효과적으로 대응하기 위한 대안으로 주거와 관련한 분쟁과 소송을 전담할 수 있는 주거법원 설치방안을 다루고 있다. 기존의 주택임대차분쟁의 90% 이상은 임차인이 제기하며, 보증금 반환과 관련된 분쟁이 대다수를 차지한다. 주택임대차분쟁조정위원회는 저렴한 비용에 신속한 갈등 해결을 제공한다는 점에서 효과적일 수 있지만, 조정 상대방이 동의하지 않는 경우, 조정절차가 개시되지 않는 한계점이 존재한다. 주택임대차 분쟁 조정 및 주거와 관련한 복잡하고 다양한 사회적 갈등을 해결하기 위하여 주거법원 제도를 도입한다면, 주거법원 내의 소액심

판, 민사조정제도를 통한 조정위원회 등을 활용하여 임대차 분쟁에 대하여 신속하고 효과적으로 대응할 수 있을 것으로 판단된다. 향후 주거법원의 기능 확대를 위해서는 단순히 임대차 분쟁뿐 아니라, 분산된 주거 관련 분쟁조정위원회의 기능을 통폐합하여 법원 내 조정위원회에서 해당 기능을 담당하고, 도시정비사업 및 도시계획 등 주거와 관련한 개발, 계획, 규제 등 다양한 주거 부문 이슈를 총괄적으로 다루는 방안을 고려할 수 있을 것이다.

제3장 도시정책은 3개의 소절로 구성되어 있으며, 여기서는 도시재생사업의 대안인 시민체감형 도시르네상스사업과 젠더 관점에서 본 여성친화도시, 경기도의 공공개발이익 도민환원제를 발전시킨 공공개발이익 국민환원제 도입을 주제로 하여 글을 전개하고 있다. 먼저, 제3장 제1절에서는 도시생태계를 살리는 시민체감형 도시르네상스사업을 다루고 있다. 우리나라 도시들은 지난 세기 국가경제성장에 힘입어 급격한 팽창을 경험하였지만 2000년대 들어 일부 도시들에서 인구가 감소하거나 도시의 활력이 떨어지는 현상이 나타났다. 이에 대한 대안으로 도시재생사업이 나타났으며 노무현 정부와 이명박 정부를 거치면서 유사한 형태로 전개되었다. 박근혜 정부부터 관련법을 만들어 도시재생사업을 본격적으로 시작하였고 현 정부에서는 이를 좀 더 확대하여 사업 수를 증가시키고 유형을 세분화하였다. 그럼에도 지금의 도시재생사업은 지역의 근본적인 도시생태계를 복원하거나 활성화하는 데에는 역부족이다. 이제는 도시재생사업에 대한 철학과 주체의 근본적인 변화를 통해 혁신적인 변화가 필요하다. 이를 위해 쇠퇴지역을 복원하는 지역르네상스사업을 도입하고 도시의 핵심지역을 도시혁신사업을 통해 양방향적으로 도시생태계를 활

성화시켜야 할 것이다. 또한 국비와 지방비 위주의 도시재생사업에서 민간협력 시스템을 도입하여 도시재생사업의 파급효과를 극대화할 필요가 있다. 또한 각 도시마다 도시 기본정주권을 누릴 수 있도록 물리적 시설의 확충과 함께 기본정주권을 확립할 수 있는 지속가능한 공동체 시스템, 나아가 건강한 도시생태계를 구축해야 할 것이다.

제3장 제2절에서는 여성친화도시의 공정성 및 발전방향을 다루고 있다. 여기서는 국내 도시를 위한 공정한 성평등 공간정책의 발전방향을 모색하기 위하여 도시계획 분야에서의 국내외 성평등 관련 논의와 국내 대표적 성평등 도시정책인 여성친화도시의 경과 및 성과 등을 검토하고, 결론에서 생물학적 성 구분에 기초를 둔 배타적 여성친화도시보다는 포용적 성평등 도시를 지향할 것, 사회적·기술적 변화를 반영할 것, 그리고 현실적 문제해결과 전략적인 패러다임의 변화를 함께 꾀할 것을 제안하고 있다.

제3장 제3절에서는 공공개발이익 국민환원제를 다루고 있다. 개발이익 환원은 환수를 넘어 분배의 문제를 다룬다는 점에서 지역 격차와 같은 공간 불평등 문제와 자산 불평등 문제에 대처할 수 있는 정책적 수단이 될 수 있다. 공공개발이익 국민환원제는 경기도의 공공개발이익 도민환원제 개념을 국가 차원으로 발전시킨 것으로 공공의 행정 조치 및 직간접 투자로 발생하는 개발이익을 환수하여 국민에게 환원하는 제도로 정책수단으로 지역재투자, 결합개발, 사전협상 등을 활용할 수 있다. 공공개발이익 국민환원제는 지역균형개발사업의 시행, 공공임대주택의 공급, 기본소득의 재원마련 등에 활용될 수 있다. 이 제도는 개발사업의 패러다임을 변화시켜 이윤 중심의 개발에서 사회문제 해결에 기여하는 개발로의 전환을 유도할 수 있다.

14

제4장은 지역 및 국토정책이 중심이 되고 있으며 3개의 소절로 구성되어 있다. 지방분권과 지역균형발전, 일자리 창출과 지역경제 리질리언스, 풍요로운 국토를 주제로 글을 전개하고 있다. 제4장 제1절에서는 지방분권과 지역균형발전의 관계를 다루고 있다. 우리나라의 지방자치제도는 1980년대 민주화운동의 유산으로 민주주의 국가로서 지키고 발전시켜야 할 절대적인 가치다. 이 제도는 정치사회뿐만 아니라 국토계획에도 많은 영향을 미쳤고, 국토균형발전을 위한 중앙정부와 지방정부의 정책 환경을 변화시켰다. 1970년대 권위주의 정부에서 등장했던 균형발전 패러다임은 1990년대 지방자치와 맞물리며 정권에 따라 부침이 있어왔지만, 지방자치를 더욱 발전시킨 지방분권, 더 나아가 '자치분권' 개념을 등장시켰다. 그러나 균형발전, 지방자치, 지방분권이 등장한 역사적 맥락은 모두 상이하며, 정책집행에 있어서 개념들 간의 충돌지점도 엄연히 존재한다. 균형발전의 출발이 지방자치를 발전시키고자 한 것이 아니었고, 지방자치가 균형발전에 기여하지 못하는 현실이 이를 보여준다. 특히 지방분권은 중앙정부의 역할이 무엇보다 중요해지고 그 권한이 오히려 결정적이 되면서 자치제도를 위협하고 지역 양극화를 촉진시킬 수도 있다. 그럼에도 지방자치와 균형발전은 부정할 수 없는 우리 사회의 중요한 가치이고, 지방분권의 흐름 또한 거스를 수 없는 것도 사실이다. 그렇기에 우리는 지방자치, 분권, 균형발전을 가치적으로 긍정하는 것을 넘어서, 이를 뒷받침하는 정치사회구조를 어떻게 만들 것인가에 대한 질문을 던져야 한다.

　　제4장 제2절에서는 일자리 창출과 지역경제 리질리언스를 다루고 있다. 최근 들어 우리나라의 고용률은 낮아지고 실업률은 증가하여

국민들의 일자리 문제는 크게 악화되었다. 청년층(15~29세)의 체감실업률은 25.1%로 역대 최고다. 선도하는 산업이 아닌 따라가는 산업의 사업체 수와 종사자 수가 4배나 많기 때문에 이에 대한 정책적 관심을 높게 두는 것은 중요하다. 하지만 소상공인 중심의 정책이 일자리 창출 전략의 중심이 될 수는 없다. 일자리 창출을 위한 정책은 선도하는 산업들에 중점을 두어야 하고, 새로운 경제활동을 창출하는 데 중점을 두어야 한다. 일자리 정책은 힘 있는 다수가 아니라, 힘없고 미약하지만 새로운 기회를 창출해내는 작은 목소리가 성장할 수 있도록 하여야 한다. 지속가능한 경제발전을 이루기 위한 일자리 정책은 지역계획을 필요로 한다. 기업가정신이 있는 도시로 만들어야 한다. 지역을 기능적으로 편리하게 하고 이동을 막힘없이 흐르게 해 주어야 한다. 안전을 제공하고 건강과 위생을 제공하여야 한다. 사회적 상호작용을 촉진하고 사회적 자본을 증진시켜 지역 경제생태계의 발전적 변화를 가능하게 하는 지역을 만들어야 한다. 일자리 정책의 공정함은, 경제의 변화발전을 가능하게 하는 것이고, 그러한 변화발전을 통하여 더 큰 편익을 창출하는 것이며, 이렇게 커지는 혜택을 모든 시민이 골고루 누릴 수 있게 하는 것이다.

제4장 제3절에서는 풍요로운 국토를 위한 다양한 정책 아이디어를 다루고 있다. 이 절에서는 좁은 국토에 많은 인구가 살아 식량과 에너지 자급이 안 되는 우리 국토의 숙명에 대해 먼저 고찰하였다. 자급이 안 되는 좁은 국토의 한계를 뛰어넘기 위해 농업이 아닌 공산품의 생산과 교역이 필요하며, 교통여건이 불비한 상황에서 생산성 향상을 위해 수도권 인구집적이 이루어졌다. 인구집중의 결과 과밀과 혼잡이 발생하였으며, 대규모 유행병에 취약한 공간구조가 만들어졌

다. 이를 극복하기 위한 방안으로 내부교통망의 확충을 통한 인구분산이 필요하다. 국토 골격 형성을 위해서는 독시아디스가 제창한 다이나-메갈로폴리스 도시구축전략의 적용이 유용할 수 있다. 국제교역로의 다양화, 식량과 에너지의 자급률 제고가 국토의 회복탄력성을 위해 필요하다.

이 책은 앞서 밝혔듯이 경기연구원의 전폭적인 지원에 힘입어 만들어졌다. 하지만 이 책에서 다루고 있는 정책은 경기도만을 대상으로 한 것은 아니며 우리나라 어디에서나 쓰일 수 있는 정책이라고 할 수 있다. 이는 경기연구원의 열린 입장이 없었다면 도달 불가능한 목표가 되었을 것이다. 이와 관련하여 경기연구원에서 연구지원 업무를 맡아 쉽지 않은 일들을 처리해준 김정훈 박사와 오윤경 연구원께 감사를 드린다.

마지막으로 이 책이 나오기까지 많은 노력을 기울여 주신 시공사 박헌용 대표님과 편집진에게 감사를 드린다. 연결성이 크지 않은 주제들을 하나의 책으로 만든다는 것은 그만큼 많은 노력을 필요로 한다는 점에서 시공사의 헌신이 없었다면 이 책은 세상에 나오기 어려웠을 것으로 보인다. 거듭 감사의 인사를 드린다.

필자들을 대표하여 이한주·이상경 씀

Contents

제1장

·

토지정책

토지공개념의 이해와 제도화 방향

김윤상(경북대학교 명예교수)

주택과 같은 부동산은 토지와 토지개량물(건물)의 합인데, 시간이 지나면 감가되기 마련인 건물에서는 불로소득이 생기지 않고 투기 대상도 되지 않는다. 따라서 부동산 문제의 초점은 '건물'이 아니라 '토지'다. 주거권 실현을 주제로 삼는 본 연구에서도 토지에 초점을 맞추어 접근한다.

우리나라에서는 1960~1970년대의 급속한 경제성장에 따라 토지가격이 전례 없이 엄청나게 상승하면서 갖가지 문제가 발생하였는데, 그 대책과 관련하여 '토지공개념'이라는 용어가 사용되기 시작하였다. 본격적으로는 1988년 서울 올림픽을 전후하여 부동산 가격이 폭등하자 노태우 정부가 토지공개념연구위원회를 구성하고 연구 결과를 정부가 법제화함으로써 제도적으로 뿌리를 내리게 되었다.

　토지공개념이란 토지를 포함한 자연물은 인간이 생산한 물자보다 공공성이 높다는 인식이다. 토지공개념의 수단으로는 토지의 소유·거래·가격·이용·수익 등에 대한 규제가 사용되며, 그 외에 토지 관련 금융에 대한 규제가 사용되기도 한다.

　제1절에서는 토지는 왜 일반 물자와는 달리 공개념이 필요한지, 토지공개념과 시장경제의 관계는 어떤지, '시장친화적' 토지공개념이 우리 사회에 어떤 좋은 효과를 낳을지를 검토하고, 제도 개혁에 따른 저항·충격·적응 문제 등을 고려하여 우리 현실에 구현할 수 있는 토지공개념 도입 방안을 개관한다.

1. 토지공개념이 필요한 이유

　토지가 일반 물자보다 공공성이 높은 이유는 토지의 특수성에서 나온다. 이를 토지의 자연적 특수성, 토지이용의 특수성, 토지시장의 특수성으로 나누어 검토해보자.

1) 토지의 자연적 특수성

(1) 천부성

　토지는 사람이 생산한 물자가 아니라 자연이 베풀어준 물자, 즉 천부된 물자라는 점에서 인공적 생산물과 다르다. 인공물의 경우 노력과 기여의 대가를 노력한 자에게 귀속시킨다는 '생산자 소유의 원칙'이 사유재산제의 기본 철학이다. 그러나 토지처럼 사람이 생산하지 않은 자연물에 대해서는 사유재산제 원리가 그대로 적용되지는 않는다.

(2) 고정성

토지는 위치와 면적이 고정되어 있다. 늘 거기에 그만큼 존재할 뿐이다. 그 때문에 누군가 토지를 배타적으로 점유 또는 소유하면 다른 사람이 그만큼 배제된다. 지구 전체로 보면 사람이 이용하지 않는 넓은 면적의 토지가 있는데도, 대도시 등 지역에서 토지의 희소성이 극심하게 나타난다. 또 우리나라처럼 인구밀도와 토지이용도가 높은 나라에서 토지를 수입하여 희소성 문제를 완화할 수도 없다.

(3) 토지의 자연적 특수성과 토지공개념

토지가 천부성과 고정성을 가진다는 자연적 특성으로부터 논리적으로 토지가 사유 대상이 될 수 있는지에 대한 의문이 도출된다. 현재의 토지사유제는 토지가 어떤 경위로든 일단 사유화된 이후에는 그 소유권을 법적으로 존중한다는 정도일 뿐, 토지의 원초적 소유를 정당화할 철학적 근거는 되지 못한다.

현재 학계에서 인정되는 토지 소유의 철학적 근거로는 '로크의 단서(Lockean proviso)'가 있다. 존 로크(John Locke, 1632~1704)는 『통치론』(제2론) 제5장 소유권 편에서 "대등한 품질, 충분한 양의 무소유 토지가 남아 있는 경우"라는 단서를 충족할 경우에는 토지에 인공을 가한 자가 그 토지를 소유할 수 있다고 하였다.

로크는 인구와 경제 상황에 비해 가용토지가 남아도는 사회에서 살았고 또 당시는 유럽인이 토지를 찾아 아메리카 대륙으로 대거 이주하던 시기였기 때문에 이런 단서로 충분하다고 여겼을지 모른다. 그러나 토지의 희소성이 너무나 분명한 현대사회에서 이 단서는 오히려 토지 소유권을 부정하는 근거가 될 수도 있다. 그렇다면 오늘날 토지 소유권은 생산물에 대한 소유권과 달리 자연권이 아니라 사회적 합의의 결과일 뿐이다.

2) 토지이용의 특수성

(1) 토지이용의 외부효과

토지는 물리적으로 연속적이며 서로 인접되어 있다는 연접성을 가진다. 이런 특수성 때문에 토지는 필지별로 분할하여 거래 또는 이용의 대상으로 삼게 되는데, 하나의 토지를 이용하는 행위는 당해 토지 이외에 주변 토지에까지 영향을 미친다. 인간의 모든 행위가 다소의 외부효과를 가지기는 하지만 토지이용의 외부효과는 특히 강하므로, 토지이용의 '공간적 조화' 문제가 대두된다.

(2) 토지이용 결과의 경직성

토지이용 결과는 쉽게 바꿀 수 없다는 경직성을 가진다. 경직성이란 다음 세 가지 특성을 포함한다. 토지이용 결과가 대체로 당해 토지와 강하게 결합하여 쉽게 분리되지 않는다는 결합성, 수명이 길어 상당 기간 지속한다는 내구성, 그 결과를 조성하거나 제거하거나 이동하려면 금전적·시간적 비용이 많이 든다는 고비용성이 그것이다. 이 때문에 어느 시점의 토지이용 결과는 다음 시점의 토지이용에까지 영향을 미치게 된다. 따라서 토지이용의 '시간적 조화' 문제가 대두된다.

(3) 토지이용의 특수성과 토지공개념

위에서 토지이용의 외부효과와 이용 결과의 경직성 때문에 토지이용의 공간적·시간적 조화가 필요하다고 하였다. 모든 토지를 하나의 주체가 영구히 소유하고 이용한다면 공간적·시간적 조화를 위한 토지공개념은 필요 없다. 그러나 토지를 필지별로 분할하여 여러 주체가 사용하며 또 수시로 소유자와 사용자가 바뀌는 상황에서는 전체 토지의 관점에서, 그리고 장기적인 관점에서 토지이용의 지침을 정할 필요가 있다. 이런 지침의 한 예가 '도시계획'인데, 다음 항('토지공개념과 시장경제')에서 더 자세히 다루기로 한다.

3) 토지시장의 특수성

(1) 지가의 결함

토지시장에는 지가를 매개로 토지 소유권 거래가 이루어지는 매매시장과 지대(임대료)를 매개로 토지임차권 거래가 이루어지는 임대차시장이 있다. 우리나라를 포함한 대다수 국가에서처럼 소유권의 기한이 무기한인 사회에서 지가는 무한한 미래의 토지 사용가치를 반영하는 가격이다. 그러므로 이론상 지가는 무한한 미래 지대를 할인율을 통해 자본화한 금액이다.

이런 특성으로부터 지가는 토지가치를 잘 나타내지 못한다는 결점이 생긴다. 그 이유는 두 가지다. 하나는 지가를 평가하려면 무한한 미래의 지대를 예측해야 하는데, 인간의 미래예측 능력은 매우 제한적이므로 지가 역시 매우 부정확하다는 점이다. 다른 하나는 지가는 이자율의 영향을 받기 때문이다. 이자율이 하락하면 지가가 상승하고 이자율이 상승하면 지가가 하락한다. 주택 전세금과 이자와의 관계도 마찬가지다. 전세금이 주택의 질이나 주거환경과 수준이 동일하다 하더라도 이자율에 따라 변화한다.

(2) 토지 불로소득 발생

이처럼 지가가 토지가치를 제대로 반영하기 어렵기 때문에 현실에서는 토지 소유로 인해 불로소득이 흔히 발생한다. 상당한 금액의 토지 불로소득이 만성적으로 발생하는 사회에서는 토지 투기가 일상화된다.

토지 소유자는 매매를 통해 매매차액을 얻고 보유하는 동안 지대(임대료)소득을 얻는데, 두 소득에서 토지 소유자가 매매와 보유를 위해 지출하는 소유비용을 공제하면 토지 불로소득이 된다. 식으로 표시하면 이렇게 된다.

토지 불로소득 = 토지 매매차액 + 토지 임대소득 - 토지 소유비용

토지를 타인에게 임대하지 않고 자신이 사용하는 경우에도 임대료를 타인에게서 받지는 않지만, 자신이 누리는 임대가치, 즉 귀속지대(imputed rent)는 역시 소득이다. 세금 등을 제외한다면 토지 소유비용은 주로 매입지가에 대한 이자에 해당한다. 자기 돈으로 매

입한 경우에도 그 이자 상당액은 기회비용이므로 비용이라는 점에 변함이 없다. 토지 임대소득을 '지대'로, 토지 소유비용을 '이자'로 바꾸어 위 식을 다시 표현해본다.

토지 불로소득 = 토지 매매차액 + 지대 이자
= 토지 매매차액 + 지대 이자차액

(3) 토지시장의 특수성과 토지공개념

토지시장이 이러한 특수성을 가지고 있기 때문에 토지시장에 대해서는 일반재화의 시장과는 다른 정책적 대응이 필요하다. 자세한 내용은 아래 항에서 다루기로 한다.

2. 토지공개념과 시장경제

우리 현실에서는 토지공개념이 시장경제에 위배된다는 견해가 적지 않다. 소모적 논란을 해소하기 위해 토지공개념과 시장경제의 관계에 대해 검토해볼 필요가 있다.

앞서도 지적하였듯이 토지가 근본적으로 사유의 대상이 될 수 있는지에 대한 철학적 의문이 존재하지만, 여기에서는 우리 사회처럼 토지사유제가 이미 정착된 사회 또 시장경제를 기본으로 삼는 경제체제를 전제한다.

1) 완전경쟁 토지시장과 토지공개념

흔히 시장경제를 정부 개입 없는 방임경제라고 오해하기도 하지만, 완전경쟁시장에서도 토지의 여러 특수성 때문에 토지의 이용과 수익에 관련된 토지공개념이 필요하다. 그러나 이는 논쟁이 많은 주제이며 특히 시장경제 신봉자들이 토지공개념에 대해 의문을 많이 제기하므로, 시장경제와 신자유주의 경제학의 거목인 하이에크, 애덤 스미스, 밀턴 프리드먼의 견해를 소개하려고 한다.

하이에크(Friedrich August von Hayek, 1899~1992)는 1980년대부터 세계를 지배한 '자유시장경제' 이념의 대부로 알려져 있다. 그는 시장에 대한 정보는 시장참여 당사자들이 가장 잘 알기 때문에 정부가 시장에 개입하는 어떤 행위도 결과적으로 시장작용을 왜곡할 수밖에 없다고 하면서, 계획경제와 같은 인공적 질서에 반대하였다.

그런데 의외로 하이에크는 '도시계획'의 필요성을 인정하였다. 인구밀도가 높은 도시에서 토지를 각 소유자가 알아서 이용하도록 하면 도시 전체 토지의 관점에서 비효율적인 결과가 초래된다. 따라서 전체적인 관점의 토지이용 방안, 즉 '도시계획'을 수립하고 개별 소유자는 그 계획에 맞춰 토지를 이용하도록 하는 것이 좋다고 하였다.

다만 그는 시장의 가격기구를 무력화시키고 중앙통제로 대체하는 의미의 '도시계획'에는 분명하게 반대하면서 이렇게 정리한다. "문제는 도시계획에 찬성해야 하는지 말아야 하는지가 아니라, 도시계획에서 사용하는 수단이 시장을 보완하고 지원하는지, 아니면 시장을 정지시키고 중앙통제로 대치하는지에 있다."[1]

　도시계획이 수립되면 개별 토지의 가격은 그 계획에 의해 큰 영
향을 받게 된다. 따라서 각 토지 소유자는 자신의 행위와 무관하
게 불로소득을 얻거나 책임 없는 손실을 보게 된다. 하이에크는 이
를 해결하기 위해 토지가치를 사회가 징수하여 공동으로 사용하는
제도를 긍정적으로 소개한다. 이것은 19세기 미국의 토지개혁가 헨
리 조지(Henry George, 1839~1897)가 제안한 '지대세(land value tax)'와
같다.[2]

1　　Hayek, Friedrich, A. (1960). *The Constitution of Liberty*, London: Routledge &
　　　Kegan Paul. p.350.

2　　다만, 하이에크는 지대세의 현실 도입에는 회의적이었다. 토지가치에는 토지의
　　　자연적 형질, 사회적 원인, 개별 소유자의 행위가 영향을 주는데 이들을 실무적
　　　으로 구별하기 어렵다는 이유에서다. 토지가치 중 소유자의 행위로 인한 부분
　　　은 환수 대상이 아니라고 보는 듯하다. 원칙이 실무에서 완벽하게 구현되는 경
　　　우는 별로 없을 텐데, 이런 정책을 다 포기한다면 무엇이 남을까? 하이에크는
　　　실무적 어려움이 원칙을 포기할 정도로 심각한지를 검토했어야 하는데, 그렇게
　　　하지 않고 성급한 결론을 내린 것으로 보인다. 아마도 논리적으로는 도시계획
　　　의 필요성과 지대세의 우수성을 인정할 수밖에 없지만, 그래도 정부 개입을 싫
　　　어하는 마음이 작용하여 현실 도입에 반대하는 결론으로 기울고 만 것이 아닐
　　　까? 이념적 편향성 혹은 고정관념이 논리를 무력화시킨 셈이다. 하이에크는 80
　　　대 후반의 나이에 자신의 인생을 돌아보는 인터뷰에서도 지대세에 대해 언급하
　　　였다. 요약하면 다음과 같다. "대학 1학년 때 누군가의 소개로 독일의 헨리 조지
　　　운동에 참여한 적이 있었는데, 내가 경제학에 입문하는 결정적인 계기가 되었
　　　다. 그 후 이 운동에 대한 열정은 급속하게 식었지만, 지금도 내 생각에는 지대
　　　세는 실용성에 문제가 있을 뿐 이론적으로는 사회주의적 제안 가운데 논파하기
　　　가 가장 어려운 것으로 보인다. 실용성의 문제란, 토양의 원초적이고 항구적인
　　　힘과 여러 종류의 개량 결과를 구분하기가 사실상 불가능하다는 점이다(Kresge,
　　　Stephen and Lief Wenar(eds.) (1994). *Hayek on Hayek: An Autobiographical Dialogue*,
　　　London:Bartly Institute. p.63)." 이를 통해 하이에크가 지대세에 대해 가지고
　　　있던 생각이 일관된 것임을 알 수 있다.

지대에 대한 과세의 우수성에 대해서는 자유시장경제 이론의 원조 애덤 스미스(Adam Smith, 1723~1790)도 『국부론』에서 이렇게 지적하였다.

"토지 지대는 많은 경우 토지 소유자가 자신의 노력과 무관하게 얻는 소득이다. 정부 비용에 충당하기 위해 이런 소득을 징수하더라도 어떤 산업에든 지장을 주지 않는다. 사회 전체의 토지와 노동에 의한 연간 생산, 국민 전체의 실질적인 부와 소득은 과세 전과 동일할 것이다. 그러므로 지대는 과세 대상으로 가장 적합한 유형의 재원(revenue)이다."[3]

자유시장경제의 또 다른 거목 밀턴 프리드먼(Milton Friedman, 1912~2006)은 작은 정부를 강조하면서 정부 재원은 '가장 덜 나쁜 세금(least bad tax)'인 토지보유세, 환경세 등으로 우선 충당해야 한다고 하였다.[4] '가장 덜 나쁜 세금'이란 물론 필요악인 세금 중 가장 좋은 세금이라는 뜻이다.

생산·유통 등 경제활동에 부과하는 세금은 시장작용을 저해한다. 반면 토지는 인간이 생산하지 않았고 존재량을 변화시킬 수 없으므로, 토지 보유에 부과하는 세금은 시장작용을 왜곡하지 않는다. 토지공개념 중 적어도 토지보유세는 시장경제에 위배되지 않는

---

3 Smith (1776). Book V, Chapter II, Part II, Article I.

4 프리드먼은 지대세의 우수성을 여러 차례 언급하였다. 예를 들면 Friedman, Milton (1993). "An Interview with Milton Friedman", *Human Events*, 38(46), 1978 November 18. Quoted in Charles Hooper, "Henry George", *The Fortune Encyclopedia of Economics*, New York: Warner Books; Friedman, Milton (2014). "Milton Friedman Talks About Property Taxes", https://www.youtube.com/watch?v=yS7Jb58hcsc.

다는 사실을 이보다 더 강하게 뒷받침해줄 수는 없다. 그렇다면 시장경제를 위해서는 토지보유세 중심의 세제개혁을 추진해야 한다.

현재 우리 현실에서도 토지처럼 자연의 일부인 주파수를 경매하여 그 가치를 공유하고 있으며 이에 대해서는 아무런 이견이 없고 오히려 시장친화적이라고 평가받고 있다. 주파수와 토지는 모두 인간이 생산하지 않은 자연물이라는 점에서 공통적이다. 그 밖에 천연자원을 국유로 하고 환경오염자에게 부담금을 물리는 것도 자연공개념에 근거를 둔 제도인데, 이에 대해 반시장적이라고 트집 잡는 사람은 없다. 다만, 토지는 주파수 등과는 달리 과거에 어떤 식으로든 사유화가 이루어져서 기득권층이 존재한다는 차이가 있을 뿐이다.

2) 현실의 토지시장과 토지공개념

완전경쟁시장은 경제학의 유토피아다. 자원배분이 효율적으로 이루어지기 때문이다. 완전경쟁 토지시장의 모습을 그려보자. 토지가격은 토지의 생산성과 효용에 맞추어 변화한다. 가격이 모든 토지의 생산성과 효용을 반영하므로 토지에서 불로소득이 발생하는 일이 없다. 따라서 토지투기도 존재하지 않고 토지로 인한 부당한 경제적 불평등도 생기지 않는다.

시장경제를 지향한다면 현실의 시장을 가능한 한 완전경쟁시장에 가깝도록 보완해야 한다. 그러자면 토지가격이 토지의 효용을 정확하게 반영하도록 해야 완전경쟁시장에 가깝게 된다. 그런데 앞서 지적하였듯이 지가는 매우 불완전한 가격이다. 이런 결함으로

인해 불로소득이 발생하고 투기가 일어난다. 그러나 자유시장경제
의 거목들이 인정한 방식, 즉 지대를 토지보유세로 환수하면 토지
불로소득은 0이 되고 따라서 토지투기도 사라진다.[5]

3) 시장 친화적 토지공개념

위에서 보았듯이 하이에크는 토지이용을 개별 토지 소유자에게
맡겨두면 사회 전체의 관점에서 비효율이 초래되므로 '도시계획'이
필요하며, 도시계획이 개별 토지의 가격에 영향을 미치므로 지대를
토지보유세 방식으로 징수하는 것이 좋다고 하였다. 스미스와 프리
드먼은 지대를 징수하는 토지보유세는 다른 조세와는 달리 시장작
용을 저해하지 않는 우수한 조세라고 하였다. 즉 도시계획은 시장
경제이건 아니건 필요하며, 시장경제를 위해서는 토지보유세 중심
의 세제가 최선이라는 것이다. 그러므로 이런 내용의 토지공개념을
'시장친화적' 토지공개념이라고 부를 수 있다.

다만, 하이에크는 가격기구를 무력화시키고 중앙통제로 대체하
는 의미의 '도시계획'이 되어서는 안 된다고 하였다. 그렇다면 시장
친화적 토지공개념은 토지의 이용·수익에 관한 규제가 중심이 되
어야 하고, 토지의 소유·거래·가격·금융에 대한 규제는 부득이한
경우에 그쳐야 한다. 다음 항에서 보듯이, 토지 불로소득을 환수하
면 토지투기가 사라지기 때문에 종래 토지투기 대책으로 사용해온

5　지대 전체가 아니라 지대에서 매입지가에 대한 이자를 공제한 나머지만 환수하
여도 토지 불로소득은 없어진다. 이 점에 대해서는 아래 '토지공개념의 현실 구
현방안' 항의 '이자 공제형 전략' 부분에서 설명하기로 한다.

소유·거래·가격·금융에 대한 각종 규제는 예외적인 상황이 아닌 한 필요하지 않게 된다.

3. 토지공개념의 효과: 건강한 부동산 생태계

앞에서 보았듯이 시장친화적 토지공개념의 내용은 도시계획과 토지 불로소득 환수이다. 이 중에서 도시계획의 필요성에 대해서는 반대 의견이 별로 없으므로 생략하고, 토지 불로소득 환수의 효과에 대해 살펴본다. 토지 불로소득을 토지보유세로 환수하면 현실 토지시장의 큰 문제가 해소되면서 부동산 생태계가 완전경쟁 토지시장에 가깝게 건강해진다. 건강한 생태계의 장점은 이루 다 말할 수 없을 정도로 많지만, 여기에서는 그중 본 연구과제와 관련이 깊은 효과 몇 가지에 대해서만 언급하기로 한다.

1) 주거에 관한 효과

본 연구과제의 초점인 주거권에 관한 효과부터 살펴보기로 한다. 부동산 불로소득을 환수하면 주택이 '사는 것', 즉 재산증식의 수단에서 온전히 '사는 곳', 즉 주거의 수단으로 정상화된다.

현실에서 보듯이, 부동산 불로소득이 발생하는 시장에서는 실수요 외에 투기적 가수요가 존재한다. 주택가격이 상승할 것으로 예상되는 국면에서는 투기적 가수요만큼 수요가 늘어나는 반면 주택 소유자는 매각하지 않으려고 하므로 공급이 줄어든다. 그로 인해 주택가격이 더 오르면 다시 투기심리와 불안감을 자극하여 주택가격이 더 큰 폭으로 오르는 악순환이 이어진다. 이런 상황에서 주택의 신규공급을 늘려야 한다는 주장이 많이 나오지만, 새 주택을 지어 공급하더라도 오히려 투기를 부채질하거나 실수요 이상의 과잉공급을 촉발할 수 있다. 그러다가 어느 단계가 되면 거품이 꺼지면서 한동안 주택가격이 안정세를 유지하거나 심할 때는 폭락하기도 한다. 그런데 부동산 불로소득을 환수하여 주택 소유로 인한 불로소득을 기대할 수 없다면 시장에는 실수요만 나타나게 되고 투기–거품–침체의 악순환이 사라진다.

또한 부동산 불로소득은 '전세대란'을 일으키기도 한다. 주택 소유로부터 불로소득이 예상되는 국면에서는 주택 실수요자도 임차보다는 매입을 원하게 되고 다주택자는 실수요 아닌 주택을 매입해 임대하려고 한다. 더구나 전세금을 받아 다른 주택을 매입하려는 '갭 투자'가 성행하는 현실에서는 임대 물량이 더 많아진다. 따라서 주택 매매가격은 치솟아도 전월세 가격은 안정되거나 하락한다. 반면 주택 소유에서 적어도 일정 기간 불로소득이 발생하지 않으리라고 예상되는 국면에 접어들면 실수요자는 매입보다 임차를 선호하고 다주택자는 임대보다는 매각을 원하게 된다. 이로 인해 전월세 가격이 급상승하게 된다. 매매시장 불안과 임대차시장 불안이 교차하는 소위 '전세대란'의 전형적인 모습이다. 주택 소유에서 생기는 불로소득을 환수하면 이런 문제도 사라진다.

2) 개발에 관한 효과

공공사업이 효율적으로 수행될 수 있다. 공공사업 집행에 큰 장애로 대두되고 있는 두 가지는 개발을 둘러싼 집단 민원과 엄청난 토지보상액이다. 공공사업에서는 개발이익의 분배와 개발손실의 부담을 둘러싸고 정부, 사업지구 및 그 주변의 토지권리자 간에 이해관계가 대립하여 조정이 어려우며 때로는 심각한 집단 민원으로까지 발전되어 공공사업을 지연시키는 경우가 적지 않다. 개발이익과 개발손실의 문제가 공공사업 과정에서 야기되는 갈등의 유일한 원인은 아니지만, 그 핵심적인 원인임은 분명하다. 토지 불로소득이 사유화되면 모든 당사자가 만족하는 보상은 불가능하다. 하지만 토지 불로소득을 환수하면 개발이익이 저절로 환수되고 개발손실이 저절로 보상된다. 그 결과 개발을 둘러싼 갈등의 소지가 크게 줄어든다.

토지 개발 절차의 민주성도 높아진다. 토지 불로소득을 환수하면 개발이익 환수와 개발손실 보상이 저절로 이루어지므로 개발계획을 사전에 충분히 공개하고 주민의 여론을 수렴하여 수립·집행할 수 있다.

그뿐만 아니라 불로소득을 기대하며 추진되는 과잉개발과 그로 인한 환경 파괴도 예방할 수 있다.

3) 불평등과 복지에 관한 효과

노력과 기여에 따라 대가가 돌아가는 분배정의가 실현된다. 토지가치가 상승해도 그 이익이 토지 소유자에게 귀속되지 않고 조세로 모두 징수되므로 소득과 부의 분배가 토지 불로소득에 의해 악화하는 것을 막을 수 있다. 소득과 부의 분배의 불평등을 심화시키는 원인 중 토지가 차지하는 비중이 매우 크다는 점을 생각하면, 분배의 양극화 해소에 크게 기여할 수 있다.

토지 불로소득 환수는 복지제도에도 큰 도움이 된다. 우선, 부당한 불평등이 해소되어 빈부격차가 줄어들므로 복지수요 자체가 감소한다. 또 복지제도에 대한 반대도 줄일 수 있다. 복지 반대론의 근거 중에는 '개미가 베짱이를 먹여 살린다'는 인식이 크게 작용한다. 중상류층이 내는 세금으로 저소득층에게 시혜를 베푼다는 인식이다. 그런데 토지 불로소득에 대해서는 모든 국민이 동일한 지분을 가지므로 이를 재원으로 하는 복지제도를 설계하면 국민 누구나 남의 돈이 아니라 '자기 돈으로 자기 삶을 보장하는 복지', 즉 시장친화적 복지제도를 이룰 수 있다.

4) 규제축소 효과

토지 불로소득을 환수하면 그동안 현실에서 토지 불로소득으로 인해 발생해온 각종 병폐가 사라진다. 따라서 토지투기를 막기 위해서 동원해온 토지의 소유·거래·가격·금융에 대한 규제가 비상시를 제외하고는 필요 없게 된다.

현실에서 사용해온 각종 규제를 예를 들어보면, 소유 규제는 경자유전의 원칙, 택지소유상한제, 다주택자 규제 등이 있고, 거래 규제로는 토지거래허가제가 있으며, 가격 규제로는 분양가상한제,

전월세 상한제가 있다. 이 중에서 경자유전의 원칙은 농지가 소수의 지주에 의해 장악되어온 역사적 폐단을 척결하기 위한 불가피한 규제였지만 다른 규제는 토지 불로소득이 없다면 거의 쓸모가 없고 공연히 선택의 자유와 시장작용을 제약하게 된다. 또한 부동산과 관련된 LTV(담보대출비율), DTI(총부채상환비율), DSR(총부채원리금상환비율) 등 금융규제도 비상시가 아니면 필요 없게 된다.

5) 경제 활성화 및 위기 방지 효과

토지 불로소득을 환수하면 경제 전반에 큰 도움이 된다. 네 가지만 들어보자.

첫째, 토지 불로소득을 기대하면서 토지를 저이용하거나 방치하는 일이 사라진다. 토지 불로소득을 환수하는 상황에서는 토지를 제대로 활용하지 않으면 오히려 손해를 본다. 그러므로 토지 소유자는 토지를 최선의 용도에 맞게 직접 이용하거나 적정하게 이용할 수 있는 타인에게 임대해야 하며, 그렇지 못하면 토지 소유를 포기하게 된다. 즉 토지를 직간접으로 최선의 용도로 이용하거나 토지를 처분하게 된다. 이때 처분되는 토지를 매입하는 사람도 매각자와 같은 입장이 되므로 결국 토지이용은 적정하게 올라간다. 또 이런 과정을 통해 토지 소유자와 실수요자가 일치하는 경향이 나타나므로 토지이용이 더욱 알뜰해지게 된다.

둘째, 토지 불로소득을 환수하면 단순한 토지 소유로 인한 불로소득 기회는 봉쇄되므로 종래 투기용으로 잠기던 자금이 생산 부분으로 전환되고 투기로 향하던 기업과 일반 국민의 에너지도 생산

부분으로 흐르게 되어 경제가 활성화된다.

셋째, 토지 불로소득 환수로 세수가 늘어나면 시장작용을 저해하는 다른 조세를 그만큼 감면할 수 있다. 일반적인 조세는 생산·유통·소비·노동 및 소득·부와 같은 생산적 경제활동 및 그 결과에 부과하므로 세액 이상으로 경제에 부담을 주는 '초과부담(excess burden)'을 야기하여 경제활동을 위축시킨다. 조세는 재화와 용역의 상대가격을 변화시키고 그로 인해 민간 경제주체의 사적 선택에 영향을 주게 되는데, 이로 인해 조세가 없을 경우에 비해 자원배분의 효율이 줄어드는 부분을 초과부담이라고 한다. 토지보유세를 제외한 대부분의 조세는 이런 초과부담을 야기한다. 그러므로 조세의 초과부담이 줄어든다는 것은 그만큼 자원배분이 효율적으로 이루어진다는 뜻이다. 반면 위치와 면적이 고정된 토지에 부과하는 보유세는 토지의 공급에 영향을 주지 않기 때문에 경제활동에 초과부담을 지우지 않는다. 또 토지보유세는 전가되지도 않는다. 따라서 정부 수입원을 토지보유세로 대체함으로써 경제효율을 높일 수 있다. 앞에서 보았듯이, 애덤 스미스와 밀턴 프리드먼도 이런 이유에서 토지보유세를 칭찬했다.

넷째, 부동산 투기가 금융과 결합하여 촉발하는 경제위기를 막을 수 있다. 역사상 여러 사례가 있으며, 우리에게 잘 알려진 2008년 미국발 금융위기도 그 예이다. 당시 미국에서 주택가격이 계속 상승하자 금융기관이 그런 추세가 이어질 것으로 추측하여 비우량 담보물(subprime mortgage)에도 대출하기에 이르렀다. 그런데 버블이 꺼지자 금융기관부터 부도가 시작되어 경제 전체, 미국만이 아니라 세계 전체의 경제위기를 초래하였다. 토지 불로소득을 환수하면 이런 위기가 예방된다.

4. 토지공개념의 현실 구현방안

앞에서 "토지 불로소득을 토지보유세로 환수하면 현실 토지시장의 큰 문제가 해소되면서 부동산 생태계가 완전경쟁 토지시장에 가깝게 건강해진다"라고 하였다. 지대의 거의 100%를 보유세 방식으로 징수하는 '지대세'가 이상적이지만, 이상적인 제도라고 해도 현실에 도입할 때는 급격한 변화에 따른 충격이나 부작용을 고려하여야 한다. 지대를 모두 징수하면 토지 매매가격인 지가는 0이 된다. 그래서 지대세 제도를 단기간에 도입하면 지가가 곤두박질치면서 경제에 충격을 줄 수 있다. 금융기관이 대출 담보로 부동산을 많이 활용해온 사회에서는 부동산 가격이 급락하면 대출금을 회수하기 어려워질 수 있다. 2008년 미국발 금융위기에서 보았듯이 일부 금융기관이 파산하면 급기야 실물경제 전체로 파급되어 경제 위기를 초래하게 된다. 또한 사유재산권 침해 등 위헌 시비와 함께 조세 저항에 부딪힐 가능성도 있다. 이런 문제에 대처할 수 있는 도입 전략을 모색해보자.

1) 이자 공제형 전략

지대를 전부 환수하지 않고 매입지가에 대한 이자를 공제한 나머지, 즉 지대와 이자의 차액만 환수하는 '이자 공제형 전략'을 고려할 수 있다. 앞에서 토지 불로소득은 토지 매매 차액과 지대이자 차액의 합이라고 정의하였다. 이 중에서 지대이자 차액을 징수하면 토지 소유자에게 돌아가는 소득은 매입지가에 대한 이자뿐이므로 매매가격은 그 이자에 대한 원금인 매입지가로 고정된다. 지가가 변하지 않으면 매매차액이 0이므로 지대와 이자의 차액만 토지보유세로 징수하면 토지 불로소득이 모두 사라진다. 이러한 세금을 필자는 '지대이자차액세' 또는 '이자 공제형 지대세'라고도 부른다.

이자 공제형 지대세를 징수하면 부동산 투기가 '즉시 그리고 완전히' 사라진다. 이자 공제형 지대세를 납부한 후 평균적인 소유자에게 남는 소득은 매입지가에 대한 이자뿐이다. 그러므로 매입지가 해당액을 저축하여 이자소득을 얻거나 토지를 매입하여 지대소득을 얻고 세금을 내거나 수익이 같다. 따라서 부동산 투기가 즉시 그리고 완전히 사라진다. 만일 토지를 제대로 활용하지 않아 지대소득이 객관적인 지대 평가액에 미치지 못하면 그 차액만큼 오히려 손해를 보게 되므로, 토지시장에서 투기적 가수요가 사라지고 완전경쟁시장에서처럼 실수요만 존재하게 된다.

또한 지가, 즉 토지 매매가격이 거의 일정하게 유지되므로 일시에 도입하더라도 경제적 충격을 유발하지 않으며 재산권 침해라는 시비도 생기지 않는다. 즉 토지보유세 강화를 통해 토지공개념을 현실에 도입할 때 우려되는 충격과 저항이라는 두 가지 문제가 모두 해결된다.

이자 공제형 지대세로 지대를 환수하는 비율, 즉 '지대 환수율'은 미래의 지대상승률에 따라 달라진다. 실시 초기의 기준연도에 지대와 이자가 동일한 금액이며 이자율이 변하지 않는다고 가정하고,

<표 1-1> 지대 환수율 추이   (단위: %)

지대상승률 \ 시간	기준년	10년	20년	30년	40년	50년
1%/년	0	9	18	26	33	39
2%/년	0	18	33	45	55	63
3%/년	0	26	45	59	69	77
4%/년	0	32	54	69	79	86
5%/년	0	39	62	77	86	91

지대 환수율을 계산한 결과는 〈표 1-1〉과 같다.

〈표 1-1〉에서 보듯이 지대 환수율은 미래의 지대 상승률이 높을수록 커진다. 예를 들어, 연간 지대상승률이 1%, 3%, 5%라고 하면 50년 후에는 지대 환수율이 각각 39%, 77%, 91%가 된다. 표에는 나와 있지 않지만 지대 환수율이 80%에 도달하는 기간을 계산해보면 각각 162년, 55년, 33년이 된다.

2) 기본소득형 국토보유세 전략

세제 개편에 따라 납세액보다 혜택을 더 많이 받는 국민의 비율을 높여 조세 저항을 줄이는 전략도 있다. '기본소득형 국토보유세' 전략이 한 예다. 종합부동산세를 대체하는 국토보유세를 징수하고 이를 재원으로 기본소득을 지급하는 전략이다.

'국토보유세'는 현재의 종합부동산세를 대체하는 조세로서, 종합부동산세와 달리 민간 보유토지 전체를 대상으로 하고, 용도별 차등 과세를 없애고, 공시지가를 과표로 삼고, 각종 감면을 없애는 세목이다. 이렇게 조성된 재원은 모든 국민에게 동일한 금액의 기본소득으로 지급한다. 토지는 본질상 국민 모두의 것이고 토지가치 역시 토지 소유자가 아닌 사회가 만들었기 때문에 토지가치에 대해서는 국민이 동일한 지분을 가진다. 따라서 토지가치는 무조건성과 개별성을 특징으로 하는 기본소득의 적절한 재원이 된다.

기본소득형 국토보유세를 비례세로 도입하면 85.9% 세대가 납세액보다 기본소득 수령액이 더 많은 순수혜 세대가 된다. 누진세의 경우는, 누진 설계에 따라 다르겠지만, 유영성 외의 연구[6]에 따르면 95.7%가 순수혜 세대가 된다. 이처럼 순수혜 세대의 비율이 압도적으로 높으면 보유세 강화에 대한 반대자는 소수에 그치므로 여론의 지지를 기반 삼아 조세 저항을 극복할 수 있다.

이 전략은 남기업 소장이 집필한 제4절 '토지공개념에 기초한 전국민 주거권 실현방안'에서 더 자세히 다룬다.

3) 점증형 전략

세율을 점진적으로 높여가는 점증형 전략의 한 예로 폴드배리의 구상을 소개한다.[7] 폴드배리는 지대세율의 점진적 인상 계획을 발표한 후 10년의 유예기간을 두고 11년째부터 매년 5%p씩 10년 동안 세율을 인상한 후, 그 세율을 유지하자고 하였다. 폴드배리는 미

---

6   유영성 외(2020). "기본소득형 국토보유세 도입과 세제개편에 관한 연구", 경기연구원.

7   Foldvary, Fred (2005). "Geo-Rent: A Plea to Public Economists", Economic Journal Watch 2(1): 106-132.

국의 현재 지대 환수율이 25%라고 추정하므로, 이 전략을 채택하면 20년 후부터는 계속해서 지대 환수율이 75% 수준을 유지하게 된다.

토지공개념의 역사와
부동산정책 시사점

이태경(토지+자유연구소 부소장)

　본 절에서는 토지공개념의 역사와 정책 시사점 등을 살펴본다. 토지공개념의 현대적 출발점으로 평가되는 농지개혁의 진행과정과 내용, 효과를 알아보고, 박정희 통치 기간 중에 토지공개념 정신이 어떻게 후퇴했는지를 대관소찰(大觀小察)한다. 아울러 노태우 정부의 토지공개념 복원시도와 노무현 정부의 보유세 혁명을 살펴보고, 이명박 정부·박근혜 정부·문재인 정부의 부동산정책을 일별한다. 또한 20세기 자본주의 시장경제의 주된 속성이라 할 부채경제가 토지공개념에 던지는 화두에 대해 알아본다. 끝으로 과거의 토지공개념 이행전략들이 현재에 주는 정책적 시사점들을 짚어본다.

1. 농지개혁, 토지공개념의 출발

1) 농지개혁의 전개과정 및 주요 내용

농지개혁을 토지공개념의 첫걸음이자 현대적 출발점으로 삼는
데에는 이견이 없을 것이다.[8] 모든 개혁들이 그렇듯 농지개혁 또한
시대적 요구에 대한 응답이었다. 해방 직후 한국 사회의 최대 현안
은 일제의 폭압적이고 수탈적인 식민 지배로 인해 황폐화된 국가경
제를 재건하고 반봉건적 지주−소작제를 혁파하는 것이었다. 또한
한국 사회 밖의 상황도 농지개혁을 재촉했다. 전후 미소(美蘇)를 양
대 맹주로 하는 냉전체제가 고착됐고 38선을 분기점으로 한반도
의 남에는 대한민국이, 북에는 조선민주주의인민공화국이 각각 건
국됐다. 신생 대한민국과 조선민주주의인민공화국은 태어나자마자
냉전체제 속에 편입되어 체제경쟁에 돌입할 수밖에 없었다. 그런데
조선민주주의인민공화국이 1946년 3월 무상몰수·무상분배를 핵
심으로 하는 토지개혁을 전격적으로 단행했다. 사정이 이렇게 되자
냉전체제와 분단체제라는 두 개의 체제 속에 끼인 대한민국은 시
민들의 압도적 다수를 점하고 있던 농민들의 마음을 얻기 위해서라
도 농지개혁을 단행하지 않을 수 없었다. 이렇듯 농지개혁은 한국
사회 안팎의 시대적 요구에 대한 응답의 성격이 짙다. 해방 이후 농
지개혁은 미군정과 한국 정부의 2단계에 걸쳐 진행되었다.

8　이하의 내용은 박명호(2013), "2012 경제발전경험모듈화사업: 한국의 농지개혁",
　기획재정부. pp.49−55를 중심으로 수정, 정리하였음을 밝힌다.

미군정이 단행한 농지개혁 중 손에 꼽히는 것이 소작료의 3·1제 실시다. 미군정은 1945년 10월 5일 미군령 제9호 「최고소작료율경정의 건」(Issuance of U.S. Military Government Ordinance No. 9)을 공포해 소작료의 3·1제 실시를 전격적으로 결정했다. 당시 미군정이 공포한 최고소작료율 경정의 주요 내용은 '소작료율은 현금 또는 어떤 형태로 납입하든 수곡총액의 1/3을 넘어서는 안 되고, 현재의 소작계약의 유효기간 중 지주는 일방적으로 소작권을 해지할 수 없으며, 새로운 소작계약에서도 소작료율은 1/3을 넘어서는 안 된다'는 것이었다. 이를 어길 시에는 군사법원에서 처벌한다는 처벌조항도 있었다.

또한 미군정은 1945년 12월 6일 법령 제33호 「한국내소재 일본인 재산권 취득에 관한 건」을 공포(Issuance of U.S. Military Government Ordinance No. 33)해 과거 일본인이 소유하던 모든 토지 및 그 수입을 접수했으며, 이 조치로 인해 미군정은 1946년 2월 현재 일반농지 282,480정보, 과수 및 뽕밭 4,287정보, 산림 3만 7,697정보 등 32만 4,464정보를 소유하게 되었다. 한편 신한공사가 미군정이 소유하던 토지를 관리했는데, 미군정의 귀속농지매각령(1948.3.22)에 의해 신한공사가 해산되고 신한공사가 관리하던 재산을 전부 토지행정처로 이관시킨 후 이를 매각·분배하는 절차가 이뤄졌다.

대한민국 정부가 수립된 이후에도 농지개혁이 되기까지는 간난신고가 있었다. 농지개혁법을 둘러싼 주요 쟁점은 분배대상 농지규모, 보상지가, 보상방식, 상환지가, 상환방식 등이었다. 쉽게 말해 어느 규모 이상의 농지가 분배대상이 되고, 정부가 지주들의 농지를 유상으로 몰수할 때 어느 정도의 보상을 할 것이며, 보상을 어떤 방식으로 할 것이고, 정부로부터 농지를 유상으로 분배받은 농민은 정부에 얼마를, 어떤 방식으로 낼 것인지가 농지개혁법의 중핵이었던 것이다. 진보적 인사 조봉암이 장관을 맡았던 농림부 안이 1948년 11월 22일 공개된 이후 농지개혁법안은 우여곡절을 거친 끝에 1950년 3월 10일 농지개혁법 개정 법률이, 3월 25일에는 동법 시행령이, 4월 29일에는 농지개혁법 시행규칙이 각각 공포되었다.

농지개혁법은 가구당 3정보를 초과한 농지와 부재지주가 소유한 모든 토지를 재분배 대상으로 하고, 이를 ① 당해 토지를 현재 경작 중인 농민, ② 가구규모에 비교했을 때 매우 적은 규모를 경작 중인 농민, ③ 유공자 가족, ④ 농업 노동자, ⑤ 해외에서 귀국한 농민 순으로 분배했으며, 분배대상 농지를 정부에 몰수당한 지주는 연평균 생산량의 150%에 해당하는 보상금을 토지채권(지가증권)의 형식으로 5년간 보상받았고, 정부로부터 농지를 분배받은 농민은 정부에 연평균 생산량의 150%를 매년 30%씩 5년간 균등분할 상환하도록 했다.[9]

2) 농지개혁의 효과

(1) 경제적 효과

농지개혁의 경제적 효과는 산업자본 형성, 인적 자본 형성 등의

---

9   유종성(2016). 『동아시아 부패의 기원:문제는 불평등이다. 한국 타이완 필리핀 비교연구』, 동아시아. p.136.

측면에서 살펴볼 수 있다.[10]

농지개혁의 목적 중 하나는 산업자본의 형성이었다. 신생 대한 민국은 민족자본의 형성이 매우 저조한 상태였기 때문이다. 하지만 지주들이 소유 농지를 정부에 내놓는 대가로 받은 지가증권은 한국전쟁의 발발로 인해 발생한 하이퍼인플레이션의 영향 탓에 가치가 급락했고 그나마 지주들은 가치가 떨어진 지가증권을 투매해 생활비를 충당했다. 결국 지주계급 중 지가증권으로 귀속기업체를 인수하는데 성공한 일부를 제외하고는 대부분이 산업자본가로 전신하는 데 실패했다. 한편 산업화에 지주계급이 가장 큰 걸림돌이라는 점에서 지주계급의 소멸은 대한민국의 산업화에 쏟아진 벼락 같은 축복이었다. 비록 그 축복이 만성적인 자본 부족 상태에서 산업화가 추진됨에 따라 기업들이 원조자금이나 해외차입금, 은행차입금에 의존할 수밖에 없는 구조적 한계를 내장한 것이었지만 말이다.

산업화에 반드시 필요한 것이 인적 자본이다. 대한민국은 농지개혁을 통해 인적 자본 형성에 성공한 모범사례로 꼽힌다. 한국교육신문사(1966)에 따르면 1945년을 기준으로 136만 6,000명이었던 초등학생 수는 1955년 287만 7,000명으로 2배 이상 증가했다. 비약적인 증가가 아닐 수 없다. 더 놀라운 건 중등피교육자가 동 기간 8.4배, 대학생 수는 10배가량 증가했다는 사실이다. 한국전쟁 기간 중에 이룬 성취라 더욱 경이적이다.

---

10 이하의 내용은 박명호(2013), "2012 경제발전경험모듈화사업: 한국의 농지개혁", 기획재정부, pp.69-83을 중심으로 수정, 정리하였음을 밝힌다.

(2) 사회정치적 효과

농지개혁의 사회정치적 효과는 지주의 몰락과 자작농제의 창출, 자산 및 소득불평등의 감소, 국가기구의 자율성 획득 및 부정부패의 통제 등의 차원에서 살펴볼 수 있다.

농지개혁은 무엇보다 지주·소작 관계를 기반으로 했던 신분제를 실질적으로 해체했다는 점에서 가히 혁명적이라 할 만하다. 농지개혁과 한국전쟁을 거치면서 지주계급은 사실상 소멸했고 광범위한 자작농의 출현은 농민들을 체제내화시켰으며, 자본주의 시장경제 안착에 도움을 주었다. 농지개혁 전후 농가의 농지소유 형태 변화를 보면 농지개혁이 대한민국을 지주의 나라에서 자작농의 나라로 완전히 변모시켰음을 알 수 있다. 김성호 외(1989)에 따르면 1945년 14.2%이던 자작농이 농지개혁 이후인 1951년에는 80.7%로 폭증했다. 또한 1945년 35.6%이던 자소작농은 농지개혁 이후인 1951년에 15.4%로 급감했다. 무려 96.1%의 농민들이 자작농이 된 것이다. 반면 1945년 50.2%에 달했던 소작농은 농지개혁 이후인 1951년에는 3.9%로 사실상 사라졌다. 농지개혁은 국가의 개입을 통해 단기간에 반봉건적 지주제를 폐절시키고 지주들의 나라를 자영농의 나라로 바꾼 일대 사건이었다.[11]

농지개혁은 자산 및 소득불평등을 감소시키는 데도 기여했다. 토지 지니의 경우 1945년 0.73으로 불평등도가 극심했던 대한민국은 1960년에는 0.38~0.39 수준으로 불평등도가 급격히 개선되었

---

11 박명호(2013). 『2012 경제발전경험모듈화사업: 한국의 농지개혁』, 기획재정부. pp.83-87.

다. 또한 농지개혁 등의 결과로 농촌 인구의 상위 4%는 소득이 8할 정도 격감한 반면, 하위 80%는 2할 내지 3할의 소득이 증가한 것으로 나타났다.[12]

농지개혁은 한국의 사회·정치 발전에도 엄청난 기여를 했다. 농지개혁은 무엇보다 국가기구의 자율성 획득을 가능케 했다. 농지개혁에 실패한 저개발국가들의 사례를 보면 알 수 있듯이 사회경제적 자원을 많이 가진 지주계급은 국가기구를 매수해 사회경제적 개혁을 저지하고 실패한 개혁으로 인해 소득불평등이 더 커진다. 지주계급은 여기서 만족하지 않고 공직자 선발과정에 부단히 개입하며 국가기구를 연고주의 및 엽관주의의 틀 안으로 포섭하려 한다. 당연히 부정부패가 만연할 수밖에 없다.

반면 대한민국은 농지개혁에 성공함으로써 국가기구를 매수해 사회경제적 개혁을 저지할 지주계급을 소멸시켰다. 국가기구의 자율성을 확보한 것이다.

또한 대한민국은 농지개혁과 한국전쟁을 통해 자산 및 소득의 평등을 달성했으며 교육기회와 사회이동의 가능성을 극적으로 확장시켰다. 교육기회의 비약적 증대와 지주계급에 매수되지 않은 국가기구의 만남은 공정하고 실력 있는 공직자 선발로 이어져 부패의 가능성을 크게 줄였다. 농지개혁에 성공한 대한민국이 국가기구의 자율성 확보에 성공하고 이를 통해 부정부패를 통제할 수 있었던 반면, 토지개혁에 실패한 필리핀은 국가기구의 자율성 획득에 실패

---

12 유종성(2016). 『동아시아 부패의 기원: 문제는 불평등이다. 한국 타이완 필리핀 비교연구』, 동아시아. pp.158–159.

했고 부정부패를 통제하는 데도 실패했다.[13]

2. 토지공개념의 후퇴와 복원시도, 그리고 퇴행

1) 박정희의 토건국가와 토지공개념의 후퇴

농지개혁을 통해 대한민국은 반봉건적 지주−소작제를 혁파할 수 있었고, 자영농의 나라로 변신했으며, 지주계급의 소멸·양질의 인적자원 확보·부정부패에 오염되지 않은 국가기구의 구축 등을 통해 산업화를 달성할 수 있었다. 하지만 5·16군사반란을 통해 집권한 박정희 정권에 의해 농지개혁의 성과들은 빠르게 후퇴하고 토지공개념의 정신도 퇴색된다. 〈표 1−2〉를 보면 역대 정권의 부동산 성적표를 알 수 있다.

위의 성적표에서 가장 발군의 성과를 올린 정권이 바로 박정희 정권이다. 박정희 집권기인 1963~1979년의 16년 동안 전국의 지가총액은 3조 원에서 329조 원으로 무려 100배가 뛰었고, 연평균 지가상승률도 33.1%로 여타 정권의 추종을 불허한다. 투기가 기승을 부리고 부동산 가격이 폭등하다 보니 박정희 정권의 마지막 해이던 1979년 같은 경우 전국의 지가총액이 국내총생산의 12배에 이르는 참담한 일이 발생했다. 또한 박정희 정권의 재임기간 동안 대한민

---

13 유종성(2016). 『동아시아 부패의 기원: 문제는 불평등이다. 한국 타이완 필리핀 비교연구』, 동아시아. pp.161−164.

〈표 1-2〉 역대 정권의 부동산 성적표

정권	기간	정권 초기 전국 지가총액 (조 원)	정권 말기전국 지가총액 (조 원)	지가 상승 불로 소득 (조 원)	연평균 지가 상승률 (%)	지가 총액/ 국내 총생산[1] (배)	불로 소득/ 생산 소득[2] (%)	경제 성장률 (%)
이승만	1953~1960	0.176	0.690	0.514	21.6	3.1	43.2	4.7
박정희	1963~1979	3	329	326	33.1	12.0	248.8	9.1
전두환	1980~1987	367	735	368	14.9	7.2	67.9	8.7
노태우	1987~1992	735	1,661	926	17.7	7.3	96.3	8.3
김영삼	1992~1997	1,661	1,558	-103	-1.2	4.1	-5.2	7.1
김대중	1997~2002	1,558	1,540	-18	-0.6	2.5	-0.6	4.2
노무현	2002~2006	1,540	1,834	294	4.5	2.2	9.3	4.2

주: 1) 정권 최종연도의 지가총액/국내총생산 비율
2) 정권 기간의 지가상승 불로소득/정권 기간 연도별 국내총생산 합계
자료: 이정우(2007). "한국 부동산 문제의 진단", 『응용경제』, 9(2): 5-40, 한국응용경제학회. p.11 재인용

국은 부동산 불로소득의 천국이었다. 정권 기간 동안 발생한 지가 상승 불로소득을 정권 기간 연도별 국내총생산 합계로 나눈 걸 보면 불로소득이 생산소득의 248.8%에 달했다. 지가의 폭등과 토지 불로소득의 창궐보다 확실한 토지공개념 후퇴의 증거도 없다.[14]

---

14 이정우(2007). "한국 부동산 문제의 진단", 『응용경제』, 한국응용경제학회. 9(2): 5-40. p.8.

군사반란을 통해 집권한 박정희 정권은 경제발전을 통해 민심을 얻으려고 했다. 그 결과 경제성장이 지고의 이데올로기가 되었고, 경제성장을 달성하기 위해 부동산 불로소득이라는 마약을 서슴없이 삼켰다. 부동산 불로소득이라는 마약은 단기에는 고도성장이라는 선물을 주지만, 그 선물에는 국가발전에 장기적으로 치명적인 해악을 끼칠 양극화, 자원배분의 왜곡, 주기적 불황, 부정부패의 만연, 근로의욕의 저해, 사회적 연대의식의 해체 등과 같은 꼬리표들이 달려 있었다. 박정희 정권은 대한민국을 일본보다 더한 토건국가로 만드는 대신 토지공개념의 정신과 이상은 매장했다.

박정희 정권의 토건국가 유산은 아직도 살아남아 유령처럼 한국사회를 옭죄고 있다. 전강수(2010)는 박정희식 부동산 개발의 유산을 부동산 불패신화, 토건국가 시스템, 지대추구 사회로 정리한 바있다. 그중 토건국가 시스템의 특징으로 건설업의 비중이 기형적으로 크다는 점, 경제정책이 토건족의 이해관계에 의해 좌우된다는점, 토지 자본이득에 기대 성장하는 건설업체가 부침이 심하고 매우 취약하다는 점, 토건국가 시스템이 산업구조와 정책의 방향을정한다는 점 등을 든 대목이 주목된다.[15]

2) 노태우 정부의 토지공개념 복원시도

농지개혁의 빛나는 업적을 철저히 파괴한 박정희 정권에 의해 형

---

15 전강수(2010). "평등지권과 농지개혁 그리고 조봉암", 『역사비평』, 역사비평사. 91: 298-328. p.30.

해화된 토지공개념을 되살린 건 역설적으로 12·12군사반란과 광주학살을 통해 집권한 신군부의 일원 노태우 정부였다. 노태우 정부가 토지공개념을 복원시키려고 시도할 수밖에 없었던 건 무엇보다 부동산 투기와 그로 인한 부동산 가격 폭등이 정권을 넘어 체제의 안전을 위협할 수준이었기 때문이었다.

노태우 정부의 6공화국은 직전 정부인 전두환 정부의 5공화국이 남긴 사회·경제적 유산 위에서 출발할 수밖에 없었다.[16] 5공화국은 비록 세계 5위의 채무대국이긴 했지만 연평균 8.7%라는 경이적인 경제성장을 이어갔다. 더구나 1986년부터 시작된 3저 호황의 결과로 건국 이래 처음으로 대규모 무역수지 흑자가 발생했고, 1986년 서울 아시안게임과 1988년 서울 올림픽 등의 국제대회 개최 등으로 인해 시중의 유동성이 연평균 20% 내외로 폭증했다. 폭증한 유동성은 부동산과 주식시장 등 자산시장으로 유입되어 증시와 부동산시장을 뜨겁게 했다. 그 결과 1988년 전국과 6대 도시의 지가는 27%, 서울은 28%나 폭등했고 주택가격도 13%나 상승했다. 지가와 집값만 폭등한 것이 아니라 전·월세 난도 극심해 자살하는 세입자들이 속출했다.

사정이 이 지경에 이르자 노태우 정부는 건설부와 경제기획원을 중심으로 토지공개념에 대한 연구에 착수했고, 전문가들로 구성된 '토지공개념 연구위원회'를 만들어 토지공개념에 대한 이론적 토대를 지원토록 했다. 토지공개념 연구위원회에 따르면 "상위 2.8%

---

16 이하의 내용은 국정브리핑 특별기획팀(2007), 『대한민국 부동산 40년』, 한스미디어. pp.222-234를 중심으로 수정, 정리하였음을 밝힌다.

의 가구가 전체 사유지의 51.5%를, 상위 5%의 계층이 65.2%의 땅을 소유하고 있다"는 것이었다. 이 보고서는 여론을 들끓게 했고 노태우 정부는 이런 여론을 수용해 1989년 종합토지세와 토지공개념 3법을 신설하고 공시지가제도를 도입한다.

노태우 정부가 표방한 토지공개념이라는 가치를 현실화할 제도적 장치는 단연 토지공개념 3법이었다. 토지공개념 3법은 1988년 12월 30일 국회에서 입법되고 1990년 3월 2일부터 본격적으로 시행되었다. 토지공개념 3법은 '택지소유상한에관한법률'에 의한 택지소유상한제, '토지초과이득세법'에 의한 토지초과이득세제, '개발이익환수에관한법률'에 의한 개발부담금제를 이른다.

택지소유상한제는 저소득층의 주거안정을 위해 한 가구당 서울 등 6대 도시는 200평, 시급 도시는 300평, 읍면지역은 400평을 택지소유 상한으로 설정하고, 법인에 대해서는 택지사용 계획에 대해 허가를 받게 했다. 또한 법 시행 2년 후부터 택지소유상한을 초과한 자에 대해 나대지는 연 6%(두 번째 부과부터는 연 11%), 주택부속토지는 연 4%의 초과소유 부담금을 납부하도록 강제했다. 토지초과이득세제는 유휴토지 등의 소유자에 대해 3년 단위로 토지초과이득의 30%(1,000만 원 이하) 또는 50%(1,000만 원 초과)의 세금을 부담시키는 제도이고, 개발부담금제는 택지개발, 공단조성, 골프장 건설 등 30개 개발사업에 대해 개발이익의 25~50%를 부담금으로 과한 제도다.

노태우 정부가 야심차게 준비하고 실행한 토지공개념 3법이 거둔 성과에 대해 박하게 평가하는 입장도 있다. 택지소유상한제는 부담금 부과대상(2만 6,000여 건) 및 부과실적(총 1조 3,710억 원)이 모두 미흡하고, 개발부담금도 1998년까지 총 8,478건, 1조 24,58억여 원에 그쳤기 때문이다. 더 큰 문제는 택지소유상한제가 1999년 4월 29일 헌법재판소로부터 면적·개인·적용시점 등에 대한 일률적 소유상한 적용 등이 헌법상의 재산권을 과도하게 침해하며 신뢰보호의 원칙 및 평등 원칙에 위반된다는 취지로 위헌판정을, 토지초과이득세제가 1994년 7월 이중과세로 재산권 침해가 과도하다는 등의 이유로 헌법불합치결정을 각각 받았다는 사실이다. 토지초과이득세제는 1998년 12월 28일 외환위기 이후의 부동산 경기침체 등을 이유로 폐지됐다. 개발부담금제는 살아남았지만 경기상황에 따라 부침을 거듭 중이다.

한계도 있었고, 끝도 좋지 않았지만 부동산 불로소득 환수를 목표로 했던 토지공개념 3법이 투기를 진정시키고 시장 안정에 기여한 건 분명하다. 1990년 20.6%나 폭등했던 지가가 1991년 12.8%로 급락한 데 이어 1992년 1.27%, 1993년 7.38%, 1994년 0.57%로 연속 마이너스 상승률을 기록하는 기적을 연출했기 때문이다. 물론 1990년 이후 대외 여건 악화로 경상수지가 적자를 기록하는 등 경기가 위축된 탓도 컸지만, 토지공개념 3법으로 대표되는 수요억제 정책이 가격하락과 시장안정에 큰 역할을 했다는 사실을 부인하기란 어렵다.

3) 참여정부의 투기와의 전쟁과 보유세 혁명

노태우 정부가 단행한 토지공개념 3법 등으로 인해 대한민국은 근 10년에 걸쳐 부동산 투기 없는 시대를 구가했다. 하지만 그런 호

시절은 이내 끝났다. 김대중 정부가 외환위기의 조속한 극복을 이 유로 토지공개념 3법은 물론이고 부동산과 관련된 시장정상화 조치들을 전부 형해화시켰기 때문이다. 국민의 정부는 비단 토지공개념 3법만 폐기한 것이 아니라 분양가상한제 폐지, 양도소득세 한시적 감면조처, 소형주택 건설 의무비율 폐지, 미분양주택에 대한 자금지원, 미등기전매에 대한 규제완화, 토지거래신고구역 및 토지거래허가구역의 전면 해제, 그린벨트 해제 등의 전방위적 부동산 경기부양책을 펼쳤다.[17]

그 결과 외환위기의 여진이 아직도 남아 있던 2002년 전국지가 상승률이 9%에 이를 정도로 부동산시장이 뜨겁게 달아오르기 시작했다. 노무현 대통령의 참여정부가 출범한 이후에는 투기와 그로 인한 부동산 가격 폭등이 본격화되었고, 참여정부는 5년 내내 부동산 투기와의 전쟁을 수행할 수밖에 없는 처지로 몰렸다.

참여정부는 토지공개념의 철학 위에 종합부동산세 도입, 다주택자 양도세 중과 등의 부동산불로소득 장치를 획기적으로 강화했고, 재건축초과이익환수제·개발부담금제·기반시설부담금제 등을 통해 개발이익을 환수하려 했으며, 실거래가 신고의무화 및 실거래가 등기부 기재 등의 조치를 통해 시장투명화를 이룩했다. 또한 분양원가공개 및 분양가상한제, 토지임대부 분양주택 등의 주택공급 관련 정책수단들도 참여정부에 의해서 도입되었다. 지금은 상식이 된 부동산 관련 대출관리도 참여정부 시기에 비로소 LTV(담보인정비

---

17 이정우(2007). "한국 부동산 문제의 진단", 『응용경제』, 9(2): 5–40. 한국응용경제학회, pp.18–19.

율) 및 DTI(총부채상환비율)이라는 형식으로 안착됐다는 점도 간과되어서는 곤란하다.

무엇보다 주목할 대목은 참여정부가 대한민국 건국 이후 보유세 강화 로드맵을 제시하고 입법화시킨 최초의 정부라는 사실이다. 참여정부는 2005년 5·4대책을 통해 보유세 실효세율을 2017년까지 1%(2005년 당시 보유세 실효세율은 0.12%에 불과했음)로 올리겠다고 제시한 바 있으며 재산세와 종합부동산세의 과표·구간·세율을 모두 올리는 입법을 달성했다. 부동산 문제는 토지의 보유 및 처분시에 발생하는 불로소득을 사유화하려는 데서 발생하기 때문에 부동산 문제를 해결하기 위해서는 토지의 보유 및 처분 시에 발생하는 불로소득을 세금의 형식으로 공공이 환수하는 것이 반드시 필요하다. 이를 위한 최적의 정책수단이 바로 보유세다. 보유세 강화 없이 부동산 문제가 해결되지 않는다는 사실을 감안할 때, 그리고 역대 정부의 숙원이 보유세 강화였다는 점을 상기할 때 보유세 강화 로드맵을 정하고 보유세를 임기 중에 크게 강화한 참여정부의 업적은 '보유세 혁명'이라고 불러도 과언이 아닐 것이다. 참고로 참여정부 출범 당시 0.13%이던 보유세 실효세율은 참여정부 임기 마지막 해인 2007년 0.17%로 0.04%가 상승했다.

4) 이명박 정부와 박근혜 정부의 퇴행적 부동산정책, 그리고 문재인 정부

이명박 정부는 역대 최고의 투기 방임 정부로 평가할 수 있다. 이명박 정부는 ABR(Anything But Roh)라는 기치 아래 참여정부가 토지공개념이라는 철학 위에 심혈을 기울여 만든 투기 차단 정책수단들을 모조리 파괴하고 형해화했다. 이명박 정부는 참여정부의 최대 성과라 할 종부세를 무력화시켰고, 다주택자 양도세 중과도 사실상 폐지시켰으며, 참여정부가 2017년까지 보유세가 강화되도록 설계해놓은 로드맵도 폐기했다.

구체적으로 살펴보면, 이명박 정부는 종합부동산세 과세 대상을 헌법재판소의 결정에 따라 세대별 합산에서 개인별 합산으로 변경하고, 1주택자의 경우는 공제금액을 6억 원에서 9억 원으로 상향했으며, 공정시장가액비율을 도입하여 과세표준 현실화율 상향을 중단시켰다. 또한 이명박 정부는 투기과열지구 및 투기지역, 주택거래신고지역을 해제했으며, 재건축 규제를 완화하고, 취득세를 한시적으로 감면하는가 하면, 양도세 비과세 요건도 완화시켰다. 그뿐만 아니라 이명박 정부는 임대사업자에게 많은 특혜를 부여했고, 분양권 전매제한을 완화했으며, 재건축초과이익환수제를 유예시켰고, 민영주택 재당첨 제한도 폐지시켰다. 한마디로 이명박 정부는 부동산 투기에 올인한 정부였으며, 부동산정책에 관한 한 민주화 이후 역대 최악의 정부라고 해도 과언이 아닐 것이다.

박근혜 정부는 이명박 정부의 부동산 투기 조장정책기조를 고스란히 계승한 정부다. 박근혜 정부는 보유세 강화에 극히 미온적이었고, 다주택자 양도세 중과를 사실상 폐지했으며, 분양가상한제 및 재건축 관련 규제를 대거 풀었다. 연이은 투기조장정책에도 불구하고 서울 집값이 움직이지 않자 '빚내서 집사라'며 LTV 및 DTI를 공격적으로 완화하기까지 했다. 기준금리가 사상 최저를 갱신하는 데 더해 박근혜 정부가 레버리지를 더 많이 일으키게 해주자 투기심리가 살아났고 그 결과 서울 아파트 가격은 2014년 가을부터 본격적으로 상승하기 시작했다.

문재인 정부는 촛불혁명으로 탄생한 정부다. 문재인 정부는 이명박 정부와 박근혜 정부가 꿈꿨던 투기공화국과 과감하게 결별하고 참여정부의 철학과 정책을 발전적으로 계승해야 했음에도 불구하고 그렇게 하지 못했다. 문재인 정부는 집권하자마자 토지공개념을 천명하며 획기적인 수준의 보유세 강화 로드맵을 제시하고 강력한 유동성 관리를 시행했어야 했는데 그렇게 하지 않았고, 오히려 임대사업자에게 각종 특혜를 주는 정책을 추진했다. 이에 시장은 투기와 가격 폭등으로 화답하고 있다.

비록 문재인 정부가 뒤늦게 공시가격 현실화, 고가주택과 다주택자, 법인사업자에 대한 종부세 강화, 다주택자 취등록세 및 양도세 중과 등을 통해 불로소득 환수장치를 정비하고, 대출을 강력하게 억제하며, 재건축 관련 각종 규제를 강화하고, 민간택지에 대한 분양가상한제를 적용하긴 했지만, 그런 조치들은 급등하는 시장 상황에 대한 대응 성격이 짙다. 유감스럽게도 아직까지 문재인 정부에게는 부동산에 관한 이렇다 할 철학도, 의지도 발견되지 않고 있다. 기준금리가 사상 최저치인 0.5%이고 유동성이 역대 최대를 경신하고 있으며, 미디어 환경이 극악하다는 점들을 감안하더라도 문재인 정부의 부동산 철학과 정책에는 높은 점수를 주기 힘들다.

3. 부채경제의 습격, 토지공개념에 대두된 새로운 도전

20세기 이후의 자본주의 시장경제를 그 이전과 비교할 때 가장 두드러진 특징을 부채경제(debt economy)[18]라고 규정해도 무리가 없을 것이다.[19] 세계적 차원에서 부채경제로의 전환은 '뉴딜(New Deal)'을 통한 가계부채의 폭발적 성장, 경직된 '금본위제'에서 유연한 브레튼우즈체제로의 이행이 가능케 한 유동성의 확대였다. 부채경제는 지역별·나라별로 상이하게 전개되긴 했으나 보편적인 현상이었다.

대한민국도 예외는 아니다. 부채경제는 대한민국에서 발전국가 시기 '국가주도 부채경제'로 시작해서 1980~90년대 '재벌주도 부채경제'를 거쳐 1997년 외환위기 이후 '금융주도 부채경제'로 변신을 거듭했다. 부채를 경제성장의 연료로 삼아 달리는 부채경제는 경제성장이 빠르게 이뤄질 때는 자원으로 기능하지만, 경제성장이 더뎌질 때는 비용으로 작용해 경제를 위기상황으로 몰고 간다. 초고속 성장을 구가하던 1960~70년대 '국가주도 부채경제'가 세계불황이 닥쳐오자 외채의 누적 및 부채의 편향적 배분에 따른 사회적 불만의 팽배로 인해 종식되고, 그 바통을 1980~90년대 '재벌주도 부채

---

18 "부채경제란 부채에 기반하여 현재의 소득을 초과하는 수준에서 대규모 지출과 투자가 감행되고, 이러한 부채의존적이며 수요의존적인 투자가 성장을 주도하는 경제를 의미한다(Guttmann(1994). pp.104-5)." 박찬종(2018). "한국 부채경제의 구조변동: '기업부채'에서 '가계부채'로", 『OUGHTOPIA』, 경희대학교 인류사회재건연구원, 33(2): 75-113. p.79 재인용.

19 이하의 내용은 박찬종(2018). "한국 부채경제의 구조변동: '기업부채'에서 '가계부채'로", 『OUGHTOPIA』, 경희대학교 인류사회재건연구원, 33(2): 75-113. pp.75-113을 중심으로 수정, 정리하였음을 밝힌다.

경제'가 이어받은 것, 1980~90년대 '재벌주도 부채경제'가 전두환 정부의 금융자유화를 통해 성장하다 기업부채 및 가계부채의 폭증으로 금리인상 압력을 불러왔고, 김영삼 정부가 금융시장개방을 통해 금리가 싼 국제금융시장을 새로운 부채조달 창구로 활용하다 끝내 외환위기를 맞은 것이 좋은 예다.

부채경제는 '재벌주도 부채경제'의 파산으로 종말을 고하지 않았다. 최초의 수평적 정권교체에 성공한 김대중 정부는 외환위기를 서둘러 극복하기 위해 부채가 아닌 주식에 눈을 돌렸다. 자본시장을 외국자본에 개방한 자본시장자유화를 단행한 것이다. 자본시장 자유화의 성과는 놀라웠다. 1996년 1,856억 달러에 불과하던 외국인 금융투자가 2004년 2배 이상 증가한 것이다. 그리고 외국인 금융투자는 주로 주식투자에 집중됐다. 특기할 대목은 외국인의 주식투자가 집중된 부문이 제조업이 아니라 금융이었다는 사실이다. 그 결과 제일은행 등의 대형은행들의 경영권이 아예 외국자본에 넘어간 것을 비롯해 국민은행 등을 비롯한 국내 간판은행들의 외국인 지분율이 폭발적으로 상승했다. 외국자본의 은행소유는 한국 부채경제에 있어서 일대 전환점이었다. 은행이 국가와 기업의 자금 조달원이라는 제한적이고 종속적 역할에서 탈피해 금융수익을 강력하게 추구하며 부채경제를 주도하기 시작한 것이다. 외국계 은행들은 기업대출에 주력했던 국내은행들과 달리 가계대출에 집중했는데, 기업에 비해 가계가 높은 담보비율, 우량한 연체율 등을 자랑했기 때문이다. 외국계은행들이 가계대출에 집중하자 국내은행들도 재빨리 이를 따라했고 그 결과 가계대출 가운데 예금은행의 비중이 1997년 30%에서 2006년 60%를 넘어서는 수준까지 증가했다.

은행의 성격이 크게 바뀌고, 은행의 영업전략이 완전히 달라진
데 더해 김대중 정부도 적극적인 '규제완화'와 '수요진작'으로 화답
했다. 김대중 정부가 추진한 '수요진작책'의 대표적인 정책수단이
주택금융이었는데, 주택담보대출의 폭발적인 증가가 이를 잘 증명
한다. 1996년 불과 36.4조 원에 불과하던 주택담보대출이 2015년
무려 594조 원으로 늘어난 것이다. 주택담보대출의 폭증은 당연히
가계대출의 증가로 이어진다. 1996년 151조 원에 그치던 가계대출
은 2015년에 무려 1,138조 원으로 폭증했다. 주택담보대출의 폭증
이 가계대출 증가의 가장 큰 원인인 셈이다. 비중을 보면 사태가 얼
마나 심각한지 금방 알 수 있다. 1996년 가계대출 가운데 주택담보
대출이 차지하는 비중은 24.1%였는데 2015년에는 52.2%로 증가했
고, 1996년 국내총생산에서 주택담보대출이 차지하는 비중이 불과
7.6%였는데 2015년에는 38.1%로 폭등했으며, 1996년 가계대출이
국내총생산에서 차지하는 비중이 31.4%였는데 2015년에는 73.0%
로 배 이상 증가한다.[20]

결론적으로 말해 과거와는 성격이 완전히 달라진 은행들이 가계
위주의 대출전략을 경쟁적으로 펼친 데다 정부마저 부동산 경기부
양책으로 적극 호응하면서 대한민국의 부채경제는 이제 '금융주도
부채경제'로 완벽히 고착됐다. 외환위기 이후 본격화된 가계부채의
폭발적 증가는 '금융주도 부채경제'의 구조적 결과였다. 한편 '금융
주도 부채경제'는 가계부문을 기업 같은 투자자로 변신시키는 마법
을 구사했는데 가계부문이 주된 투자대상으로 삼은 건 단연 부동

---

20 김명수(2020). 『내 집에 갇힌 사회: 생존과 투기 사이에서』, 창비. pp.165-170.

산이었으며, 폭증한 주택담보대출은 부동산 가격을 끝없이 밀어 올렸고, 상승한 부동산은 더 많은 대출을 받을 수 있는 담보로 기능하면서 '금융주도 부채경제'를 더욱 심화시키고 있는 중이다. 그리고 그 결과는 2020년 3분기 말 현재 1682조 원[21]을 넘는 가계부채와 지독한 자산양극화다. 이제 '금융주도 부채경제'의 극복 혹은 제어라는 화두가 토지공개념에게 절체절명의 과제로 주어진 것이다.

4. 과거의 토지공개념 이행전략에서 얻어야 할 정책적 시사점들

위에서 이승만 정부의 농지개혁, 토지공개념 3법으로 대표되는 노태우 정부의 토지공개념 복원시도, 참여정부의 보유세 혁명 등의 내용과 성취 등에 대해 살펴봤다. 농지개혁, 노태우 정부의 토지공개념 복원시도, 참여정부의 보유세 혁명은 대한민국 역사에서 손에 꼽히는 사회·경제적 개혁조치들이었다. 하지만 농지개혁, 노태우 정부의 토지공개념 복원시도, 참여정부의 보유세 혁명이 명확한 한계와 단점을 내포하고 있었던 것도 분명한 사실이다.

먼저 농지개혁부터 한계와 단점을 짚어보자. 전강수는 다수에게 작은 규모의 농지를 분배하는 방식의 농지개혁이 생산성이 낮은 영세농 위주로 농업을 재편한다는 점, 토지를 분배받은 자와 그렇지 못한 자 사이의 불평등을 확대시킨다는 점, 토지가치를 조세 형식으로 환수하지 않는 한 토지분배의 효과는 시간이 지남에 따라 희

---

21 한국은행경제통계시스템(http://ecos.bok.or.kr)

석되고 지주들이 다시 등장한다는 점, 농지만 개혁대상이 되었을 뿐 도시토지, 임야, 초지 등은 개혁대상에서 제외되었다는 점 등을 농지개혁의 한계[22]로 들고 있는데, 타당한 분석이다.

농지개혁의 결과 규모의 경제를 통한 생산성 향상은 기대하기 어렵게 됐고, 토지개혁 대상에서 제외된 도시토지 등의 가격이 급격한 경제성장과 불철저한 과세 덕분에 천정부지로 폭등했으며, 해방 직후보다 토지소유의 불평등도가 훨씬 심화됐기 때문이다. 특히 해방 직후를 훨씬 웃도는 토지소유의 불평등도는 극악한 수준이다. "해방 직후 전체 농가의 10%에 해당하는 지주들이 총 경지면적의 53%를 소유하고 있었던 반면, 2005년 말에는 상위 1%의 토지 소유자가 전체 민유지의 57%를 소유하고 있는 것으로 나타난다."[23]

노태우 정부는 박정희 등장 이후 빠르게 무너져 내리던 토지공개념의 정신과 취지를 어느 정도 복원시키는 데는 성공했다. 하지만 약한 종합토지세가 잘 보여주듯 노태우 정부는 보유세 등의 세제에 대한 보편적이고 적극적인 과세는 회피한 채 선별적·준조세적 규제와 예외주의적 입법에 의존한 토지공개념을 추진[24]했고 그 결과 재산권에 대해 극히 보수적 성향을 보이는 헌법재판소에 의해 토지공개념 3법 중 2법이 위헌 및 헌법불합치 결정을 맞는 비극에

22 전강수(2010). "평등지권과 농지개혁 그리고 조봉암", 『역사비평』, 91: 298−328, 역사비평사. pp.318−319.

23 전강수(2010). "평등지권과 농지개혁 그리고 조봉암", 『역사비평』, 91: 298−328, 역사비평사. p.322.

24 김명수(2018). "토지공개념 헌법 명기에 내포된 가능성과 한계", 『경제와 사회』, 119: 102−129, 비평사회학회. p.110.

봉착했다.

끝으로 참여정부는 올바른 부동산 철학 위에 세제·개발이익환수·공급·금융·주거복지·거래투명화 등의 정책패키지를 정초한 정부로 높은 평가를 받아 마땅하다. 다만 입체적이고 종합적인 정책패키지의 투사시점이 늦었다는 점, 과잉유동성이 부동산시장에 미치는 규정력에 대해 뒤늦게 알아차렸다는 점, 정권 재창출에 실패해 참여정부의 부동산 철학과 정책이 단절되게 되었다는 점 등은 지적받아야 할 것이다.

이승만 정부의 농지개혁, 노태우 정부의 토지공개념 복원시도, 참여정부의 보유세 혁명이 이룬 성취와 한계를 통해 오늘날의 우리가 얻어야 할 정책적 시사점들은 무엇일까? 다음과 같은 것들이 아닐까 싶다.

첫째, 토지가치는 모든 시민들에게 평등하게 공유되어야 한다는 토지공개념의 철학과 정신을 국정의 최고책임자가 최상위의 국정철학으로 확립하고, 이를 주권자인 시민들에게 명확한 메시지로 전달하는 작업이 필요하다.

둘째, 토지공개념의 철학과 정신을 공유하는 인사들이 청와대와 정부, 여당의 주요 포스트에 두루 포진해 흔들림 없이, 그리고 일관되게 토지공개념의 철학을 제도화시켜야 한다.

셋째, 토지공개념의 제도화는 분명 토지사개념 아래서 천문학적 불로소득을 누리던 메인스트림의 격렬한 반발과 저항을 초래할 것이다. 대한민국 메인스트림이 동원할 수 있는 물적 토대와 인적 네크워크와 상징권력의 크기는 상상을 초월한다. 막강하기 그지없는 메인스트림이 토지공개념의 제도화를 극력 저지하려고 나설 때 이에 맞설 대항세력을 성공적으로 형성할 수 있는가가 토지공개념의 성패를 좌우할 것이다. 따라서 토지공개념의 제도화를 추진하는 정부는 토지공개념의 제도화를 통해 강력한 이익을 얻는 토지공개념 동맹의 형성에 노력을 경주해야 한다. 토지불로소득과 기본소득과의 연계, 기존 주택공급방식에 심대한 균열을 낼 토지임대부 공급방식의 공공택지에의 대거 도입, 재정의 과감한 투자를 통한 공공임대주택 재고량의 폭발적 증가 등이 토지공개념 동맹 결성의 아교 역할을 하지 않을까 싶다.

넷째, 세제·개발이익환수·공급·금융·주거복지·거래투명화 등의 정책패키지를 총체적이고 유기적으로 구성하고, 집권 초기에 정책패키지의 청사진을 제시하며, 최대한 조속히 이를 입법하고 집행하여야 한다.

다섯째, 토지공개념을 현실화시킬 가장 주요한 정책수단인 보유세를, 실효세율 1%를 목표로 점진적으로 상향시키되, 기본소득과 연계시켜 조세저항을 극복하고 부동산 문제해결과 기본소득제의 안착을 위한 정책수단으로 활용해야 한다.

여섯째, '금융주도 부채경제'가 부동산시장을 규율할 때 어떤 파국적 상황이 펼쳐지는지를 지난 20여 년 동안 경험한 바 있다. 무자비할 정도로 엄격한 대출관리가 긴절하다.

일곱째, 앞서 참여정부가 애써 일군 성취들이 이명박 정부와 박근혜 정부에서 철저히 형해화되는 걸 살펴봤듯, 토지공개념의 철학과 정신을 부정하는 후임정부가 들어서면 전임정부가 공들여 이룬 성과들이 무위로 돌아간다. 토지공개념의 철학과 정신을 계승하는 정부들의 연이은 집권이 반드시 필요한 이유다.

03
····

토지공개념과 바람직한 부동산 세제

임재만(세종대학교 교수)

1. 토지공개념과 부동산 세제의 관계

토지공개념은 사전적으로는 토지에서 발생하는 불로소득을 차단하고, 사후적으로는 이를 환수하자는 것이다. 여기서는 사후적으로 불로소득 환수방안을 논의한다. 불로소득 환수 방법은 조세를 부과하는 방안과 조세와 같은 성격을 지닌 개발부담금 등을 부과하는 방안으로 나눌 수 있다. 이 절에서는 조세, 특히 토지의 취득, 보유 그리고 처분 단계에서 발생한 불로소득을 환수하는 방안에 대해 살펴본다.

1) 토지공개념과 부동산세제

(1) 부동산 불로소득 환수 방안

토지 불로소득을 개발부담금 등을 부과하여 환수하는 방식은 주로 용도전환으로 발생한 초과이득에 부과한다. 예를 들어 개발부담금은 토지의 용도 변경으로 갑자기 발생한 지가상승분에 부과한다.

취득세는 토지 취득 후 장래 발생할 이득에 대한 기대를 낮추는 역할을 하지만, 아직 발생하지 않았지만, 장래의 토지 불로소득에 대해 미리 환수하는 기능도 갖는다. 보유세는 토지를 보유하면서 활용하는 과정에서 발생하는 불로소득을 환수하기 위해 부과한다. 지가는 토지를 활용하는 데 필요한 여러 요인에 의해 형성된다.[25] 여기에는 국가나 지방자치단체에서 제공하는 도로, 철도, 상하수도, 학교, 공공기관과 같은 사회기반시설과 그 서비스에 얼마나 접근하기 쉬운지, 그 시설과 서비스의 양과 질의 영향을 받는다. 토지보유세는 공공서비스에 대한 대가로 인식하는 견해가 주류를 이루지만, 이 주장은 지나치게 단순하다. 토지는 전국에 걸쳐 있으나, 사람이 많이 살면서 경제활동이 활발한 지역과 그렇지 못한 지역, 여러 공공시설과 서비스가 좋은 지역과 그렇지 못한 지역이 섞여 있다. 공공서비스가 훌륭한 지역은 보유세를 많이 거둘 수 있지만,

---

25 일반적으로 가치(value)와 가격(price)은 다른 개념이다. 가치는 장래 기대되는 편익의 현재가치, 가격은 매도자와 매수자가 실제 거래한 금액으로 '가격=가치±오차'로 표현할 수 있으나, 여기서는 특별히 가치와 가격을 구분하지 않고 토지가치를 지가로 표현한다.

그렇지 못한 지역은 보유세를 많이 거둘 수 없다. 지역발전이 균등하지 못한 이유는 다양하지만, 사람과 산업, 문화 등 모든 사회경제문화 활동이 수도권에 몰려, 토지가격이 오르는 악순환이 반복된다. 발전이 뒤처진 지역은 더욱 발전이 늦어지게 된다. 지역발전이 균등하지 못해 발생한 지역 격차는 지역에서 거둔 세금을 전 국민의 삶의 질을 향상하기 위해 전국에 걸쳐 사용해야 해소할 수 있다. 토지보유세는 지방세이면서도 국세가 되어야 한다.

양도소득세는 토지의 취득가격과 처분가격의 차이인 양도소득에 대해 부과한다. 토지에서 발생하는 지대를 완벽하게 추정하여 보유세를 부과하지 못하면 지가가 상승할 수 있다. 지가는 경제활동의 변화, 물가변동과 같은 요인으로 상승할 수도 있다. 따라서 양도소득은 처분가격과 취득가격의 차이에서 정상적인 지가상승을 공제해야 한다. 이 정상적인 지가상승을 초과하는 양도소득을 환수하려는 세금이 양도소득세다.

1989년 도입한 토지공개념 조세제도에는 종합토지세와 토지초과이득세, 택지소유상한부담금, 그리고 개발부담금제가 있었다. 종합토지세는 기존의 토지 과표의 현실화 수준이 너무 낮은 문제를 극복하기 위해 도입했으나, 조세저항을 의식하여 과표를 충분히 현실화하지 못해 실효세율이 낮았다.[26] 택지소유상한부담금은 과도하게 보유하고 있는 택지에 부과했으며, 개발부담금은 앞서 말한 것처럼 택지개발에서 발생하는 초과 지가상승에 부과한 것이다.

---

26 종합토지세는 나중에 노무현 정부에서 토지와 주택에 부과하는 종합부동산세로 부활했으나 이명박, 박근혜 정부에서 크게 완화했고 문재인 정부에서 다시 강화하기 시작했다.

토지초과이득세는 토지가격이 상승하여 발생한 초과이득에 부과했다. 이들 토지공개념 3법은 보편적으로 부과하기보다 특별한 대상에 한정한 제도라는 문제를 안고 있다. 종합토지세나 토지공개념 3법으로 토지 불로소득 환수는 미미할 수밖에 없었다. 토지에서 발생하는 불로소득은 소유자나 지역을 가리지 않고 환수해야 한다. 특별한 소유자나 지역에 한정하면 정치적으로는 지지를 얻을 수 있으나, 이에 해당하지 않는 대상과 지역에 대해서는 불로소득을 환수하지 않으니, 지가가 크게 오를 수도 있다. 요즘 큰 비판을 크게 받는 핀셋규제와 풍선효과를 유발할 수 있다. 토지 불로소득은 대상과 지역을 가리지 않고 보편적인 제도를 통해 환수해야 한다.

(2) 부동산 불로소득 환수 방안으로서 부동산세제

토지시장에서 사적 소유권에 기초하여 토지 소유자는 지가가 최고로 높게 형성될 수 있도록 해당 토지의 최고최선의 용도를 달성하고자 할 것이다. 이때 토지의 최고·최선의 용도는 해당 토지를 이용하여 주택, 상업, 생산 등의 용도로 활용하고자 하는 사람들끼리 경쟁 입찰을 통해 결정될 것이다. 토지의 최고최선의 용도에서 얻은 순수입 중에 토지이용을 위해 투입한 자본, 즉 건물에 대한 비용을 지급하고 난 나머지가 토지 지대다. 토지 지대는 장래에도 계속 발생하는 미래의 편익이므로 지가는 이 지대를 할인한 현재가치가 된다.

지대에 세금을 부과하여 환수하면 세금만큼 토지 소유자에게 귀속하는 지대가 적어지므로 토지 소유자가 기대하는 매매가격도 낮아진다. 지대에 부과하는 세금이 높을수록 매매가격은 더욱 하락한다. 지대 전부를 환수하면 매매가격은 0이 된다.

여기서 한 가지 의문이 들 수 있다. 지가가 0이 되면 지대도 발생하지 않는 것 아닌가? 그러면 환수할 지대도 없어지는 것 아닌가? 이러한 의문은 지대를 지가, 즉 토지에 투입한 자본에 대한 대가로 여기기 때문이다. 지대는 사실 토지에 투입한 자본에 대한 대가가 아니라, 토지의 위치 같은 특성에서 자연적으로 발생한다. 토지를 이용한 경제활동을 통해 얻을 수 있는 수익이 지대를 결정한다. 그러니 지가가 0이 되더라도 토지에서 장래 발생할 것으로 기대하는 지대가 0이 되는 것은 아니다. 다음 〈그림 1-1〉은 최고최선의 용도에 기초하여 발생하는 지대, 이 지대를 할인한 현재가치를 화폐로 표현하여 형성되는 지가(매매가격)와 토지세(지세)의 관계를 보여준다. 지대는 지가와 무관하게 발생하고, 지대에 부과하는 세율이 높을수록 지가는 하락한다.

토지에서 발생하는 모든 지대를 불로소득으로 보는 견해와 정상적인 이자만큼은 공제해야 한다는 견해가 있다. 아래 그림에서 보듯이 지대를 모두 환수하면 지가가 0이 되어, 결국엔 토지 소유권을 박탈하는 것과 같은 효과를 지닌다. 이는 현실적으로 구현되기 어렵다. 따라서 토지 지대 중에서 토지 자본에 대한 정상 이자를 초과하는 지대만 환수하면, 정상적인 지대에 기초한 지가는 유지될 수 있어, 토지 소유권 박탈 효과는 없다. 지대에 대해 세금을 부과하는 방안이 가장 이상적이다. 프랑스는 지대 또는 임대가치를 과세표준으로 삼는다.

토지의 보유단계에서 토지에서 발생하는 불로소득을 완벽하게 환수하기는 어렵다. 토지 불로소득은 보유단계는 물론, 취득단계

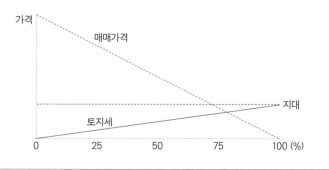

〈그림 1-1〉 토지세, 세율과 매매가격의 관계

자료: Adams, M.(2015). *Land: A new Paradigm for a thriving World*, North Atlantic Books. pp.154

와 처분단계에서도 환수해야 한다는 점을 말해준다.

2. 대한민국 부동산세제의 현황과 쟁점

1) 부동산 취득, 보유, 처분단계의 부동산세제

(1) 취득단계

취득단계에서는 취득세를 부과한다. 토지를 매매하면 실제 거래한 가격을 신고해야 한다. 취득세는 이 신고한 가격을 과세표준으로 삼는다. 취득세를 낼 때 취득세 이외에 부가적으로 내야 하는 세금으로 농특세와 지방교육세가 있다. 2020년 7월 10일 대책으로 1주택자가 추가로 주택을 취득하는 경우에는 취득세를 중과한다.

취득세는 부동산 수요와 가격에 어떤 영향을 미칠까? 당연히 가격이 하락하고 거래가 위축되어 세수가 감소할 것이다. 미국 필라델

〈표 1-3〉 부동산 취득세율(2020년 12월 현재)

취득 원인	구분	조정지역	비조정지역
유상	1주택	6억 원 이하: 1%	
		9억 원 이하: 1~3%	
		9억 원 초과: 3%	
	2주택	8%	1~8%
	3주택	12%	8%
	법인, 4주택	12%	12%
	주택 외 토지, 건축물	4%	
	원시취득, 상속(농지 외)	2.8%	
	농지	매매 3%(상속 2.3%)	
무상 (상속 제외)	3억 이상	12%	3.5%
	3억 미만	3.5%	3.5%

자료: 지방세법

피아에서 1987년 2월부터 1989년 6월까지 단독주택 매매사례 자료를 이용한 연구에서 취득세를 추가 부과했더니 가계의 주택 수요가 위축되어 주택가격이 하락했다.[27] 2006년 1월부터 2008년 8월까지 캐나다 토론토 대도시 권역의 13만 9,266건의 단독주택 거래자료에서도 토지 취득세 부과로 주택시장에서 거래량이 감소하고 가격이 하락했다.[28]

---

27 Benjamin, J. D., Coulson, N. E., & Yang, S. X. (1993). "Real estate transfer taxes and property values: The Philadelphia story", *The Journal of Real Estate Finance and Economics*, 7(2): 151-157.

28 Dachis, B., Duranton, G., & Turner, M. A. (2012). "The effects of land

그렇다면 취득세 부과는 부동산시장에 어떤 영향을 미치는가? 주택가격과 거래 활동은 부동산 거래세 변화에 민첩하게 반응하며,[29] U.K.에서 2008~2009년 동안 경기침체에 대한 대응으로 거래세 부과를 일시 중지했는데, 부동산 가격이 하락했으나 거래량은 일시적으로만 증가했다.[30] 미국 뉴욕과 뉴저지에서도 100만 달러 초과 주택과 아파트 매매에 거래세, 소위 '맨션세(mansion tax)'를 부과했더니 부동산 매수자들의 부동산 탐색 시간과 비용이 더 많이 들었으며, 매도 호가와 매매가격 사이에 왜곡도 증가했다.[31] 그러나 Slemrod et al.은 거래량이 크게 줄고 매도 물량이 줄어드는 동결 효과가 존재한다는 증거를 발견하지 못했다.[32]

(2) 보유단계

토지를 보유하고 있는 사람에게 보유세를 부과한다. 보유세에는

transfer taxes on real estate markets: evidence from a natural experiment in Toronto", *Journal of economic Geography*, 12(2): 327–354.

29 Best, M. C., & Kleven, H. J. (2018). "Housing market responses to transaction taxes: Evidence from notches and stimulus in the UK", *The Review of Economic Studies*, 85(1): 157–193.

30 Besley, T., Meads, N., & Surico, P. (2014). "The incidence of transaction taxes: Evidence from a stamp duty hol*iday*", *Journal of Public Economics*, 119: 61–70.

31 Kopczuk, W., & Munroe, D. (2015). "Mansion tax: The effect of transfer taxes on the residential real estate market", *American economic Journal: economic policy*, 7(2): 214–257.

32 Slemrod, J., Weber, C., & Shan, H. (2017). "The behavioral response to housing transfer taxes: Evidence from a notched change in DC policy", *Journal of Urban Economics*, 100: 137–153.

〈표 1-4〉 부동산 재산세율(2020년 12월 현재)

주택		종합합산토지		별도합산토지		분리과세토지		건축물	
과세표준	세율	과세표준	세율	과세표준	세율	과세표준	세율	과세대상	세율
6,000만 원 이하	0.1%	5,000만 원 이하	0.2%	2억 원 이하	0.2%	전, 답, 과수원, 목장용지, 임야	0.7%	골프장, 고급 오락장	4%
1.5억 원 이하	0.15%								
3억 원 이하	0.25%	1억 원 이하	0.3%	10억 원 초과	0.3%	골프장용, 고급오락용	4%	주거, 지정지역 내 공장용	0.5%
3억 원 초과	0.4%	1억 원 초과	0.5%	10억 원 초과	0.4%	그 밖의 토지	0.2%	기타	0.25%
별장	4%							과밀억제 공장	1.25%

과세표준: 토지 및 건축물은 시가표준액의 70%, 주택은 60%
자료: 지방세법

〈표 1-5〉 종합부동산세율(2020년 12월 현재)

주택				종합합산토지		별도합산토지	
2주택 이하		3(조정 2)주택 이상		과세표준	세율	과세표준	세율
과세표준	세율	과세표준	세율				
3억 원 이하	0.5%	3억 원 이하	1.2%	7억 원 이하	1%	80억 원 이하	0.6%
6억 원 이하	0.7%	6억 원 이하	1.6%				
12억 원 이하	1%	12억 원 이하	2.2%	7억 원 초과	2%	80억 원 초과	1%
50억 원 이하	1.4%	50억 원 이하	3.6%				
94억 원 이하	2%	94억 원 이하	5%	47억 원 초과	4%	480억 원 초과	1.6%
94억 원 초과	2.7%	94억 원 초과	6%				

자료: 종합부동산세법

지방세인 재산세와 국세인 종합부동산세가 있다. 보유세는 재산 가액과 규제지역 여부, 소유주택 수에 따라 누진세제로 되어 있다. 과세표준은 부동산 공시가격에 공정시장가액비율을 곱해 산정한다. 현재 공시가격은 시세보다 크게 낮고 지역과 가격대, 유형별 격차가 크다. 정부는 공시가격의 시세반영 수준을 점진적으로 90%까지 높이겠다는 로드맵을 발표했다. 그 과정에서 형평성 문제는 계속 논란의 대상이 될 것이다.

(3) 처분단계

처분단계에서는 양도차익에 대해 양도소득세를 부과한다. 양도소득세는 규제지역 여부, 보유기간과 거주기간, 양도소득 금액에 따라 차등적으로 부과한다. 양도소득세는 처분가격과 취득가격 모두 실거래가격이다. 양도소득세는 양도가액과 취득가액의 차액에서 기타 필요경비, 장기보유특별공제, 양도소득기본공제를 공제한 가액에 양도소득세율을 적용하고, 다시 감면세액을 차감하는 매우 복잡한 산식으로 결정한다. 일정한 요건을 갖춘 1세대 1주택도 과세하지 않는다.[33]

양도소득세의 효과에 대한 논의는 매우 드물다. 이론적으로는 양도소득세를 부과하면 투자자의 기대 이윤을 감소시켜 투기적 투자자의 시장진입이 줄고 거품 형성을 방지하여 자산가격의 변동성

---

33 2년 이상 거주(투기지역, 투기과열지구, 조정대상지역)하거나 2년 이상 보유(그 외 지역), 9억 원 이하까지만 면제

〈표 1-6〉 주택 양도소득세율(2020년)

구분			세율	
			비조정대상지역	조정대상지역
등기	2년 이상 보유	1주택	비과세	2년 이상 거주요건 비과세
			단, 9억 원 초과분은 과세	
		2주택 이상	누진세율 6~42%	2주택: 10% 중과세 3주택 이상: 20% 중과세
	1년 이상 2년 미만 보유			
	1년 미만 보유		40%	40%와 중과세율 중 큰 값
미등기			70%	

자료: 국세청

이 완화된다.[34] 그러나 양도소득세를 부과하면 부동산 소유자는 양도소득세를 회피하기 위해 부동산을 매도하지 않아 매물이 잠기는 부작용도 발생한다.

자산가격의 변동성 완화를 위해 자본시장과 통화시장에 금융거래에 대한 과세가 필요하다는 주장이 있다.[35] 일부 국가에서 투기적 활동으로 자산 거품이 발생하며, 투기적 활동이 주택가격 결정에 핵심적인 역할을 한다.[36] 집값이 매우 비싼 것으로 유명한 홍콩에는 주택에 양도소득세를 부과하지 않아 자본이 주택부문으로 집

34 Eyraud, L. (2014). *Reforming capital taxation in Italy*. IMF Working Papers 14/6.

35 Aregger, N., Brown, M., & Rossi, E. (2013). *Transaction taxes, capital gains taxes and house prices(No. 2013-02)*.

36 Kholdy, S., & Sohrabian, A. (2008). "Capital gain expectations and efficiency in the real estate markets", *Journal of Business & Economics Research*, 6(4): 43-52.

중하고, 정부가 주택부문에서 자본을 회수할 수단이 전혀 없다.[37]
국내에서도 지방재정의 취약성, 국세와 지방세의 영향력 차이 등을
고려할 때, 국세인 양도소득세가 지방세에 해당하는 재산세나 취득
세보다 주택시장을 더 안정시킬 것으로 예상했다.[38] 따라서 전 세
계 여러 국가에서 소득 격차와 불평등 성장의 해소, 자본의 이동
같은 목표를 달성하기 위해 부동산에 대한 자본이득세를 적절한
정책 수단으로 활용할 수 있다.[39]

2) 부동산세제에 관한 쟁점

(1) '거래세는 낮게 보유세는 높게' 프레임의 정당성

일반적으로 부동산정책에서 전형적인 프레임은 '거래세는 낮게
보유세는 높게'라고 할 수 있다. 거래세를 낮게 하여 부동산을 자
유롭고, 효율적으로 거래할 수 있게 하는 것이 중요하다고 한다. 거
래세는 부동산의 거래가격에 부가되어 취득하는 사람에게 재정적
으로 부담이 된다. 취득세가 장래 발생할 불로소득을 미리 환수하
는 것이라면 아직 실현되지 않은 이득에 대한 과세라는 비판을 받
을 수도 있다. 취득세 부담으로 자유로운 토지시장으로 진입에 장

37 Hsu, B. F., & Yuen, C. W. (2001). "Tax avoidance due to the zero capital
    gains tax: Some indirect evidence from Hong Kong", *International Evidence on
    the Effects of Having No Capital Gains Taxes*, 39–54.

38 김종화(2011). "조세제도가 주택시장에 미치는 영향: 서울지역의 주택가격 및 거
    래량 결정요인을 중심으로", 『국제회계연구』, 38: 75–98, 한국국제회계학회.

39 Sobhaniyan, S. M. H. (2018). *Tax on capital gains of housing estate*.

애가 된다면 토지에 투입하는 자본의 양이 많아지고 토지 매수자
는 더 많은 지대수입을 기대해야 하므로, 토지이용자에게 부담이
늘어 시장의 비효율성을 가중한다는 것이다.

보유세 중심으로 부동산 세제를 개편한다면 거래세는 보유세가
늘어나는 것과 비례해서 낮출 필요가 있다. 부동산 취득세는 지방
자치단체의 중요한 세원이다. 취득세를 낮추려면 단순히 세율을 낮
추는 데 그쳐서는 안 된다. 취득세율 인하로 줄어드는 지방세수를
보전할 방안도 함께 마련해야 한다. 한편 국토보유세는 현행 종합
부동산세를 폐지하는 대신 기본소득재원으로 활용하자는 주장을
담고 있다. 현행 종합부동산세는 부동산교부세 명목으로 지방자
치단체의 일반 재정에 활용하고 있다. 종합부동산세를 폐지하려면
부동산교부세를 대체할 방안도 함께 마련해야 한다. 나아가 부동
산 보유세 강화가 부동산 불로소득을 환수하는 한편, 건전한 자본
주의의 발전에 이바지하도록 세제 개편이 필요하다. 부동산 불로소
득에 대한 세금은 강하게 부과하는 대신, 근로소득이나 사업소득
또는 부가가치세처럼 모든 국민이 간접적으로 부담하는 세금을 낮
출 필요가 있다. 부동산 세제 개편은 단지 부동산세만 보고 진행할
수 없다. 전반적인 세수와 지방재정, 세원별 세수의 균형과 조정이
함께 이뤄져야 한다.

(2) 양도소득세는 거래세인가?

앞서 언급한 것처럼 양도소득세는 부동산세라기보다는 소득세에
속한다. 자산 취득가격과 처분가격의 차이인 양도소득에 부과하는
세금은 대부분 나라에서도 소득세제의 하나로 본다. 유독 우리나

라에서만 양도소득세를 거래세로 보고, 양도소득세를 낮춰야 한다는 논리를 펼친다. 양도소득세는 취득세나 보유세로 충분히 환수하지 못한 불로소득을 마지막 처분단계에서 환수하기 위한 것일 뿐만 아니라, '소득 있는 곳에 세금을'이라는 조세의 기본원리에 기초한 세금이다. 토지 소유자 자신의 노력과 무관하게 지가가 상승하여 소득이 발생했는데도 과세를 하지 않는다면 누가 성실하게 노동하고 혁신적으로 사업을 하려 하겠는가? 요즘 청소년까지 장래 소원은 건물주라고 하거나 소위 '영끌'매수 세태는 이러한 불로소득 대부분을 개인이 가져가도록 한 현 체계에서 비롯한 것이다.

문제는 양도소득세가 양도소득의 크기에 따라 누진 세제로 설계되어 있지만, 규제지역과 보유기간, 소유주택 수에 따라 차등적으로 부과하며, 일정한 요건을 갖춘 1가구 1주택은 과세하지 않는다는 점이다. 주택가격 급등의 원인을 다주택자의 주택투기에 있다고 보기 때문이다. 다주택자가 전세를 이용해 양도소득을 노리고 여러 주택을 사니, 이를 억제하기 위해서는 양도소득세를 다주택자에게 중과해야 한다고 한다. 이렇게 다주택자에게 집값 상승의 원인을 돌리고 다주택자를 중심으로 조세를 중과하는 정치적 구호는 멀리 박정희 시대부터 시작되었다.

다주택자의 주택투기는 세제 환경이 다주택자에게 유리할 때 이뤄진 것이다. 세제는 경제활동의 동기를 변하게 하는 것이지, 과거의 활동에 대한 징벌이 되어서는 곤란하다. 더구나 우리나라의 다주택자는 정부가 바뀌거나, 시장 상황이 급변하면 세제환경이 얼마든지 바뀔 수 있다는 것을 학습해왔다. 중과된 양도소득세를 회피하기 위해 다주택자의 중고주택이 시장에 매물로 나오지 않고 잠겨

주택공급 부족 문제를 일으킨다.

(3) 보유세: 비례세냐, 누진세냐?

부동산 보유세에 대한 이론적 논의는 크게 보유세의 성격과 조
세 부담의 분배원리, 그리고 조세의 효과로 나누어 살펴볼 수 있
다. 부동산 보유세는 오랜 역사를 지니고 있다. 농경사회에서는 토
지와 그 생산물이 곧 국부(國富)였기 때문에 지세(地稅)는 소득세이
자 보유세였다. 현대에 와서는 도시 중심의 자본주의 체제가 정착
하면서 앞서 언급한 것처럼 보유세는 정부가 제공하는 공공서비스
에 대한 대가라는 전통적인 견해와 지리적 불균등 발전이라는 문제
를 해결하기 위한 차원에서 국세 기능이 필요하다는 견해도 있다.

둘째, 조세 부담을 어떻게 분배하는 것이 공평한가? 부동산 보
유세는 능력원칙보다 편익원칙에 더 부합한다는 관점이 일반적이
다.[40] 많은 국가가 재산의 크기에 비례해서 혜택도 커진다는 차원
에서 비례세율(즉, 단일세율)로 운영한다. 이 때문에 우리나라와 같은
강한 보유세의 누진세 구조에 대해 불합리하다는 견해[41]와 편익원
칙에 부합한다는 견해[42]가 대립한다. 현실적으로 토지, 주택 등 부
동산이 받는 편익의 크기를 정확히 측정하기 곤란한 상태에서 납세

---

40 최명근·김상겸(2005). "우리나라 보유세제 개편을 위한 연구: 종합부동산세 도입
    정책에 대한 평가 및 정책제언을 중심으로", 한국경제연구원.

41 박민·안경봉(2008). "현행 부동산 보유세의 헌법적 재조명", 『조세법연구』, 14(3):
    263-295, 한국세법학회.

42 김미림·유보람(2018). "누진적 재산세 세율구조 하에서 공공서비스의 차별적 편
    익 가정의 적절성: 서울시 자치구 기반 공공서비스를 중심으로", 한국지방세연
    구원. pp.52-55.

자의 세 부담 능력을 보유 주택의 가치를 기준으로 판단할 필요성도 분명히 존재하며,[43] 포용적 경제성장을 위해 누진성이 필요하다는 주장도 있다.[44] 헌법재판소는 보유세의 누진세율과 함께 종합부동산세, 재산세로 이원화된 체제에 대해 입법자의 재량사항으로 보기 때문에 헌법적 문제는 없다고 결정했다(2008헌가27).

셋째, 보유세의 효과에 대한 세금의 자본화 이론(capitalization of tax)에 따르면 주민의 세 부담과 공공서비스 수준이 부동산 가치에 반영된다. 부동산에 세금을 부과하면 부동산 편익이 감소하여 부동산 가치가 하락한다. 미국에서 주택에 대한 과세가 낮으면 사업자본에 대한 투자가 축소되고, 소유자 주택 투자가 과도하게 늘어 자본투자의 왜곡이 발생한다고 한다.[45] 주택 과세로 개인소득세가 11% 증가하며, 조세체계를 더욱 누진적으로 만들면 주택가격은 20% 정도 하락한다.[46] 유럽 6개국에서도 주택의 순 내재 임대료에 과세하면 불평등이 다소 완화되며, 개인소득세 수입도 6%(독일)에서 27%(네덜란드)까지 증가한다.[47] 재산세를 강화하더라도 실효세

43 변혜정(2013). "경제위기에 대응한 부동산 세제 변화에 대한 연구", 『원광법학』, 29(4): 321-342, 원광대학교 법학연구소; 이준구(2017). "부동산 관련 정책에 관한 두 가지 단상", 『한국경제포럼』, 9(4): 1-25, 한국경제학회.

44 주만수(2019). "부동산보유세제의 세율 특성 및 형평성: 재산세와 종합부동산세의 연계 분석", 『한국지방재정논집』, 24(2): 1-37, 한국지방재정학회.

45 Skinner, J.(1996). "The dynamic efficiency cost of not taxing housing", *Journal of Public Economics*, 59(3): 397-417.

46 B, E. E. (2020). "Taxation of housing: Killing several birds with one stone", *Review of Income and Wealth*, 66(3): 534-557.

47 Figari, F., Paulus, A., Sutherland, H., Tsakloglou, P., Verbist, G., & Zantomio, F. (2017). "Removing homeownership bias in taxation: The

율이 낮으면 주택가격 하락 효과는 크지 않다.[48] 주택의 내재 임대
료에 과세해도 세수만 증가할 뿐, 불평등 완화 효과는 크지 않다(핀
란드: 세리마라; 독일: 페솔드 & 티펜바케르).[49] 오히려 임대인과 임차인 간
불평등이 증가하는 한편, 임대인 간 불평등은 완화된다(U.K, 서독,
미국: 프릭 & 그라바).[50] 전반적으로 불평등에 미치는 효과는 크지 않
고, 자산 보유 비중이 상대적으로 높은 노인층의 소득이 증가하는
효과가 있다.

OECD 조세 자료(Tax Revenue, OECD)와 국내 실정을 비교해보면,
2018년 현재 우리나라의 보유세 수입 비중은 OECD 국가의 GDP
나 조세수입에서 차지하는 비중의 약 절반 정도에 지나지 않는다.
재산세 실효세율은 평균의 약 3분의 1인 반면, 취득세는 최고 수준
이다. 보유세와 거래세를 합한 재산 과세가 조세수입에서 차지하는
비중은 매우 높지만,[51] 보유 부담은 낮다. 우리나라 보유세제의 가
장 큰 특징은 가파른 누진 구조다. 대부분 나라는 재산가액에 따

distributional effects of including net imputed rent in taxable income",
Fiscal Studies, 38(4): 525-557.

48 노기성(1993). "재산세의 가격효과와 귀착", 『KDI Journal of Economic Policy』,
15(4), pp.143-154.

49 Saarimaa, T.(2011). "Imputed rental income, taxation and income
distribution in Finland", *Urban Studies*, 48(8): 1695-1714; Paetzold, J., &
Tiefenbacher, M. (2018). "Distributional and revenue effects of a tax shift
from labor to property", *International Tax and Public Finance*, 25(5): 1215-1251.

50 Frick, J. R., & Grabka, M. M. (2003). "Imputed rent and income inequality:
A decomposition analysis for Great Britain, West Germany and the US",
Review of Income and Wealth, 49(4): 513-537.

51 국회예산정책처(2018). "부동산세제 현황 및 최근 논의동향".

라 세금액수가 비례적으로 늘어나는 비례세율 혹은 단일세율이나, 싱가포르와 영국 같은 일부 나라만 약한 차등세율을 가지고 있다. 우리처럼 급격한 누진세율 구조를 갖춘 나라는 한 곳도 없다. 다만, 토마 피케티는 세습자본주의 폐해를 끊기 위해서는 자산 소유와 소득에 대해 강력하고 급진적인 누진세제의 도입이 필요하다고 역설한다. 특이한 것은 가격대에 따른 누진세 구조가 아니라 평균 과세표준을 기준으로 배수에 따른 누진 구조라는 점이다.[52]

누진세를 선택하든 비례세를 선택하든 어느 정도의 세율이 적정한지에 대한 문제가 남는다. 전강수·강남훈은 기본소득과 연계한 국토보유세(1억 원 이하, 5억 원 이하, 10억 원 이하, 50억 원 이하, 100억 원 이하와 초과 6등급 별 0.1~2.50%)를 누진세제로 하는 모형과 환경세와 시민세에 토지세(0.6%)를 비례세로 추가하는 모형을 제시한다.[53]

3. 바람직한 부동산세제의 방향

1) 토지 중심 보유세 강화

보유세 강화는 시대적 조류다. 저성장, 저금리 기조에 풍부한 유

---

52 누진소유세는 인별 부과하며, 부채를 제외한 부동산, 사업, 금융자산 전체의 순 가치를 과세대상으로 삼는다. 다만 순자산가치를 과세대상으로 하면 금융화를 가속하는 부작용이 있을 수 있다.

53 전강수·강남훈(2017). "기본소득과 국토보유세: 등장 배경, 도입 방안, 그리고 예상 효과", 『역사비평』, 120: 250-281, 역사문제연구소.

동자금이 부동산 부문으로 흘러들어 거품이 형성되고 있어, 부동산 부분으로 흘러드는 유동성을 강력하게 차단하고, 부동산 불로소득을 환수할 필요성이 그 어느 때보다 강조되고 있다. 특히 토지보유세는 토지에서 발생하는 불로소득을 차단, 환수하여 자본을 건전한 생산영역으로 흐르게 하여, 노동소득과 사업소득을 존중하는 자본주의로 탈바꿈하는 데 이바지할 것이다. 여기에서도 다음 몇 가지 쟁점을 고찰한다.

첫째, 보유세 실효세율의 목표를 얼마로 설정할 것인가? 대체로 진보진영에서는 과거 노무현 정부 1%를 최종 목표로 설정했었다. 1%라는 목표는 OECD 평균이라는 점에서 의미가 있다. 문제는 실효세율 1%로 토지가격이 안정되는가에 있다.[54] 적정한 실효세율 수준을 적절하게 제시하기는 어렵다. 만약 주택이라면, 적정한 소득이 있는 사람은 주택을 매수할 수 있어야 한다는 것을 당위로 받아들인다면 장기 모기지 이용 가능성을 고려하여 적정한 세율 수준을 제시할 수는 있을 것이다. 소득 중 30%를 저축하여 주택가격에서 주택담보대출을 받을 수 있는 금액을 뺀 나머지를 축적한 다음, 대출 만기 20년, 대출은 소득의 30% 이내에서 원리금 균등 방식으로 갚는다고 가정해보자. 2020년 전국 가구의 중위소득 4,652만 원/연(387.7만 원/월, 가계금융복지조사), 평균 주택담보대출 금리 2.47%다(2020년 10월). 이런 조건이라면 주택담보대출 가능 금액은 약 2억 2,000만 원이다. 5년간 매월 소득의 30%인 116만 원을

---

54 Miller et al.(2020)에 따르면 미국의 주택에 대한 평균 실효 재산세율은 1.6%로 평균 매매가격은 27만 651달러이며, 실효세율이 높을수록 평균 매매가격은 낮아지는 경향을 보인다.

적금을 들면 만기에 6,960만 원을 찾는다(2020년 10월 3~4년 정기적금 금리 i =1.35%). 저축액과 대출액의 합계 28,960만 원이 적정한 가격이다. 전국 중위 주택가격 30,708만 원이므로 부담 가능한 주택가격(P_a)과 중위 주택가격(P_u)의 격차는 8,708만 원이다. 2020년 11월 현재 시장 금리(회사채 장외 3년 AA-등급 수익률 y=2.247%)로 현재 주택가격이 부담 가능한 가격 수준으로 떨어지려면 적정 세율 t는 약 1.61%가 된다.[55]

그런데 문제는 지가에 일정 세율을 적용하는 보유세 부과 방식은 이처럼 실효세율 인상으로 지가가 세금의 자본화 이론에서 예상한 것처럼 하락할 가능성이 있다는 데 있다. 앞서 언급한 것처럼 지가가 하락하면 토지에 부과하는 세금도 줄어든다는 문제가 발생한다. 지가가 아닌 지대를 기준으로 세금을 부과하지 못한다면 이 문제는 피할 수 없다. 위 사례에서 보듯이 지가는 P_u에서 P_a로 28% 하락하게 된다. 그렇지만 해당 토지에서 임대료는 계속 P_u 수준에서 발생할 것이다. 지대에 세금을 부과한다면 초과지대의 얼마, 즉 몇 %를 세금으로 환수할 것인가? 폴드베리는 점진적으로 세율을 인상하되, 최고세율은 75%를 제안한다.[56] 애덤스는 지대 평가의 오류 가능성 때문에 지대의 80%가 적정하다는 견해를 피력한다.[57] 보유세 실효세율 1%를 달성하려면 '(x%×지대)/지가=1%'가 되도록

55 $P_u(y-t)/y=P_a$

56 Foldvary, F. E. (2005). Geo-rent: A plea to public economists. *Econ. Journal Watch*, 2(1): 106-132.

57 Adams, M. (2015). *Land: A new Paradigm for a thriving World*, North Atlantic Books.

평균 지대세율 x%를 정해야 한다.

둘째, 보유세제를 비례세로 할 것인가, 아니면 누진세율로 할 것인가? 다른 나라 경험을 보면 보유세는 비례세가 일반적이다. 그러나 피케티가 제기하듯이 자산과 소득 불평등이 점점 확대하고 있다. 자산 불평등을 완화 내지는 해소하기 위해서는 누진세를 도입해야 한다. 지가는 시장 상황과 주위환경에 따라 항상 변한다. 지가를 기준으로 한 등급 구분은 그래서 적정하지 않다. 피케티의 제안처럼 중위가격을 중심에 놓고 가격 배수를 기준으로 등급을 결정하는 것이 바람직하다.

셋째, 어떻게 목표 달성을 할 것인가? 점진적인가, 아니면 급진적인가? 점진적이라고 할 때 얼마나 천천히 전진할 것인가? 일시에 보유세를 급격히 인상하면 우리 사회는 매우 혼란해질 것이다. 당연히 점진적으로 보유세를 인상할 수밖에 없다. 다만, 목표실효세

〈그림 1-2〉 부동산 공시가격 현실화 계획

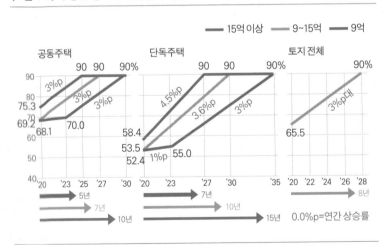

자료: 연합뉴스. 박영석 기자. 2020.11.03

90

율을 제시하고 달성 목표 연도를 정해야 한다. 이는 공시가격 현실화 로드맵에 맞춰 동시에 진행해야 한다. 공시가격 현실화 로드맵에 따르면 2035년에야 주택과 토지 모두 공시가격이 시세반영률 목표 90%를 달성한다. 이때까지 실효세율 1.6%도 달성할 계획을 수립한다. 먼저 공정시장가액비율을 점진적으로 100%로 인상하여 사실상 폐지해야 한다. 2035년에도 목표 실효세율 1.6%에 미치지 못한다면 세율 인상이 필요하다.

넷째 문제는 기존의 종합부동산세 대신 국토보유세를 도입하고 기본소득 재원으로 활용하려면 세수의 조정이 필요하다는 점이다. 보유세를 강화하면서 어떤 세금 항목을 조정할 것인가 하는 점이다. 먼저 부가가치세와 같은 간접세를 축소하는 방향을 고려할 수 있다. 보유세 증가에 대응하는 부가가치세의 인하는 예측 가능하다. 직접세인 보유세 증가와 간접세인 부가가치세 인하는 명분에서도 앞선다. 다음으로 부동산 세제 안에서 취득세와 양도소득세는 낮추고 보유세는 강화하는 방안도 고려할 수 있다. 취득세와 양도소득세는 거래가 발생해야 거둘 수 있다. 경기변동이나 부동산시장 상황에 따라 부동산 거래는 활발해지거나 위축된다. 거래량이나 그에 따른 세수 예측이 쉽지 않다. 매년 모든 토지에 부과하는 보유세를 강화하는 대신 세수를 조정하기 위해 취득세와 양도소득세는 적절하지 않다는 것이다. 〈표 1-7〉에서 보듯이 우리나라의 부동산 세수 중 취득세와 양도소득세 비중이 높고 보유세는 낮다. 세 가지 세원 중 가장 안정적인 보유세 비중이 작다. 보유세 실효세율을 높이면서 취득세 비중을 낮추는 방향이 바람직하다. 보유세 실효세율이 낮은 상태에서 토지 불로소득은 대부분 양도소득으로

〈표 1-7〉 재산세, 종부세, 취득세 현황(전국)   (단위: 백만 원)

| 연도 | 취득세* | 보유세 | | 양도소득세* | 종부세/재산세 | 취득세/보유세 |
		재산세	종부세			
2008	11,811,252†	4,577,477	2,328,039		0.51	1.71
2009	11,684,797†	4,598,833	967,722	22,381,783	0.21	2.10
2010	11,480,532†	5,003,379	1,086,171	25,757,778	0.22	1.89
2011	10,549,291	7,896,398	1,137,072	21,852,107	0.14	1.17
2012	10,603,022	8,350,329	1,242,703	23,521,257	0.15	1.11
2013	10,274,548	8,564,511	1,307,424	19,200,725	0.15	1.04
2014	12,965,110	9,060,836	1,297,215	19,184,243	0.14	1.25
2015	16,805,358	9,586,569	1,407,837	14,456,972	0.15	1.53
2016	17,474,763	10,198,016	1,529,790	15,784,066	0.15	1.49
2017	19,038,396	10,920,238	1,686,464	16,347,467	0.15	1.51
2018	19,181,307	11,795,547	1,877,260	18,738,328	0.16	1.40

* 토지, 주택, 일반건축물분에 한함
† 부동산등기에 따른 등록세 포함
자료: 통계청 국가통계포털

발생한다. 따라서 양도소득세를 낮추기보다는 취득세를 낮추는 것
이 더 바람직하다. 다만, 양도소득세도 다주택자 중과세율 적용방
식에서 양도소득 금액을 과세표준으로 하여 누진적 종합소득세율
을 적용하는 것이 바람직하다. 1가구 1주택 양도세 비과세 요건도
폐지하여 소득이 있으면 세금을 내는 것을 기본으로 해야 한다.[58]

---

58 현실적으로 세금을 낼 현금이 부족한 비싼 주택을 보유한 은퇴 노인 가구에 대
해서는 매매나 상속·증여할 때까지는 세금 납부를 유예한다.

2) 국토보유세와 재산세의 관계

현행 보유세는 지방세와 국세가 섞여 있다. 국토보유세 주장은 현행 재산세를 지방세로 그대로 두고, 국토보유세를 거두면서 재산세에 포함된 토지분은 환급하는 방식이다. 현행 종합부동산세 역시 종합부동산세 과세 구간에 해당하는 재산세는 환급해준다. 두 세금의 체계가 복잡하기 때문에 행정의 낭비와 비효율성만 유발한다.

토지세 중심의 부동산 세제를 구축하기 위해 모든 부동산은 토지와 건물을 분리, 평가한다. 보유세는 국토보유세와 건물 재산세로 단순하게 정리한다. 다만, 국토보유세에 기존의 토지 재산세를 포함하고 있으니 기존 토지 재산세는 지방세로 귀속시킨다.[59] 9월에는 건물 재산세, 그리고 12월에는 국토보유세를 부과한다. 국토보유세 중 지방세를 제외한 국세는 국가에 귀속하여 전 국민 기본소득의 재원으로 활용한다.

여기서 추가로 논의할 쟁점이 있다. 첫째, 토지분 재산세는 국토보유세로 통합하고, 국토보유세에 포함된 기존 토지분 재산세는 지방세로 귀속하므로 기존 지방정부의 재산세 수입은 변하지 않는다. 그렇지만 지방의 재정 분권 강화를 위해 토지와 건물에 부과하는 재산세율을 인상할 필요가 있다. 종합부동산세를 폐지하면 중앙정부가 지방정부에 배분하는 부동산교부세가 줄어들어 일부 지방자

---

59 재산세와 종합부동산세 이원 구조를 개편하자는 견해에는 재산세로 통합하자는 견해와 유지하자는 견해가 혼재하며, 종합부동산세를 지방세로 이양하자는 주장도 있다(이선화(2017). "조세기능에 기초한 부동산 보유과세 개편 연구", 한국지방세연구원).

〈표 1-8〉 부동산세제의 유형

유형	의의	장점	단점	사례
나지 상정 토지 기준	• 건물 비과세 • 토지만 최고최선의 용도를 전제로 한 나지 상정 가치 기준 과세	• 토지의 물리적 속성의 영속성으로 행정비용 낮음 • 조세전가 곤란, 누진과세 용이 • 비도시 토지에 적용 용이	• 도시지역 토지 평가 곤란 • 높은 세율 부과에 따른 정치적 부담 • 전체 가치 기준 취득세, 양도소득세와 불 부합	호주, 뉴질랜드
건물 기준	• 토지 비과세 • 건물만 과세	• 정치적 · 문화적 이유로 토지 과세 불가능한 경우 • 토지 개발 활발한 경우 적합	토지 평가보다 건물 평가가 더 복잡하고, 시간이 소요되며, 비용이 많이 소요	가나, 탄자니아 (토지 국유)
토지 건물 분리 기준	토지와 건물 가치를 분리하여 평가하고 분리 과세	• 과세대상 확대 • 전체적으로 낮은 명목 세율로 부과 가능	• 평가에 큰 비용이 소요 • 토지와 건물에 대한 신뢰할 수 있고 방어 가능한 평가 방법이 필요	미국 일부, 남아공, 나미비아, 스와질란드
토지 건물 일체 기준	토지와 건물 일체로 평가하고 전체 가치 기준 과세	• 취득세, 양도소득세와 체계 부합 • 기반시설의 편익에 대응	• 평가가 정확한 자료에 의존하나, 정확한 자료 구축이 곤란 • 제도 집행과 유지에 상당한 비용 소요	대부분 국가

자료: Franzsen, R., & McCluskey, W. J. (2012). Value based approaches to property taxation. A primer on property tax: Administration and policy, pp.41-68.

치단체는 재정에 문제가 발생할 수 있다. 이러한 재정 문제를 해결하기 위해서라도 재산세율을 인상할 필요가 있다.

둘째, 국토보유세를 도입하면서 건축물에 대한 과세는 현행대로 유지할 것인가, 아니면 완화할 것인가? 부동산 세제의 여러 유형에는 나름대로 장단점이 있다. 현재 재산세율 구조는 토지와 주택, 건축물 과세표준의 시세반영률 차이를 통해 주택과 토지는 높게,

건축물은 낮게 세금을 부과하고 있다. 비주거용 부동산에 대해서는 사실상 토지 건물 분리과세를 하는 셈이다. 이러한 구조를 유지하려면 과세표준을 현실화하면서 세율을 조정해야 한다. 과세표준의 현실화는 투명한 조세행정을 위해서도 필요하다.

셋째, 만일 국토보유세를 도입하면서 건물세율을 토지세율보다 낮게 설정한다면 지방세수에 결손이 발생할 수 있다. 전반적인 재산세 구조에 대해서도 함께 고민해야 한다. 국토보유세를 기본소득 재원으로 활용하면 정치적 지지가 강할 것이나, 부동산교부세의 폐지나 토지세율과 건물세율의 조정으로 지방세수 결손이 발생한다면 정치적 지지를 얻기 어려워질 수 있다.

4. 결론과 정책 제언

현재 부동산세제는 고가주택과 다주택자를 겨냥한 시장안정 목적으로 설계되어 있다. 부동산시장의 왜곡을 유발하지 않는 중립적인 토지 중심 보유세 체계를 제안했다. 토지 중심 보유세 체계로 전환하기 위해서는 몇 가지 쟁점을 논의해야 한다. 첫째, 세제구조를 '거래세는 낮게 보유세는 높게' 개편해야 한다. 둘째, 양도소득세는 거래세가 아닌 소득세임을 분명히 해야 한다. 셋째, 바람직한 보유세율 구조에 대한 전통적인 견해는 비례세이나, 자산불평등 완화를 위해서는 누진세제가 필요하다.

토지 중심 보유세 체계로 전환하기 위해서는 먼저 적정한 실효세율 목표를 설정해야 한다. 누진세제로 설계하기 위해서는 중위가격을 기준으로 가격배수로 구분하는 것이 바람직하다. 그리고 기존 재산세와 국토보유세의 관계를 재정립해야 한다. 기존 재산세는 건물 중심으로 재편하고, 국토보유세는 총 세수를 현 지방세분과 국세분으로 나누어 각각 중앙정부와 지방정부의 세수로 할 것을 제안한다.

04
····

토지공개념에 기초한
전 국민 주거권 실현방안

남기업(토지+자유연구소 소장)

1. 지금은 '부동산 레짐'을 바꿀 때

1) 왜 '레짐'인가?

대한민국 국민에게 부동산만큼 민감하고 중요한 주제가 또 있을
까? 국민의 8할 이상이 부동산에 마음이 가 있다고 해도 과언이
아닐 것이다. 다주택자를 포함한 유주택자들은 내 집이, 내가 사서
세놓은 집값이 오르는지, 오르면 얼마나 오르는지 늘 촉각을 곤두
세우고 있다. 수시로 인터넷에 들어가서 검색해본다. 더 많이 오른
다른 지역을 부러워하면서 말이다. 지방 거주자들은 서울과 수도권
의 집값만 오르는 것에 속이 상한다. 유주택자들이 삼삼오오 모여

서 부동산에 대해 나누는 이야기를 듣고 있는 무주택자들, 즉 세입자들은 불편하기만 하다. 치솟는 집값에 허탈감을 넘어 분노를 삼키고 때론 신세를 한탄한다. 집만인가? 토지와 상가를 매입한 사람은 소유한 부동산 주위가 개발될지, 근처에 도로가 들어서는지, 전철역이 생기는지, 종합병원이 들어오는지가 관심의 대상이다. 선거에서는 그런 공약을 내놓는 후보에게 표를 던진다. 논밭을 매입하고 그것을 대지로 전환하는 데 드는 부담금이 얼마나 되는지도 관심사가 아닐 수 없다.

정부도 마찬가지다. 정부는 부동산 가격이 오를 때마다 대책을 내놓는다. 전 국민의 관심사이기 때문이다. 투기를 반드시 잡겠다는 말은 기본이고 투기하는 사람들을 대상으로 세무조사나 자금 출처 조사, 가격 담합 조사까지 한다는 발표까지 등장한다. 심지어는 다주택자들이 민간임대사업자로 등록하면 파격적인 세제 혜택을 주고 더 많이 대출을 받을 수 있도록 해 줄 테니 세입자의 안정적 거주를 보장하라는 정책을 실행에 옮기기까지 한다.

한편 정부는 저소득층과 무주택자를 위한 주거복지를 확대하기 위한 정책도 꾸준히 내놓는다. 그러면 정부는 주로 주거복지 비용을 어디서 조달할까? 상당한 재정은 공기업이 개발사업에서 번 돈으로 충당한다. 민간의 토지를 수용·조성·분양해서 얻은 개발이익을 공공임대주택을 건설·매입·운영하는 데 쓴다는 것이다. 그러니까 정부가 운영하는 공기업도 부동산 가격이 계속 올라줘야 무주택 서민에게 주거복지를 제공할 수 있는 자금을 넉넉하게 확보할 수 있게 된다.

또 다른 경제주체, 경제에서 가장 중요한 행위자라 할 수 있는 기업은 어떤가? 기업의 관심은 이윤 극대화다. 그런데 문제는 상품과 서비스 공급을 통한 이윤 극대화가 아니라 부동산 시세차익과 부동산 임대수익까지 합한 이윤 극대화를 추구한다는 것이다. 건설사는 공공택지를 싸게 분양받아 건물을 지어 시세에 가깝게 분양하면 어마어마한 초과이익, 즉 불로소득이 생긴다. 건설사만 그런 것이 아니다. 수도권 근교에 공장이 있는 중소기업은 사업 자체를 통해서는 이윤이 별로 안 나고 심지어 어떤 해에는 적자가 나도, 땅값이 올라 엄청난 이익을 누리는 사례도 허다하다. 운수회사도 그렇다. 시외에 있었던 차고지가 시내로 편입되면 땅값이 크게 올라 엄청난 돈을 버는 예도 부지기수다. 시민들에게 질 좋은 운수 서비스를 제공해서 돈을 많이 버는 게 아니라는 것이다. 실상이 이러니 가계는 가계대로, 기업은 기업대로, 공기업은 공기업대로, 정부는 정부대로 부동산에 관심을 가지지 않을 수 없다.

이런 까닭에 우리는 '레짐(regime)'의 관점에서 대한민국 부동산을 바라보고 부동산 개혁 및 주거권 실현의 방향을 제시하려고 한다. '체제'라는 용어로 번역되는 레짐의 의미는 어떤 주제에 관해 합의된 명시적 혹은 묵시적인 규칙 혹은 제도를 의미한다. 그러므로 부동산 레짐이란 부동산을 둘러싼 경제주체(가계, 기업, 정부)들 간에 합의된 규칙 혹은 제도와 관습을 의미한다고 하겠다. 이런 접근이 필요한 이유는 오늘날 부동산 개혁과 완전한 주거권 실현은 한 두 가지 정책만 가지고 안 되기 때문이다.

2) 작금의 부동산 레짐은 '불로소득 유발형'이다!

레짐의 관점에서 부동산을 다룰 때 가장 중요한 것은 대한민국 부동산 레짐의 성격을 규정하는 일이다. 성격 규정이 새로운 레짐의 방향을 결정짓기 때문이다. 그러면 먼저 레짐의 관점에서 대한민국 부동산 전체의 성격을 파악·규정하고 대안을 제시하려는 시도들을 검토하는 것부터 시작해보자. 이와 관련한 연구는 2010년대부터 등장한다.

사회학자 신진욱은 주택에 국한해서 한국의 부동산 레짐의 성격을 "소유자 중심의 발전주의" 레짐이라고 명명했다. '소유자 중심'이란 주택 소유자인 1주택 혹은 다주택자들의 이익을 중시하는 반면 주택비(非)소유자의 주거권 보장에는 상대적으로 무관심하다는 의미로, '발전주의'는 "주택 건설과 주택시장 활성화를 경제성장의 정책적 수단으로 간주하는 경향"이 강하다는 의미로 사용되고 있다.[60] 체제의 성격이 이런 까닭에 결과적으로 한국의 부동산 레짐은 주택가격이 너무 비싸 자가보유의 장벽이 높고, 선진국과 비교해서 공공임대의 양과 질이 부족하며, 민간임대시장에서 임대인의 힘이 압도적으로 크다는, 그래서 민간임대의 사회적 기능이 약하다는 세 가지 특징을 보인다고 정리한다. 그리고 이런 결과가 나타난 이면에는 자산기반복지(asset-based welfare)가 있다고 지적한다. 국가가 제공하는 복지가 충분치 않기 때문에 장래에 계속 소득이

---

60 신진욱(2011). "국제비교 관점에서 본 한국 주거자본주의 체제의 특성", 『동향과 전망』, 81: 113-156, 한국사회과학연구소. p.135.

증가하는 부동산을 복지의 기반으로 삼는다는 것이 자산기반복지의 의미인데, 이렇듯 대한민국에서 부동산은 소득과 혹시 닥칠지 모르는 실업에 대응하는 가계의 대체물이자 충분치 않은 공적 연금을 대신할 노후 복지의 원천이다.

이런 관점에서 신진욱은 선택 가능한 두 가지 새로운 부동산 레짐을 제안한다.[61] 하나는 서구 조합주의 시장 모델로서 네덜란드나 스웨덴처럼 공공임대주택의 비율을 획기적으로 높여서 비(非)주택자의 주거안정을 도모하는 것이다. 그러나 이 대안은 부동산금융을 활성화시키고 부동산이 투기의 대상이 되는 것을 수반하기 때문에 부동산이 초래한 불평등 심화를 상쇄할 정도로 복지 강화가 수반되어야 한다는 점을 덧붙인다. 또 다른 대안의 하나는 국가주의-발전주의 모델로서 부동산이 투기의 대상이 되지 않도록 금융규제를 강화하면서 공공임대주택을 15%까지 확대하여 중산층에게도 질 좋은 주거 환경을 마련해주는 것인데, 그는 이 대안을 발전주의 체제를 유지한 채 주거 문제를 개선할 수 있는 가장 좋은 대안이라고 보고 있다. 하지만 이것이 정치적으로 성공을 거두기 위해서는 부동산 금융규제를 강화해야 하고, 중산층도 선택할 수 있는 공공임대주택을 공급하여 금융규제 강화에서 발생할 수 있는 주택 소유희망계층의 불만을 해소해야 한다고 보고 있다.

신진욱과 마찬가지로 부동산이 아니라 주택에 국한해서 연구를 전개한 이석희·김수현은 한국의 주택체제의 성격을 '강한 국가

---

61 신진욱(2011). "국제비교 관점에서 본 한국 주거자본주의 체제의 특성", 『동향과 전망』, 81: 113-156, 한국사회과학연구소. pp.141-145.

개입'과 '높은 가족 역할'로 규정한다.[62] 한국의 주택체제가 자율화된 민간주택금융을 통해 대출이 확대되어 시장주의가 강화된 것으로 보이지만, 정부가 공공택지를 공급하고 청약제도를 디자인하며 전매를 금지하고 강력한 세제정책을 유지하는 것에서 강한 국가개입의 모습이 드러난다는 것이다. 이런 관점에서 이들은 시기를 구분하여 강한 국가개입의 변천을 설명하고 있다. 제1기 주택체제인 1960~1987년의 시기는 국가가 수요관리 중심 개입과 강한 가족주의가 결합한 시기로, 제2기 주택체제는 1998~2007년의 시기로 공급확대를 위한 적극적 국가개입과 가족주의가 지속한 체제로, 3기 주택체제는 시장 보완적 국가개입과 가족주의의 악화가 결합한 시기로 현재에 이르고 있다고 진단하고 있다.[63]

이런 분석을 통해 김수현·이석희가 제안한 대안적 주택체제는 점유형태 간, 즉 자가–민간임대–공공임대 간 균형을 추구하는 '균형추구형 주택체제'다.[64] 이런 제안을 한 까닭은 무주택자를 유주택자들로 만드는 정책은 뚜렷한 한계가 있기 때문이다. 이 한계를 극복하려면 결국 주택이 고가이기 때문에 부동산금융을 활성화시킬 수밖에 없는데, 그것은 미국과 같은 금융위기를 초래할 수 있다는 우려가 바탕에 깔려 있다.[65] 이런 까닭에 국가개입의 성격을 바

62 이석희·김수현(2014). "한국 주택체제의 성격과 변화: 동아시아 발전주의 국가의 특성을 중심으로", 『공간과 사회』 48: 5–37, 한국공간환경학회.

63 이석희·김수현(2014). "한국 주택체제의 성격과 변화: 동아시아 발전주의 국가의 특성을 중심으로", 『공간과 사회』 48: 5–37, 한국공간환경학회. pp.16–26.

64 이석희·김수현(2014). "한국 주택체제의 성격과 변화: 동아시아 발전주의 국가의 특성을 중심으로", 『공간과 사회』 48:5–37, 한국공간환경학회. pp.29–30.

65 김수현(2011). 『부동산은 끝났다: 우리 삶에서 가장 중요한 곳, 다시 집을 생각한

꿔서 세제·금융·재정 지원대상에 1주택자와 공공임대주택뿐만 아니라 민간임대주택도 넣어야 한다고 주장하고 있다. 물론 자산기반 복지시스템의 연착륙도 강조하고 있다.

우리가 레짐의 관점에서 부동산을 바라보려는 이유는 현재 대한민국 부동산의 핵심 성격을 규정하고 대안을 제시하는 것에 있다. 이런 관점에서 보면 기존 연구는 그동안 한국 사회가 겪었던 부동산 문제의 핵심으로 들어가지 못했다는 점을 지적하지 않을 수 없다. 무엇보다 '불로소득'의 관점이 희미하다. 신진욱은 '소유자 중심 발전주의'를 대한민국 부동산 레짐의 특징으로 규정했지만, '소유자 중심'은 엄밀히 말하면 1주택자이든 다주택자이든 주택을 통해 '불로소득'을 누릴 수 있도록 해주었다는 것이고, 이것은 주택비소유자들의 이익과 충돌할 수밖에 없다. '발전주의'도 마찬가지다. 경기침체기에는 어김없이 경기부양책으로 '건설'을 사용했다는 것인데, 부양책의 핵심은 건설사와 유주택자에게 더 많은 불로소득을 누릴 수 있게 해주는 것이다. 양도세 완화, 전매규제 완화 등을 통해 불로소득을 노리는 투기수요를 인위적으로 창출하고 분양가상한제도 폐지해서 건설사가 더 많은 불로소득을 누리게 해주겠다는 것이다. 이런 면에서 이석희·김수현도 마찬가지다. 국가의 개입 내용이 시대마다 다르다는 것에 착안하여 시기를 구분했지만 개입 유형이 수요관리형이든, 공급관리형이든, 아니면 시장 보완형이든 그 한가운데는 '불로소득'의 문제가 있는데 이들의 분석에는 이것이 잘 반영되어 있지 않다.

다』, 오월의봄. p.317.

또 하나는 '토지'에 대한 인식도 흐릿하다는 것이다. 주택이든 상가 건물이든 부동산 문제는 건물이 아니라 토지에서 발생한다. 불로소득의 진원지가 토지이기 때문이다. 그리고 토지에서부터 부동산 문제를 인식해야 주택뿐만 아니라 상가 건물, 공장용지, 농지 등 모든 부동산에 대한 문제 인식이 생기고 종합적으로 사고하게 된다. 그런데 기존 연구는 택지공급에서 토지를 다루기는 하지만 부동산 문제의 뿌리가 토지라는 인식은 찾아보기 어렵다.

성격 규정은 핵심 문제를 포착하는 과정이다. 이 과정이 중요한 까닭은 핵심 문제가 제대로 된 언어로 규명·표현되어야 수미일관하고 상호보완적인 새로운 레짐을 구성할 수 있기 때문이다. 이런 관점에서 볼 때 선행 연구들은 불로소득에 대한 인식이 약하고 토지 중심적 사고가 부재한 까닭에 이 연구들이 제안하는 대안의 방향도 나열식이고 상호보완적이기 어렵다. 신진욱은 한국의 주택체제가 국가주의-발전주의 체제로 이행하려면 주택소유희망계층에게 대출을 제한하는 것, 즉 강한 금융규제에 대한 불만을 잠재울 정도로 공공임대주택 공급이 필요하다고 했는데, 공공임대주택을 중산층에까지 공급해도 불로소득에 대한 기대가 있다면 주택매입 시도는 막을 수 없다. 우리가 경험한 것처럼 비공식적 금융제도인 전세를 지렛대로 얼마든지 활용할 수 있기 때문이다. 주택소유 목적에는 주거안정만 있지 않다. 언제나 불로소득에 대한 기대가 끼어 있다. 주택소유희망계층의 욕구를 잠재우기 위해서는 불로소득에 대한 기대를 차단하는 것이 무엇보다 중요한데, 이에 대한 신진욱의 인식은 약해 보인다.

이석희·김수현에게서도 같은 문제가 발견된다. 이들이 말하는 자산기반복지의 연착륙이 가능하려면 부동산에서 발생하는 불로소득 환수 및 차단장치를 마련해야 한다. 그것이 되지 않은 상태에서 1주택자에 대한 지원뿐만 아니라 민간임대사업자에게도 고른 지원을 하게 되면 어떻게 될까? 2018년에 우리가 경험한 것처럼 민간임대사업자는 불로소득 중 하나인 매매차익을 누리기 위해 전세와 더 너그러워진 금융대출을 지렛대로 더 많은 주택을 사들일 것이고, 그것은 주택가격 폭등으로 이어진다. 김수현·이석희의 '균형추구형 주택체제'가 제대로 작동하려면 기본적으로 불로소득을 확실히 환수할 수 있는 장치를 마련해야 한다.

요컨대 선행 연구에서 발견되는 중요한 문제는 세 가지다. 부동산 문제의 핵심이 불로소득임에도 이에 대한 인식이 매우 약하다는 점, 토지 중심적 사고가 부재하다는 점, 그리고 부동산이 아니라 '주택'에 국한되어 있다는 점이다. 이런 까닭에 이들이 내놓는 대안이 선명하지 않고 상호보완성이 떨어질 수밖에 없다. 주택이라 부르든 부동산이라고 부르든 토지 중심적 사고를 해야 불로소득 관점을 획득할 수 있고, 나아가서 체계적이며 종합적인 전 국민의 주거권 실현의 길도 찾을 수 있게 된다.

이런 까닭에 우리는 현재 대한민국 부동산 레짐의 성격을 '불로소득 유발형'으로 부르려고 한다. 불로소득의 관점에서 봐야 부동산 문제의 핵심이 보이고, 토지 중심적 사고가 가능하며, 전 국민의 주거권 실현이 가능하다는 것이다. 불로소득은 대한민국 부동산 레짐의 알파와 오메가인 것이다.

2. 불로소득 유발형 부동산 레짐이 초래한 결과

불로소득 유발형 부동산 레짐이 초래한 가장 나쁜 결과는 불평등 심화다. 이것은 주택소유편중이 심화된 것에서 확인할 수 있다. 아래 〈표 1-9〉를 보면 7년(2012~2019년) 동안 주택 소유자는 19.1% 증가한 것에 비해 1주택 소유자는 15.9% 증가했다. 평균 증가율보다 1주택자 증가율이 낮다는 것이다. 그런데 2건, 3건 이상의 주택 소유자 비율은 38.1%, 47.5%로, 1건 소유자 증가율의 무려 3배, 4배나 된다.

두 번째는 저소득층의 주거안정성이 계속 떨어졌다는 점이다. 〈표 1-10〉에서 보는 것처럼 '주택 이외의 거처'에 거주하는 가구 비율이 2006년 1.3%에서 2019년 4.6%로 3.5배 증가했는데, 그중에서 저소득층 비율이 1.5%에서 7.1%로, 무려 4.7배나 높아졌다. 물론 중소득층과 고소득층도 증가했지만, 문제는 중소득층 이상의 주

〈표 1-9〉 주택 소유물건수별 주택 소유자수 현황 추이

년도	2012	2014	2016	2017	2018	2019	증가율 (%)
소유자 총계	12,032,798	12,650,446	13,311,319	13,669,851	14,010,290	14,335,723	19.1
1건	10,401,342	10,929,777	11,331,535	11,550,688	11,818,335	12,051,965	15.9
2건	1,301,365	1,415,191	1,563,860	1,659,681	1,720,844	1,796,891	38.1
3건 이상	330,091	305,478	415,924	459,482	471,111	486,867	47.5

자료: 국가통계포털(kosis.kr)

〈표 1-10〉 소득계층별 주택 이외의 거처 비율 추이 (단위: %)

연도	2006	2008	2010	2012	2014	2016	2017	2018	2019
전체	1.3	1.6	1.3	1.7	2.2	3.7	4.0	4.4	4.6
저소득층	1.5	1.8	1.7	1.7	2.3	5.1	6.5	6.9	7.1
중소득층	1.4	1.6	1.2	1.8	2.2	3.5	2.7	3.3	3.8
고소득층	0.8	1.0	1.0	1.7	2.2	1.4	1.4	1.3	1.6

자료: 국가통계포털(kosis.kr)

택 이외의 거처는 쾌적한 주거공간인 오피스텔일 가능성이 높지만, 저소득층의 주택 이외의 거처는 오피스텔을 제외한 나머지일 가능성이 높다는 점이다.

세 번째로 불로소득 유발형 부동산 레짐은 세대갈등을 심화시켰다는 점이다. 아래 〈표 1-11〉을 보면 주택 소유자 중 40세 미만이 차지하는 비율은 2012년에서 2019년 7년 동안 4.6%p(18.5% → 13.9%) 줄었고, 장년층이라고 할 수 있는 40~59세가 차지하는 비중도 2.6%p(51.5% → 48.9%) 줄었는 데 반해 노령층이라고 할 수 있는 60세 이상의 소유자는 7.3%p(27.7% → 35.0%)가 증가했다. 결국 40세

〈표 1-11〉 연령대별 주택소유 비율 추이 (단위: %)

연도	2012	2014	2017	2019
40세 미만	18.5	16.5	15.1	13.9
40~59세	51.5	51.6	49.9	48.9
60세 이상	27.7	29.4	32.6	35.0

자료: 국가통계포털(kosis.kr)

미만 청년 및 결혼 초년 가구의 상당수 주택비(非)소유가구는 장년 혹은 노년층이 소유한 주택의 세입자로 혹은 고시원 등의 비주택에 거주할 텐데, 여기에서 우리가 확인할 수 있는 것은 40대 미만 가구의 소득의 상당한 부분이 주거비라는 명목으로 장년, 노년층에게로 이전된다는 것이다.

마지막으로 불로소득 유발형 부동산 레짐은 결혼 및 출산에도 부정적 영향을 끼친다. 유진성(2020)의 연구에 따르면 결혼 확률은 주거안정성이 낮은 전세가 자가보다 4.4%p 감소한 것으로, 월세가 자가보다 12.3%p 감소한 것으로 나타났다. 출산 가능성도 마찬가지다. 전세의 첫째 자녀 출산 가능성은 자가에 비해 약 10.1%p 낮고 월세의 경우에는 자가에 비해 약 19.5%p나 낮은 것으로 나타났다.

3. 토지공개념에 기초한 새로운 부동산 레짐의 밑그림

그러면 우리는 어떤 부동산 레짐을 형성해야 할까? 앞에서 우리는 '불로소득 유발형'의 결과가 무엇인지를 살펴보았다. 그러므로 에둘러 갈 필요가 없다. 불로소득 '환수형' 부동산 레짐을 형성해야 한다. 그래야 근본적이면서 구체적이고 입체적인 대안 제시가 가능하다.

1) 기본소득형 국토보유세: 불로소득 환수형 부동산 레짐의 기초

불로소득 환수형 부동산 레짐은 토지공개념을 바탕에 둬야 한다. 왜냐하면 불로소득이 토지에서 발생하고 시장경제 하에서 공개념을 적용하기에 가장 좋은 방법은 토지 불로소득 환수이기 때문이다. 그러므로 불로소득을 환수 및 차단하는 가장 좋은 방안인 보유세를 강화해야 하고 그 대상은 모든 부동산이어야 한다.

그러나 보유세 강화는 실현하기가 매우 어렵다. 이른바 '조세저항' 때문이다. 이런 까닭에 필자는 토지보유세 강화를 기본소득과 연계시켜야 한다고 본다. 기본소득과 연계시키면 최소한 83% 이상이 순수혜 세대, 즉 보유세를 납부하는 것보다 받는 게 더 많은 계층이 될 수 있다. 물론 토지를 소유하지 않은 세대(2019년 현재 38.7% 세대)는 부담은 없고 혜택만 있다. 토지는 본질상 모두의 것이기 때문에, 그리고 토지 가치는 사회가 만들었기 때문에[66] 토지는 무조건성과 개별성을 특징으로 하는 기본소득의 재원으로도 최적이다. 그리고 기본소득은 4차 산업혁명 시대가 도래한 우리 시대의 중요한 대안으로 제출되어 있으므로 토지보유세와 기본소득과 연계시키는 것은 자연스럽다 할 것이다.

이렇게 나온 대안이 바로 '기본소득형 국토보유세'이다. 현재 국세로 징수하고 있는 종합부동산세를 폐지하고 모든 토지에 예외 없이 부과하는 국토보유세를 징수하여 기본소득으로 분배하면 〈표

---

66 이와 같은 토지의 독특성에 대해서는 1절 '토지공개념의 이해와 제도화 방향'을 참고하라.

〈표 1-12〉 국토보유세 도입에 따른 보유세 실효세율(2021년)

국토보유세율	1인당 기본소득 지급액(만 원, 연간)	순수혜 세대 비율	보유세 실효세율
1.0%	65.2	83.4%	0.45%
1.5%	113.5	84,7%	0.66%
2.0%	161.8	84.7%	0.87%
2.5%	210.0	85.3%	1.08%
3.0%	258.3	85.3%	1.29%
누진 1	77.4	92.6%	0.52%
누진 2	99.2	93.9%	0.60%
누진 3	81.8	91.4%	0.55%

자료: 남기업(2021), "대한민국 부동산 불평등 실태와 해소 방안 연구", 기본소득당 연구용역보고서.

1-12〉에서 보듯이 국민 대다수를 수혜자로 만들 수 있다.[67]

기본소득형 국토보유세와 기존의 보유세 강화의 차이는 다음과 같다. 기존 보유세 강화는 '부담을 통한' 투기차단이 목적이라면 기본소득형 국토보유세는 '혜택을 통한' 투기차단을 유도한다는 것이다. 즉 부동산 투기를 차단할 수 있는 새로운 경제적 유인구조가 작동한다는 것이다.

국토보유세 도입 시 고려해야 할 사항은 다음과 같다. 첫째, 법인

---

[67] 이런 기본소득형 국토보유세의 특징을 종합부동산세와 비교하면 다음과 같다. 첫째, 국토보유세는 민간보유토지 전체를 대상으로 한다. 둘째, 용도별 차등과세를 폐지한다. 셋째, 공시지가를 과표로 삼는다. 넷째, 감면을 원칙적으로 폐지한다. 다섯째, 세수 전액을 기본소득의 재원으로 삼는다(유영성 외(2020), "기본소득형 국토보유세 도입과 세제개편에 관한 연구", 경기연구원. p.97).

은 기본소득의 대상자가 아니라는 점, 그리고 지금까지 법인이 보유한 토지 중 생산에 이용하는 토지에 대한 보유세율이 낮았다는 점을 고려하여 법인 소유 토지에 대해서는 공정시장가액비율을 활용해서 세율을 점진적으로 강화하는 방안을 모색할 필요가 있다. 둘째, 농지의 경우에도 마찬가지로 국토보유세율을 동일하게 적용할 경우 세부담이 폭증할 수 있으므로 공정시장가액비율을 활용해서 세부담을 낮출 필요가 있고, 이럴 경우에는 농지의 용도 전환 시 부담하는 농지전용부담금을 높여야 한다.

2) 토지공급 방식을 '매각형'에서 '임대형'으로 전환

두 번째로 불로소득을 유발했던 '매각형' 토지공급 방식에서 불로소득을 환수할 수 있는 '임대형'으로 전환해야 한다. 민간의 토지를 수용·조성한 후 매각하게 되면 개발이익인 불로소득은 완전히 환수되지 않고 민간 건설사와 일반회사, 그리고 초기 주택(상가) 분양자와 주택 매수자가 누리게 되고 결국 부동산이 투기의 대상이 될 수밖에 없다. 그러나 LH[68]가 매각하지 않고 임대하면 토지에서 발생하는 불로소득은 공공이 완전히 환수할 수 있게 되고 투기가 일어나지 않게 된다.

여기서 가장 중요한 재정의 자기조달시스템의 가능성 검토, 즉 '매각형'에서 작동했던 교차 보조방식, 즉 매각을 통해 실현한 이익을 적자로 운영되는 공공임대주택에 투입하는 방식이 '임대형'에서

---

68 공공의 대표를 한국토지주택공사(LH)로 보고 아래에서는 'LH'로 통일하려고 한다.

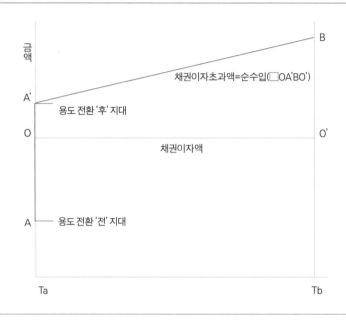

도 가능한지, 그리고 나아가서 재정안정성에 도움이 되는지 검토
해본다. 먼저 임대형으로 토지를 공급할 때의 토지의 용도는 주로
농지, 임야, 그린벨트 지역이었음을 기억할 필요가 있다. 즉 〈그림
1–3〉에서 보는 것처럼 이런 토지를 택지나 산업단지로 전환하면
토지 가치는 바로 수직으로 상승한다(A→A'). 그리고 시간의 경과에
따라, 사회가 발전하면 토지임대부 분양주택과 토지임대부 분양상
가, 토지임대부 분양산단 등의 임대수입은 계속 증가하므로(A'→B)
채권 이자액을 초과하는 순수입은 계속 증가하기 때문에 LH의 재
정도 점점 안정되어간다.

이런 까닭에 임대료를 근거로 자산유동화증권(Asset Backed

Securities: ABS)이나 정부가 보증하는 장기공사채권, 혹은 영구채권 발행해도 충분히 가능하다.

3) 토지임대부 분양주택·분양상가·산업단지 공급

토지공급을 임대형으로 전환했으므로 신규주택 및 신규상가는 토지임대부로 공급해야 하는데, 여기서 중요한 점은 다음과 같다. 토지임대부 분양주택, 분양상가는 토지 소유권은 공공이 갖는 대신, 토지의 사용은 민간의 자율에 맡기는 것을 원칙으로 한다. 토지 임차인은 임대 기간 중 자신의 토지 사용권을 자유롭게 처분(매각, 임대, 저당, 증여, 상속 등)할 수 있는 권한과 재계약 시 우선적인 사용권을 부여한다. 임대기간은 주택과 상가의 수명을 고려하여 적정 임대기간을 50년 정도로 설정한다.

토지임대부 분양주택 및 분양상가에서 가장 중요한 것은 임대료 결정이다. 임대료는 시장 임대료의 70~100%에서 결정하는 것을 원칙으로 한다. 상업용지와 산단은 90% 이상으로 하고, 주택용지의 임대료는 70~80%에서 결정하는 것이다. 임대료가 낮으면 투기가 생기고 최초분양자가 불로소득을 생길 수 있다는 사실을 유념해야 한다.[69]

---

69 임대료가 낮아서 가격이 급등하고 투기가 일어난 일은 2011년 강남·서초에 공급한 토지임대부 분양주택의 사례가 보여준다. 주변 시세의 4분의 1 수준인 2억 2,000만 원에 분양되었던 이 아파트의 월 토지 임대료는 35만 원(강남 세곡지구 84㎡ 기준)이었는데, 토지 임대료가 이렇게 낮았던 이유는 토지 임대료를 택지조성원가를 기준으로 했기 때문이다. 그린벨트를 풀어 택지를 조성했기 때문에 파격적인 택지조성원가가 가능했고, 결과적으로 임대료가 턱없이 낮게 설정된 것이다.

토지임대형 분양주택 공급의 가장 큰 장점은 자가보유의 장벽을 획기적으로 낮출 수 있다는 점이다. 주택가격에서 땅값이 빠지기 때문이다. 과도한 대출에 의지하지 않고도 자가보유가 가능하다는 것인데, 이렇게 하면 자가보유율도 획기적으로 높일 수 있다. 독일이 자가보유를 늘리는 방향 대신 다주택자들에게 혜택을 주는 동시에 세입자 권리보호 강화를 선택한 까닭은 자가보유의 장벽이 높기 때문이고, 자가보유율을 높이려면 부동산금융이 활성화되어야 하기 때문이다.

한편 토지임대부 분양주택은 기본소득형 국토보유세가 바닥에 깔려야 작동 가능하다는 것을 언급할 필요가 있다. 토지임대부 분양주택은 기본적으로 불로소득이 생기지 않기 때문에 기존의 '불로소득 유발형 부동산 레짐 하에서는 시장에서 외면받을 수 있다. 그런데 기본소득형 국토보유세가 도입되면 기존주택에서도 불로소득이 발생할 가능성이 줄어들므로 이 문제는 자연스럽게 해소된다. 이렇듯 불로소득 환수형 부동산 레짐은 상호보완적이고 체계적으로 작동한다.

또한 토지임대부 분양상가를 공급하면 상가건물가격에서 땅값이

이런 까닭에 강남·서초의 토지임대부 분양주택에는 5년 전매제한기간을 둘 수밖에 없었고, 전매제한기간이 끝난 2018년 기준으로 8억 3,000만 원이었던 집값이 2020년 12월 현재 시사가 12억 원을 넘고 있다. 건물 가격이 이렇게 오른 이유는 환수되지 않은 토지 임대료가 자본화되어 건물 가격에 더해졌기 때문이다. 이렇게 주변 시세의 4분의 1 수준으로 공급했던 토지임대부 분양주택이 10년도 되지 않아 6배 가까이 뛴 것이고, 최초분양자만 혜택을 보게 된 로또 아파트로 변질된 것이다. 그러므로 토지임대 분양주택은 분양자에게 공공환매의 의무 조건을 추가해야 하고, 환매가는 분양가를 기준으로 해야 한다. 원칙적으로 토지임대부 분양주택은 매매차익을 누리지 못하도록 해야 한다.

빠지기 때문에, 즉 상가보유의 장벽이 획기적으로 낮아지기 때문에 자기 건물에서 영업하는 자영업자 혹은 소상공인의 수도 놀랍도록 증가할 것이다. 다시 말해 토지임대부 분양주택이 자가보유장벽을 획기적으로 낮추는 것과 같은 효과를 낸다는 것이다. 이렇게 되면 자연스럽게 기존 상가세입자의 위상도 올라갈 것이다.

그리고 토지임대부 산업단지를 계속 공급하면 중소기업이나 신규기업의 진입장벽도 그만큼 낮아지고 분양산단에 입주한 기업은 토지 불로소득을 누릴 수 없기 때문에 투기에 마음을 쓰지 않고 기술개발이나 경영혁신에 매진하게 된다.

4) 토지임대형 재건축·재개발 추진[70]

지금까지 도시재정비사업인 재건축·재개발의 추진동력은 개발이익, 즉 토지 불로소득의 사유화였다. 도시재정비사업의 재산권자들이 모두 자기 돈 내고 집과 건물을 짓게 되면 재건축·재개발은 추진되지 않았을 것이고, 설사 추진된다고 하더라도 사회적 문제가 되지는 않았을 것이다. 용적률 상향과 같은 고밀도 개발을 허용하면 땅값은 올라가고 조합원 분양뿐만 아니라 일반분양분이 생겨 기존의 재산권자는 심지어 한 푼도 안 들이고도 새집이 생기게 된다. 물론 사업에 참여한 건설사도 큰돈을 번다. 지금까지 이런 어마어

---

70 이 부분은 조성찬(2013). "하우스푸어의 가계부채 해결을 위한 대안적인 '토지임대형 주택 모델' 연구", 『도시행정학보』, 26(3): 97–119, 도시행정학회. 연구에서 제시한 기본 구상에 의지했음을 밝혀둔다. 그리고 현행 법규상 토지임대형 재건축과 재개발은 재산권자들이 동의했을 때 가능하다.

마한 토지 불로소득 중 일부만 공공이 개발부담금 혹은 재건축초과이익환수라는 명목으로 환수하고 대부분이 조합원들과 건설사가 누려왔으며 이 과정에서 세입자는 철저히 배제되었고 이로 인해 엄청난 사회 갈등이 빚어져 왔다.

그렇다면 '불로소득 환수형' 부동산 레짐 하에서 재건축·재개발은 어떻게 추진하는 게 좋을까? 우선 개발이익의 70% 이상을 환수하는 싱가포르를 참고하여 개발이익의 50% 이상을 환수하는 방안을 마련할 필요가 있다.[71] 개발이익을 환수하는 대표적인 제도가 개발부담금제인데, 이것은 1980년대 말 부동산 투기가 극심할 때 도입할 때 만들어졌고 그 이후에 이 법은 경기부양책으로 혹은 기업경쟁력 강화의 방안으로 개정을 수없이 거쳐와서 현재는 개발이익의 25%만 환수하고 있다. 요컨대 불로소득 환수형 부동산 레짐 하에서는 최소한 50% 이상은 환수해야 한다.

그런데 앞에서 기본소득형 국토보유세로 보유세를 강화하면 용도변경 과정에서 발생하는 개발이익의 규모가 줄어든다는 점을 유념할 필요가 있다. 개발부담금은 개발시점의 토지가격과 개발종료의 토지가격 차이의 일부를 환수하는 것인데, 보유세를 강화하면 개발종료의 토지가격이 낮아지기 때문이다. 이렇게 되면 개발이익 환수율을 70% 이상으로 높이는 것의 저항도 낮아질 것이고, 기존의 개발이익 사유화를 기초로 사업을 하던 재건축·재개발사업은 줄어들 것이다.

---

71 서순탁·최명식(2010). "한국과 싱가포르의 개발부담금제 비교연구", 『공간과 사회』, 33: 77–110, 한국공간환경학회. p.105.

〈그림 1-4〉 토지임대형 재건축·재개발의 소유권 및 현금흐름도

자료: 조성찬(2013). "하우스푸어의 가계부채 해결을 위한 대안적인 '토지임대형 주택 모델' 연구", 『도시행정학보』, 26(3): 97-119, 도시행정학회. p.217 수정.

그렇다고 재건축·재개발을 하지 말아야 하나? 재건축·재개발 과정에서 문제가 워낙 많이 발생하기에 이 사업 자체를 부정적으로 보는 시각이 많은데, 개발이익이 생기지 않는 지역도 재건축·재개발은 꼭 필요하다. 왜냐하면 도시 기능 전체 차원에서 노후가 심각한 지역을 그대로 방치하는 것은 비효율적이기 때문이다. 슬럼화된 원도심도 전면철거 방식으로 재개발이 필요한 곳이 있고, 건물 안전 상태가 위험한 공동주택 단지도 반드시 재건축을 해야 한다.

그렇다면 어떻게 해야 하나? 가장 좋은 방법은 공공이 나서서 재산권자의 소유권을 양도받아 개발하는 토지임대형 재건축·재개발을 추진하는 것이다. 이 방식은 재산권자는 토지 소유권을 내주는 대신에 새집을 받게 되고 그 대신 토지 임대료를 정기적으로 납부하도록 하는 방식이다. 이렇게 하면 재산권자는 자기 돈을 들이지 않고도 집이나 건물이 생기니 좋고, 공공으로서는 토지 임대료로 토지 불로소득을 환수하고 투기를 차단할 수 있다는 장점이 있다. 이러한 흐름을 그림으로 정리하면 〈그림 1-4〉와 같다.

그런데 〈그림 1-4〉의 현금흐름에서 발견할 수 있는 사실은 LH와 기존 재산권자 사이에 실제 현금흐름이 발생하지 않아도 된다는 점이다. 즉 공공이 토지를 포함한 기존 건물을 매입하는 데 들어가는 비용(A)은 기존 토지 소유권자가 건물만 구입하는 비용(B)보다 더 크며, 따라서 (A)와 (B) 사이에 상계하고도 기존 재산권자에게 여전히 돈이 남게 된다. 그리고 재산권자는 이 남는 금액을 토지 임대료(C)의 보증금으로 사용할 수 있다.

그런데 문제는 세입자다. 기존 재건축·재개발에서는 재산권자가 엄청난 불로소득을 누리는 대신 세입자는 모두 쫓겨났고 이것이 사회 갈등의 주된 이유였는데, 새로운 방식에서는 세입자들에게 용적률 상향을 통해 새로 공급되는 일반분양분 토지임대부 분양주택의 입주 우선권을 부여해서 상당수 세입자가 자가소유자가 되도록 하면 된다.

5) 저소득층 중심의 공공임대주택 공급

우리나라에서 공공임대주택 정책은 소득 분위 1~4분위인 저소득층에 집중하다가 2010년대 이후로 행복주택이 임대주택의 하나로 들어오면서 중소득층 이상도 주거복지 대상에 포함되어왔다. 가장 큰 이유는 집값이 크게 올라 자가소유의 진입장벽이 너무 높아졌기 때문이다. 즉 주거복지 수요의 대상이 많아지고 넓어진 것이다.

그러나 기본소득형 국토보유세를 도입하고 토지임대부 분양주택 공급과 토지임대형 재건축·재개발을 진행하면 자가소유의 진입장벽이 획기적으로 낮아지므로 중소득층 이상의 주거안정성은 빠르게 실현될 것이다. 즉 주거복지 수요가 크게 줄어든다는 것이다. 이것과 동시에 공공임대주택 공급을 꾸준히 늘려야 한다.

기존의 주거복지, 즉 공공임대주택 공급에서 핵심 과제는 두 가지로 정리할 수 있다. 첫째는 사회 혼합형 공공임대주택을 공급해야 한다는 것, 즉 도시와 먼 교통이 안 좋은 지역에 공공임대주택을 집중적으로 공급하는 것을 지양하자는 것이고, 두 번째는 저소득층의 주거비지원을 위해 공공임대주택을 공급할 때 재정출자와 주거급여의 규모를 늘려야 한다는 것이다.

이를 위해 첫째 사회 혼합형의 의미를 살리기 위해서는 토지임대부 분양주택 단지와 토지임대형 재건축·재개발 단지 내에 공공임대주택을 공급할 필요가 있다. 기존에 낙인효과가 발생할 수밖에 없는 공급방식에서 과감하게 벗어날 필요가 있다.

둘째, 모든 국민의 주거권 실현은 헌법이 규정한 국가의 의무이자 국민의 기본권에 속하다는 것을 생각했을 때, 특히 의식주 중 '주(住)'가 가장 중요하다고 할 때 주거복지를 위한 재정지출을 늘리는 것은 당연하다.[72] 공공임대주택 건설에 들어가는 출자 금액을 늘리면 임대료 계산에서 출자금이 빠지기 때문에 주거비를 더 낮출 수 있다. 여기에 더하여 주거급여를 늘리면 저소득층의 주거비는 더 낮아질 것이다. 물론 기본소득형 국토보유세를 도입하면 저소득층의 소득 수준이 향상되어 '가처분소득 대비 주거비 비율'은

---

72 정부지출을 늘리기 위해서는 주택부문의 재정지출을 재량지출에서 의무지출로 개정해야 한다(봉인식·최혜진, (2019). "새로운 길을 찾는 공공임대주택", 『이슈&진단』, No.355. 경기연구원. p.9).

더욱 낮아질 수 있다.

한편 기본소득형 국토보유세를 도입하면 건축비도 낮아지기 때문에 정부 재정을 절약하는 데 도움이 된다는 점도 언급할 필요가 있다. 공공임대주택의 공급원가(표준건축비)는 토지비, 건축비, 부대비 등으로 구성되는데, 기본소득형 국토보유세를 도입하면 지가가 하향 안정화되어 공급원가가 더 낮아지게 된다

이렇게 불로소득 환수형 부동산 레짐에서는 주거복지 수요를 획기적으로 낮추면서 저소득층의 주거복지에 집중할 수 있게 된다. 게다가 공공임대주택 건설 및 매입비용에서 토지비도 낮출 수 있으므로 정부의 재정지출 절약에도 도움이 된다.

요컨대 전 국민의 주거권은 공공임대주택 공급량을 획기적으로 늘리고 정부의 주거복지지출을 늘리는 것으로 실현하기 어렵다. 분양가상한제를 강력하게 실행하여 싼 주택을 대량 공급한다고 해결될 일도 아니다. 토지공개념 정신을 구현하는 기본소득형 국토보유세를 바탕에 깔고 LH로 대표되는 공기업이 토지공급을 '임대형'으로 전환하면서 자가보유의 장벽을 획기적으로 낮추는 토지임대부 분양주택을 끊임없이 공급해서 주거복지 수요를 획기적으로 낮춰야 한다. 이와 동시에 정부의 재정지출 규모를 늘려 저소득층의 주거비를 경감시켜주어야 한다. 한마디로 말해 전 국민의 주거권 실현은 토지공개념을 바탕으로 하는 불로소득 환수형 부동산 레짐으로 전환해야 가능하다.

5. 50년 된 부동산 레짐을 체인지하자!

필자가 이 글에서 강조하고 싶은 점은 부동산을 둘러싼 온갖 난맥상들이 하나의 '레짐' 하에서 작동해왔다는 것이다. 이 레짐 하에서 누구도 자유로울 수 없었다. 개인도, 기업도 불로소득을 추구할 수밖에 없었고, 심지어 공기업인 LH도 부동산 투기가 기승을 부리는 것을 반길 수밖에 없었다. 그리고 이것을 시장경제라는 이념으로 합리화했으며, 이 과정에서 우리 사회는 '출발은 평등하고 과정에는 반칙이 없으며 결과는 합리적으로 불평등한 것'으로 요약되는 '공정성'은 크게 훼손되었고 우리 사회의 지속가능성은 크게 위협받게 되었다.

지난 50년 동안 지속되어온 불로소득 유발형 부동산 레짐을 이제 교체할 때가 되었다. 저출산 문제를 해결하려면, 기업이 지대추구가 아니라 경제혁신의 주체로 거듭나려면, 공기업이 '공공성'을 구현하는 역할을 제대로 감당하려면, 그리고 부동산으로 인한 세대 갈등을 방지하려면 말이다. 무엇보다 가장 밑바닥에 기본소득형 국토보유세를 깔아야 하는데, 이것이 바로 토지공개념 정신의 구현이다. 이렇게 하면 가계와 기업의 불로소득 추구는 크게 줄어들게 된다. LH는 불로소득이 유발되는 매각형 토지공급에서 불로소득을 환수하는 임대형 토지공급으로 전환해서 토지임대부 분양주택을 공급하면 부동산으로 인한 불평등은 줄어들고 자가보유의 장벽은 획기적으로 낮아져 국민 전체의 주거안정성은 크게 제고된다. 여기에 개발이익 환수장치를 강화하면 그동안 개발이익 사유화에 기대어 추진했었던 재건축·재개발은 토지임대형으로 추진될 가능성이 높아진다. 이렇게 되면 재건축·재개발 과정에서 발생하는 세입자 문제도 크게 줄어들 것이다. 여기에 정부가 주거복지에 더 많은 재정을 투입하면 저소득층의 주거비는 완화되면서 주거안정을 누릴 수 있게 된다. 이제 50년 된 불로소득 유발형 부동산 레짐을 바꿀 때가 되었다.

제2장

·

주거정책

01
····

기본주택의 개념 및
공급 활성화 방안

이헌욱(경기주택도시공사 사장)

이지욱(경기주택도시공사 기본주택사업1부장)

1. 기본주택의 개념

1) 기본주택 개념의 착상

(1) 국민의 권리, 국가의 의무인 주거권

1948년 세계 인권 선언에서 최초로 적절한 주거권을 권리로 인정하였으며, 경제적·사회적 및 문화적 권리에 관한 국제규약(A규약) 제11조, 인간거주와 하비타트 의제에 관한 이스탄불 선언 등의 규정으로부터 국제적 인권규범으로서 주거권이 도출된다고 할 수 있다.

대한민국 헌법 제35조에 의하면 모든 국민은 건강하고 쾌적한 환경에서 생활할 권리를 가지며, 국가는 주택개발정책 등을 통해 모든 국민이 쾌적한 주거생활을 할 수 있도록 노력할 의무가 있다. 이러한 헌법규정과 열거되지 않은 권리 보장에 관한 헌법 제 규정으로부터 헌법상 기본권으로서의 주거권을 인정할 수 있다. 헌법재판소도 주거의 안정은 인간다운 생활을 영위하기 위한 필수 불가결한 요소이며, 국가는 경제적 약자인 임차인을 보호하고 사회복지의 증진에 노력할 의무를 진다고 판시하였고(전원재판부 1998.2.27. 97헌바20), 2005년 제정된 주거기본법은 쾌적하고 안정적인 주거환경에서 인간다운 주거생활을 할 권리인 주거권을 국민의 권리로 명시하였다.

헌법상 기본권이자 보편적인 인권으로서의 주거권을 보장함에 있어서는 그 사회의 경제, 사회, 문화적 제반 조건 아래에서 경제적·사회적·환경적 지속가능성이 보장되는 주거모델을 확보하는 것이 선결적 과제이다.

(2) 주거권 보장정책의 한계

기존의 주거모델로는 자가, 전세, 월세 모델을 들 수 있고, 공공 주도의 주거 공급 모델은 자가 소유를 촉진하는 분양모델과 공공임대모델을 들 수 있다. 한정된 재화인 부동산을 기초로 하는 주거 서비스는 민간 시장에 의존한 수요와 공급에 의해 소비자 후생을 향상시키기 어려운 서비스 영역이다. 전세, 월세 등 주택임대차 시장에서 국가 등 공공의 개입 없이는 소비자인 임차인의 선택권이 보장되지 않으며 공급자 위주의 시장으로 소비자 후생의 가장 중요한 척도인 주거안정이 지속적으로 위협받는다. 주택 매매시장 또한 지속적으로 주택 수요가 증가하는 구조적 한계로 매수자의 선택권이 보장되지 않으며 지속적인 주택가격 상승으로 부동산 투기를 부추기고 가계부채를 폭증시켜 국가경제에 큰 위협요소가 되고 있다.

주택시장에 대한 공공의 개입은 수십 년 이상 지속되어왔으나 극심한 부동산 투기와 주거불안을 야기하는 주택시장의 구조를 개선하는데 별 진전이 없었다. 과거의 여러 정책에 대한 공과를 평가할 수 있겠으나, 그 주된 정책수단인 분양촉진과 주거취약계층 위주의 한정된 공공임대주택 공급정책은 이미 그 한계를 명확히 드러낸 것으로 봐야 한다.

자가소유 촉진을 위한 분양정책은 투기를 부추기고 가계부채를 폭증시킨다는 한계가 명확하다. 저렴하게 분양하면 투기수요를 부추기는 로또 분양이라 비판받고 시세에 가깝게 비싸게 분양하면 주변 주택가격을 끌어올린다는 비난을 받는다. 꼭 분양을 해야 한다면 투기수요가 원천 차단되는 분양모델을 만드는 것이 선행되어야 한다. 또한 주거취약계층 위주의 공공임대주택 공급정책은 경제적·사회적 지속가능성을 확보하지 못하였다. 기존 공공임대주택은 적자구조로 되어 있어서 경제적 지속가능성이 결여되어 있고 따라서 공공임대 사업자는 다른 수익으로 그 적자를 보전해야 하는 상황에 처한다. 소위 교차보전이라 불리는 공공임대와 분양 병행 정책은 2중으로 잘못된 정책이다. 분양을 통해 수익을 얻어야 하므로 필연적으로 부동산 투기를 부추기며, 공공임대는 적자사업으로 구조화하므로 사업성이 떨어져서 확장이 제한된다.

어떠한 정책이 확장되지 않기를 원한다면 공기업에 기업적 방법으로 사업을 추진하게 하되 사업성을 확보하지 못하게 구조화하면 된다. 기존 공공임대 사업은 처음부터 적자구조로 만들어 짐으로써 광범위하게 공급하지 못하도록 구조화된 한계를 가진다. 광범위하게 공공임대를 공급할 생각이라면 처음부터 경제적 지속가능성을 확보하는 방향으로 구조를 짜야 한다. 현재 공공임대는 분양수익으로 적자를 보전하는 구조인데, 분양은 부동산 투기를 부추기고 가계부채를 증가시키는 부작용이 크다. 부동산 투기와 가계부채 증가로 인한 사회적 비용을 고려할 때, 분양수익을 통해 공공임대 적자를 보전하기보다는 투기적 이익은 모두 공공이 회수하고 재정으로 공공임대 적자를 보전하는 것이 훨씬 바람직한 방향이다.

사회적 지속가능성 측면에서 분양 정책과 공공임대 정책은 모두 한계를 드러내고 있다. 현재의 분양 정책은 분양물량 확보를 위한 지속적인 토지개발을 요구하며 토지개발에는 막대한 사회적 비용이 발생한다. 생활기반과 생산기반의 파괴, 공동체의 파괴, 세입자 문제, 토지 불로소득 발생, 부동산 투기 등등 이루 헤아릴 수 없는 사회적 비용이 발생한다. 취약계층 위주의 공공임대 정책은 기피시설화, 낙인효과로 인해 지역사회 수용성을 확보하지 못하고 있다. 무엇보다도 공공이 주도하여 겉으로 봐서 가난한 사람들이 모여 사는 외관을 형성하는 것 자체가 현대 민주국가에서 용인되기 어려운 인권의 문제다.

(3) 발상의 전환

때로는 과거의 발상만으로는 문제를 해결할 수 없는 경우가 있고, 대표적으로 주택문제가 그런 경우이다. 주택정책은 주거안정과 투기근절을 두 축으로 일관되고 강력하게 추진해야 한다. 구체적인 주거 공급 정책에서는 주거안정과 투기근절이라는 정책목표를 염두에 두면서 지속가능성이 확보되는 주거모델을 개발해야 한다. 주거안정이라는 측면에서 보면 자가와 임대에 대해 주거선택권을 보장해야 할 것이다.

자가의 경우 투기근절을 위한 장치를 촘촘하게 구성해야 한다. 이미 투기적 이익이 발생한 이후에 그 이익을 회수하는 것은 차선책에 불과하다. 처음부터 투기적 이익이 발생하지 않도록 구조화하는 것이 옳다. 예를 들어 분양주택에 대해 분양가를 원가로 하되 전매를 영원히 금지하고 수분양자의 실거주 의무를 부과하며 재건축, 재개발 등의 경우 공공사업자가 분양가격에 주택을 매수하게 하는 환매조건을 의무적으로 부과하게 하는 방식은 어떨까? 분양주택에 대해 30년 정도 장기간 전매를 제한하고 그 이후에 주택매매를 허가제로 하되 주택 매매가격을 분양가 이하로 통제하는 방안은 어떨까? 물론 이런 방안이 가능할 것인지는 위헌성 논란이나 집단 민원 등 사회·문화적 환경을 면밀히 고려할 필요가 있다.

임대의 경우 투기적 이익을 기대할 여지가 적으므로 적정 비용부담 아래 주거안정을 제공하되 공공임대사업자의 입장에서 최소한의 사업성이 확보되도록 해야 한다.

2) 국내 주택정책의 현황 및 문제점

(1) 국내 공공임대주택 정책 현황

국내의 공공임대주택 정책은 최저소득층을 위한 영구임대, 저소득층을 위한 국민임대, 젊은 계층을 위한 행복주택, 중산층을 위

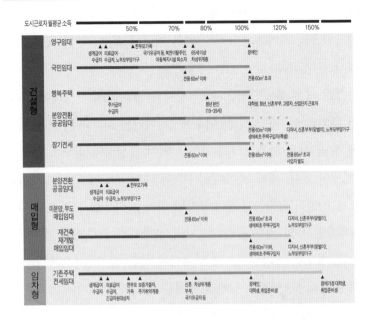

〈그림 2-1〉 공공임대주택유형별 입주 가능 소득기준과 대상 예시

주 1: 실선 일반공급, 점선 특별공급
자료: 봉인식 외(2019). "Ghekière의 유형론을 활용한 한국 공공임대주택 정책에 대한 탐구", 『주택연구』, 27(1):31-51, 한국주택학회.

한 장기전세 및 분양전환 임대주택 등의 건설형과 민간주택의 전세 임대를 지원하는 임차형 그리고 민간주택을 매입하여 임대하는 매입형 등 무주택자의 주거안정을 위해 다양한 유형으로 추진 중에 있다. 문재인 정부는 임기 중 30년 이상 장기 운영되는 장기공공임대주택을 매년 13만 호 공급을 공약하고 추진 중에 있어 임차가구의 주거안정에 기여할 것으로 기대된다.

그런데 문제는 공공임대주택 공급이 늘어도 이를 필요로 하는 가구가 원하는 곳에 위치하고 있지 않거나, 품질이 불만족스럽다

<표 2-1> 2018년 공공임대주택 재고 현황 (단위: 천 호)

	합계	영구임대	50년 임대	국민임대	행복주택
전국	1,570	207(13%)	111(7%)	535(34%)	38(2%)
경기도	428	26(6%)	6(1%)	211(49%)	12(3%)

	장기전세	분양전환	전세임대	매입임대	사원임대
전국	33(2%)	272(17%)	235(15%)	118(7%)	23(1%)
경기도	1(0%)	79(18%)	61(14%)	25(6%)	6(1%)

주 1: 분양전환 임대주택은 5년 임대 및 10년 임대 주택의 합계임
자료: 국가통계포털(kosis.kr) 공공임대주택 재고 현황 참고 작성

거나, 면적이 협소하다는 등 수요와 맞지 않다거나, 게토화된 임대
주택에 입주를 원치 않는 등의 사유로 공실이 발생[1]하고 있으며 소
득, 나이, 자산 등이 정부에서 정한 자격요건을 벗어나서 공공임대
주택 입주대상에 해당하지 않는 가구는 온전히 민간임차시장에 놓
여 있다는 점이다.

요즘 같은 부동산 급등기에는 부동산 가격이 오르는 것과 함께
민간임차시장의 전월세 금액도 함께 상승하는 문제가 있다. 공공
임대주택 입주를 원하든 원치 않든 공공임대주택에 입주한 가구
이외의 가구는 부동산 가격 급등에 따른 주거문제를 온몸으로 겪
고 있으며, 정부 정책에서 소외되어 모든 책임을 개인이 부담하고
있다.

2018년 기준 경기도 무주택 가구는 전체 가구수의 44%로 이 중

---

1   국토교통부(2020). "서민·중산층 주거안정 지원방안", 공공임대 공실 활용(수도권
     공실 1.6만 호)

약 8% 가구만이 공공임대주택에 거주하고 있다. 이 중에 장기간 거주가 어려운 전세임대주택 및 행복주택과 상대적으로 안 좋은 입지의 매입임대주택이 공공임대주택의 23%에 달하며, 수년 내에 민간소유가 될 분양전환 임대주택의 물량도 공공임대주택의 18%에 이른다.

(2) 국내 주택정책의 한계

공공임대주택에 거주하고 있는 8%를 제외한 전체가구의 약 36%에 해당하는 경기도 무주택 가구는 민간임차시장에 놓여 있고, 민간임차시장에서 임차인은 주기적인 주거불안을 겪고 있다.

그간 정부는 무주택 가구의 주거안정을 위한 분양주택 공급 확대를 위해 노력하였으나 효과는 의문이다. 경기도가 포함되어 있는 수도권의 자가보유율을 보면 2006년과 2019년을 비교할 때 오히려 감소했다.

좀 더 세부적으로 살펴보면, 2015년에서 2018년까지 전국에 126만 호의 주택 재고수가 늘어났으나, 주택소유 가구의 증가는 54만 가구에 불과했다. 극단적으로 말하면 주택 재고수 증가량의 약 40%만이 주택소유 가구의 증가로 이어졌다. 주택 재고수가 공공택지에서만 증가한다고 볼 수 없기는 하지만, 분명한 것은 무주택 가구의 주거안정을 위해 보상, 수용 등을 통해 확보한 주택용지 등에 주택을 건설하여 무주택 가구에게 우선하여 공급하였으나, 과도한 대출, 이익실현 등의 사유로 주택공급 물량의 상당수가 다주택자에게 흘러갔다는 것을 추정할 수 있다.

이러한 과정에서 주택가격은 상승하고, 주택매매가 이루어지며,

〈그림 2-2〉 지역별 자가점유율 및 자가보유율 변동 추이

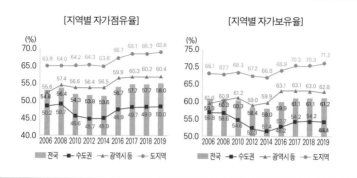

자료: 국토교통부(2020). "2019년도 주거실태조사 결과 발표"

가계부채는 급격히 상승했다. 공공임대주택은 최초 사업비 수준의 부채를 공공사업자가 부담하지만, 분양시장은 대체로 매매가 이루어질 때마다 주택가격이 상승하고 상승하는 만큼 확대된 부채를 가계에서 온전히 부담한다.

지금까지의 방식처럼 부동산 급등에 따라 새로운 택지를 조성하고 분양을 하더라도 과거 통계를 비추어보면, 투입되는 공공재원에 비해 무주택자의 주거안정 효과는 한계가 있을 것이다. 무주택자의 주거안정 효과는 한계가 있고 가계부채는 점점 더 확대되어가고

〈표 2-2〉 주택 재고수 증가와 주택소유 가구수 증가 비교 (단위: 천 호, 천 가구)

	2015년	2018년	차이	비고
주택재고수	19,559	20,818	1,259	신주택보급률
주택소유가구	10,699	11,234	535	

자료: 한국 통계청. 거주지역별 주택소유 및 무주택 가구수, 신 주택보급률

있으며 절대 다수의 무주택자는 민간임차시장 말고는 대안이 없는 것이 현실이다.

(3) 국내 공공택지의 역할 변화 필요성

택지개발사업 추진 시 토지 등 소유자의 요구는 과거에 비해 많아졌으며, 기존 시가지 내 임대주택 사업을 추진할 경우 지역주민의 민원은 커져가고 있다. 실제로 지역주민의 반발로 인해 임대주택사업이 무산된 경우가 종종 발생한다. 반면 공공목적으로 추진하는 사업이라도 과도한 사유권 침해는 위헌[2]으로, 사유재산 강제수용을 통한 택지개발을 함에 있어 본래의 목적인 공공목적에 부합하게 활용되어야 함에도 불구하고 공공택지 내의 공공임대주택 비율은 축소되고 있다.

국민임대주택건설등에관한특별조치법을 통해 2003년도에 개발계획 승인된 택지개발예정지구 7개 지구의 주택계획을 살펴보면 장기공공임대주택인 국민임대주택이 공동주택 물량의 55% 수준으로 공급되었다.[3] 현재 법령상 장기공공임대주택의 전체 주택수 대비 의무비율은 공공주택지구 25%, 도시개발지구 15%로 사회적 요구에 반해 택지개발의 공적 역할은 오히려 감소하고 있다.

---

2   개발제한구역 지정에 있어 비례의 원칙에 위반되어 당해 토지 소유자의 재산권을 과도하게 침해하는 것은 헌법에 위반된다(전원재판부 89헌마214). 도시계획시설의 지정으로 현저한 재산적 손실이 발생하는 경우에는 원칙적으로 사회적 제약의 범위를 넘는 수용적 효과를 인정하여 국가나 지방자치단체는 이에 대한 보상을 해야 한다(전원재판부 97헌바26).

3   건설교통부(2003). "국민임대주택단지 7개지구 개발계획승인", 보도자료 참고.

수도권 택지에서 재원을 확보해야만 지방에 주거복지를 추진할 수 있다고 하는 의견도 있으나, 지방에 필요한 주거복지 재원은 정부에서 별도로 재원을 만들어 지원해야 하는 것이지 교차보전 논리로 부동산 투기를 부추기는 분양사업을 지속하는 것은 이러한 악순환을 반복하게 하는 것이다.

가용 택지가 충분한 과거에는 큰 문제가 아니었지만, 진짜 문제는 가용할 택지가 점점 사라지고 있다는 점이다. 사유재산 강제수용을 통해 만든 공공택지를 지금보다 더욱더 공공목적으로 사용할 필요가 있다. 새로운 접근과 사고가 필요한 시점이다.

3) 해외 주택정책의 시사점

(1) 공공재로서의 주택–비엔나 사례

오스트리아의 수도 비엔나는 경영컨설팅 그룹 머서(Mercer)가 발표하는 '도시별 삶의 질 순위'에서 10년째 부동의 1위를 지키고 있다. 세계에서 가장 살기 좋은 도시 비엔나의 비결은 일찍부터 주택을 공공재로 바라본 '사회주택(social housing)' 모델에 있다. 비엔나에서는 경제적·사회적·환경적 지속가능성이 보장되고 건축적으로도 수준 높은 공공임대주택을 공급하고 있다. 오스트리아는 1920년대부터 시정부 소유의 공공임대주택인 사회주택을 지었다. 비엔나 시정부는 사회주택 정책을 통해 주택을 거주공간으로 확정하고 주택이 투자대상으로 자리매김하는 것을 차단했다.

구체적으로 비엔나에서는 국가로부터 나오는 진흥기금으로 사회주택 건설비의 3분의 1을 지원하고, 3분의 1만큼의 분양권을 비엔나시가 가지게 되며, 세입자를 보호하기 위해 월세 상한선을 두고, 시행사의 이윤을 제한하며, 시행사의 일정 부분 이윤을 공공목적을 위해 재투자하도록 강제하는 제도를 두고 있다. 또한 하나의 단지 내에 다양한 사회적·경제적 계층이 함께 살게 해 입주민 간의 반목을 막고 사회통합을 이루어내기도 했다. 사회주택은 노동자를 위한 공공임대로 시작해 현재는 중산층을 포함한 모든 시민들이 누리는 쾌적한 주거공간이 됐다. 현재 비엔나 시민의 50% 이상이 공공임대주택에 살고 있으며 비엔나 시의 자가주택 보유율은 18% 수준이고 시민들의 도시 만족도는 세계 최고 수준이다. 이렇게 비엔나 시가 주택시장에 개입하고 주택 소유자와 세입자 간의 벽을 정책적으로 허물어버림으로써 결국 비엔나의 주택은 공공재의 범주에 성공적으로 자리 잡게 되었다.

(2) 해외 주택정책의 국가개입

〈표 2-3〉은 주거비 부담 응답비율에 따른 공공임대주택(사회주택) 및 주거복지 관련 국가 출자금 지원현황 비교표이다. 주거비가 부담스럽지 않다고 응답한 유럽국가 상위 5개국을 살펴보면 보편주의 정책을 펼치는 스웨덴, 덴마크, 네덜란드 등이 포함되어 있다. 물론 나라마다 상황이 달라서 일률적으로 판단할 수는 없겠지만 해외 주택정책을 통해 우리나라 주거 문제 해결의 실마리를 찾아볼 수 있을 것이다.

상위 5개국의 경우 전체 주택 대비 공공임대주택 재고 비중이 평균 약 21%로 상대적으로 높은 반면, 하위 5개국의 경우 평균 3%에 불과해 현저한 차이를 보이고 있다. 우리나라의 공공임대주택에 대

〈표 2-3〉 유럽 주요 국가의 주거비 부담 응답비율에 따른 공공임대주택 및 주거 복지 국가 출자금 지원현황 비교

구분	국가명 (유럽)	'주거비가 부담스럽지 않다' 응답 비율(%)	전체 주택 대비 공공임대 주택 재고 비중(%)	1인당 공공임대 주택 정부 지원액(유로)	1인당 주거복지 (공공임대, 주거 급여) 정부지원액 (유로)
상위 5개국	스웨덴	64.7	19	77.74	133.43
	덴마크	63.9	21	98.92	340.92
	노르웨이	63.2	20	319.97	75.54
	프랑스	53.1	17	92.89	328.45
	네덜란드	52.2	30	45.24	201.39
	평균		21	126.95	215.94
하위 5개국	이탈리아	1.0	4	67.60	10.08
	폴란드	2.3	8	36.99	4.82
	스페인	3.2	3	38.85	5.97
	그리스	3.3	0	0.00	3.91
	크로아티아	4.8	2	0.31	1.84
	평균		3	28.75	5.32
한국		34.0	7	30.4	45.5

주 1: 가구당 주거비 부담정도 설문에 따라 부담이 적다고 답한 비율로, 비율이 높으면 주거비 부담 정도 상위 5개국으로, 비율이 낮으면 주거비 부담정도 하위 5개국으로 정의함. 한국의 가구당 주거 비 부담정도는 주거실태조사 2017년 자료 중 '임대료 및 대출금상환부담에 부담' 문항을 활용
주 2: 유럽 자료는 Housing Europe(2019:14), 한국 자료는 2017년 정부 투자(출자+기금융자) 2 조 165억 원(유로 15억 6,268만 유로) 인구(2017년 통계청 기준) 51,42만 2,507명 주거복지 예산 (2017년) = 공공임대 2조 165억 원 + 주거급여 1조 원 기준 적용
자료: EU-SILC(ilc_mded04 문항, 2017); Housing Europe(2019), The state of housing in the Europe, pp.14; 한국주택학회 노승한(2020) 재구성

한 정부 지원액은 상위 5개국의 4분의 1 수준이며 하위 5개국의 평 균과 비슷한 수준으로 공공임대주택에 대한 정부의 투자 및 공공 임대주택 재고비중이 부족함을 알 수 있다.

(3) 해외 주택정책의 시사점

2016년 기준 우리나라의 천인당 주택수는 388호인 반면 OECD 국가의 경우 천인당 주택수는 아래 〈그림 2-3〉과 같다. 위에서 언급했던 하위 5개국의 경우 천인당 주택수가 우리나라보다 적지 않으나 주거비 부담 정도를 더 느끼는 이유는 임대주택 재고 등 정부에서 주거안정대책에 어느 정도 개입하느냐 여부가 중요한 요인인 것으로 추정할 수 있다.

한국토지주택공사(2020)의 연구 보고서에 따르면 국토교통부의 주거실태조사 마이크로 데이터(2010년, 2018년)를 활용하여 실증 분석한 결과, 공공임대주택은 사회 전체의 소득 불평등도를 2010년에는 0.052% 감소, 2018년에는 3.773% 감소시켰으며, 빈곤율도 각

〈그림 2-3〉 천인당 주택수

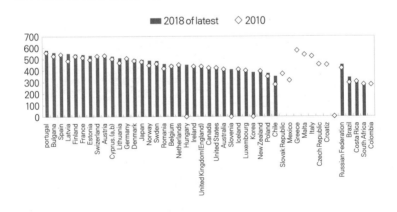

주 1: 2018 or latest year available, korea refer to 2016 QuASH
자료: CECD Affordable Housing Database. Source: OECD-QuASH(2016, 2019)

각 6.7%, 11.8% 감소시키는 등의 효과가 있다고 한다[4].

2019년 기준 국가 GDP가 전 세계 12위권인 우리나라가 국내의 급격한 가구구성 소형화에 따른 가구 증가를 대비하여 늘어나는 주택을 하위 5개국처럼 민간영역으로 채울 것인지, 아니면 공공영역의 임대주택 중심으로 채워야 하는지의 방향을 제시해주는 데이터라고 할 수 있다.

우리나라는 잔여주의인 영구임대주택과 국민임대주택, 일반주의인 행복주택을 중심으로 공공임대주택을 추진 중에 있으나 주택보급률이 100%를 넘었고 경제규모와 급격히 상승하는 주거비 부담을 고려할 때 보편주의 주택정책으로의 확장을 고민할 시기가 왔다. 물론 아직 저소득계층의 주거안정문제를 완전히 해결하지도 않았는데 보편주의로 가는 것은 시기상조 아니냐는 의견도 있다. 좁은 국토 면적에 수도권에 몰려 사는 우리나라 현실에서는 가용택지가 없어 보편주의 주택정책을 펼치기가 어렵다는 견해도 터무니없는 주장이라 할 수는 없다. 그러나 이러한 견해는 지금의 방식처럼 공공임대 입주대상에서 벗어난 계층은 영원히 민간임차시장에만 머물러야 한다는 의미이기도 하며, 현재의 공공임대주택에서 야기되는 문제를 해결하지 않겠다는 의미이기도 하다.

현행 공공임대주택에 못 들어가는 계층에 대하여 정부의 관리가 어려운 민간임차시장의 대안 제시가 필요하고 주거안정을 위한 정부투자를 늘려 기존의 공공임대주택 정책과 함께 확장된 개념의

---

4   진미윤 외(2020). "공공임대주택의 주거 빈곤 완화 및 소득 재분배 효과", 한국토지주택공사 토지주택연구원.

〈그림 2-4〉 임대주택(사회주택) 재고율

■ % of total housing stock

주 1: 2018 or latest year available, korea refer to 2016 QuASH
자료: CECD Affordable Housing Database. Source: OECD-QuASH(2016, 2019)

공공임대주택 추가 공급이 필요한 시점이다. 이는 주택시장에 방향
성을 제시하는 것이고 무주택자에게 주거에 대한 다양한 선택권을
부여하는 것이다. 현재의 주택정책 제도에서 발상을 전환하여 지방
정부에서라도 중앙정부의 도움을 받아 주거안정 문제를 과감히 해
결해야 된다는 상황인식과 간절함이 담겨있는 정책이 기본주택이다.

2. 기본주택 공급 활성화 방안

1) 기본주택 공급 활성화 추진전략

(1) 공공사업자의 한계 및 기본주택의 사업구조
공공임대주택을 확대하는 정책은 공공사업자 입장에서 난관이 존재한다. 기존의 공공임대주택 사업은 구조적으로 공공사업자의 적자누적이 불가피한 사업이다. 지가와 건설비, 임대주택 관리운영 비를 충당하기에는 시세 대비 30~60% 수준인 공공임대주택의 임대료가 턱 없이 부족하기 때문이다. 공공임대주택 확대와 부채비율 감소라는 두 마리 토끼를 잡아야 하는 것이 공공사업자의 입장이다 보니 교차보전 정책을 시행할 수밖에 없었다. 교차보전이란 아파트 분양이나 택지개발 등의 사업에서 발생하는 수익으로 공공임대주택 사업의 손실을 보전하는 것을 말한다.

기존 공공임대주택은 공공사업자가 건설·운영·보유를 모두 담당하여 공급물량 확대가 어려웠다면 기본주택은 공공사업자의 한계를 벗어나 공공임대주택의 건설·운영 부담과 보유부담을 분리·

〈그림 2-5〉 기본주택 사업구조

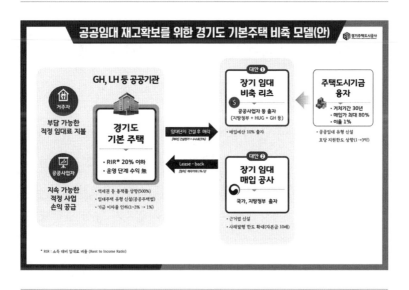

자료: 경기주택도시공사(gh.or.kr)

이전하여 획기적인 공급 확대가 가능한 사업구조이다. 임대주택단지 보유부담은 현금흐름이 발생하지 않는 감가상각과 차입금 및 보증금 등에 따른 부채가 있다.

기본주택의 사업구조는 공공사업자가 임대주택단지 건설 후 비축리츠에 매각한다. 이후 공공사업자는 임대주택단지를 책임임차하여 임대운영하며, 비축리츠는 임대주택단지를 보유한다. 비축리츠는 임대주택단지를 보유하면서 공공사업자로부터 임대주택단지 사용료를 받아 운영하고, 임대운영 종료 후에는 임대단지 매입원가를 잔존가치로 충당한다.

입주자는 임대주택단지 운영비 수준의 임대료를 납부하며 장기간 안정적으로 거주하고, 공공사업자는 입주자가 납부한 임대료로 임대주택단지 운영기간 동안 손실 없이 임대주택단지를 운영한다. 기본주택은 참여자간 역할 분담으로 공공임대주택 공급물량을 획기적으로 확대할 수 있는 사업구조이다. 임대기간은 30년으로 하되, 갱신이 가능하게 하여 최대 90년까지 거주할 수 있게 한다.

(2) 기본주택 재원마련 방안

정부는 공공임대주택 사업의 손실을 보전하는 조치로 영구임대, 국민임대, 행복주택 등 공공임대주택은 사업비의 약 70~80%를 주택도시기금에서 재정지원금과 융자금으로 지원한다. 10% 내외는 임대보증금으로 나머지 20% 내외는 공공사업자가 공사채 발행 등으로 조달하는 구조로 운영되고 있다.

입주계층의 소득수준이 낮을수록 재정지원금 규모가 커지고 소득수준이 높을수록 융자금 규모가 커지는 정부의 정책방향을 고려하여, 기본주택은 입주계층을 기존 공공임대주택보다 확대하되 재정지원금 없이 사업비의 80%를 융자금으로 지원할 것을 정부에 건의하였다.

기본주택은 재원 마련방안으로 우선 주택도시기금을 활용하되, 기금재원이 부족하게 되면 정부가 가칭 장기임대 매입공사를 출자 설립하여 공사채를 발행하고 그 재원으로 장기임대주택 비축재원 으로 활용할 것을 제안하였다. 정부에서 매입공사에 10조 원을 출 자한다면 그 10배에 해당하는 100조 원만큼의 임대주택을 공급할 수 있다.

주택을 민간에 분양하면 정부부채가 줄어드는 만큼 가계부채가 증가할 수밖에 없다. 가계부채를 줄이는 방법 중에 가장 대표적인 방법은 가계부채의 정부부채로의 이전이 있다. 선진국들은 2008년 세계금융위기 이후 이러한 방법을 많이 써서 가계부채를 낮추고 있다.

기본주택을 포함한 공공임대주택은 가계부채를 정부 또는 공공 의 부채로 이전하는 효과가 있다. 정부가 기본주택 비축을 위한 출 자금을 전액 국가부채로 충당한다고 해도 정부의 부채는 기본주택 사업비의 약 10% 수준만 늘어난다. 그에 반해 가계부채는 주택분 양가 또는 주택매입가보다 훨씬 적은 임대보증금 만큼만 늘어나는 데 그친다. 기본주택 사업비의 약 10%에 해당하는 정부의 부채 증 가분은 단순한 지출이 아닌 출자금으로 원금 보전 가능성이 크고 일정 부분 배당도 기대되는 것이라서 그 전부가 국민 부담으로 연 결되는 일반적인 국가부채와는 성격이 다르다.

더불어 장기임대매입공사의 부채는 공공임대주택 공급이 늘어나는 만큼만 증가하지만 분양주택은 주택의 가격이 상승하는 만큼 추가 생산활동 없이도 가계부채가 지속적으로 상승하게 된다. 매입 공사는 부채만큼 부동산 자산을 보유하게 되며, 역세권 등 핵심지역의 부동산 가치가 급락하지 않는다면 부실 우려가 없을 것이고, 혹여나 부동산 가치가 하락해서 매입공사의 손실이 발생한다면 이는 부동산시장 안정화를 위한 공적 비용으로 볼 수 있다.

(3) 공공사업자의 지속가능성과 거주자의 부담가능성

무주택자가 원하는 전세제도는 공공임대사업자가 임대주택단지를 건설 및 보유함에 따라 발생하는 비용과 운영에 따른 비용 모두를 부담하는 구조이다. 건설 및 보유 부담을 주거안정을 위해 공공임대사업자가 부담할 수 있다고 해도, 임대주택단지 운영에 들어가는 비용까지 모두 공공에서 부담한다면 운영기간이 길어질수록 적자가 누적되어 지속적인 임대주택 공급이 어려워진다.

서울주택도시공사의 임대주택 운영 적자가 최근 5년간(2014~2018년) 약 1조 7,000억 원에 달하는데 월세 수입이 발생하지 않는

〈표 2-4〉 기본주택 예상 임대료 및 보증금   (단위: 천 원)

기본주택 평형	예상 임대료	예상 보증금	RIR(가구원수)
전용면적 26m²(공급면적 13평형)	283	14,150	16.1%(1인가구)
전용면적 44m²(공급면적 20평형)	397	19,850	13.3%(2인가구)
전용면적 59m²(공급면적 25평형)	485	48,500	12.5%(3인가구)
전용면적 74m²(공급면적 30평형)	573	57,300	12.1%(4인가구)
전용면적 84m²(공급면적 34평형)	634	63,400	11.3%(5인가구)

자료: 경기주택도시공사(gh.or.kr).

장기전세주택의 운영 손실액이 호당 매년 약 800만 원으로 임대주택유형 중 손실 규모가 가장 크다. 이러한 모델은 공공사업자의 경제적 지속가능성 확보가 불가능하여 공급물량 확대에는 한계가 있으며 실제로 서울주택도시공사에서 운영 중인 장기전세주택의 관리호수는 최근 5년간 거의 증가하지 않고 있다.[5]

기본주택의 운영단계에는 금융비용을 포함한 임대주택단지 관리운영비 수준의 임대료를 책정하여 운영단계에 추가예산이 투입되지 않도록 설계함으로써 공공사업자의 경제적 지속가능성을 확보하였으며, 거주자의 부담 가능성을 고려하여 임대료 상한을 가구원수별 기준 중위소득의 20%(RIR 20%)로 제시하였다. 임대주택용지 조성원가를 평당 2,000만 원으로, 용적률 500%, 사업비의 80%를 기금에서 연 1% 이율로 장기 융자했을 경우 가구원수별 기준 중위소득 대비 예상 임대료 수준은 〈표 2-4〉와 같다.

기본주택의 RIR은 11~16% 수준으로 거주자 입장에서 부담 가능한 수준으로 공급이 가능할 것이며, 1~2인 가구에 대한 건축특례(주차대수 완화)가 적용된다면 기본주택의 RIR은 더욱 낮아진다.

3기 신도시의 경우 임대주택용지 조성원가가 평당 2,000만 원은 넘지 않을 것으로 예상되며 임대료와 보증금은 2년에 3% 인상률 상한을 설정하는 것으로 하였다.

기본주택은 임대주택 운영을 통해 수익을 남기지 않는 무수익 구조로서 정부도 대량의 임대주택 공급이 가능하도록 역할 분담을

---

[5] 국회의원 김상훈(2019), "SH공사 임대주택사업, 최근 5년간 1조 6,855억 적자", 보도자료 참고.

하자는 것이다. 공공사업자는 분양주택 사업을 하면 많은 수익을 얻을 수도 있겠지만 국민들의 주거안정을 위해 주택분양수익을 포기하는 것이고, 공공사업자가 포기한 분양수익만큼 매입공사는 핵심지역의 공공임대주택을 더 많이 비축할 수 있다.

기본주택은 정부에서 주도적으로 추진했던 주거안정 문제를 분양 위주가 아니라 임대 위주의 공급으로 전환하여 풀어가자는 의미이고, 주택문제로 발생됐던 가계부채를 축소하고 자산등락 부담을 국가로 이전하자는 것이다. 이를 통해 현재의 주택공급 방식이 가진 문제를 해결하고 지속가능한 모델로 장기공공임대 정책의 확장성을 확보할 수 있다.

(4) 기본주택 소셜 믹스 실현방안

임대주택과 분양주택을 한 단지에 섞어 짓는 소셜 믹스 정책은 임대아파트의 슬럼화와 저소득층의 주거 소외단절 문제를 막기 위해 2005년부터 본격적으로 도입되었다. 하지만 소셜 믹스로 사회통합을 촉진한 일부 선진국과는 달리 우리 사회에서는 차별과 갈등을 증폭시키는 도화선이 되고 있다. 일각에서는 소셜 믹스 정책이 분양주택 주민들의 반발만 사게 되며, 임대주택 입주민에게는 낙인으로 작용함으로 정책 자체를 재검토해야 한다는 의견도 있다.

효과적인 소셜 믹스는 계층갈등이 더 적은 사회를, 더욱 평화롭고 안정된 사회를 만들어 구성원 모두에게 이익이 되고 공동체를 강화한다. 인위적으로 분양과 임대주택의 주민을 섞어 살게 하는 것이 아니라 임대주택의 품질과 입지를 획기적으로 개선하여 분양주택 주민도 살고 싶은 매력적인 단지를 건설해야 한다. 3기 신도시

146

역세권 등 가장 좋은 위치에 임대주택을 배치하고 적정임대료에 다양한 주거서비스와 고품질 주택으로 공급하고 계층 구분 없이 무주택자 누구나 거주할 수 있게 한다면 자연스럽게 소셜 믹스가 이루어질 것이다.

(5) 기본주택의 공급목표 물량

경기도 내에 기존 공공임대주택의 혜택을 받지 못하는 무주택 가구는 약 177만 가구다. 이에 대응하여 향후 15년 동안 1년에 10만 호씩 총 150만 호의 임대주택을 공급한다면 분양주택을 선택하는 일부 가구를 제외하고 대부분의 가구에게 주거안정을 보장할 수 있을 것이다. 이를 위해서는 경기도와 GH의 노력만으로는 부족하고 정부와 LH의 적극적인 협조가 반드시 병행되어야 한다. 기본주택을 포함한 임대주택이 대량으로 공급되면 자연스럽게 주택 구매 수요가 줄어들어 집값 안정 효과도 불러올 뿐만 아니라 공공임대주택이 기존 주택임대시장에 경쟁력 있는 대체재로 자리 잡을 것으로 기대된다.

2) 기본주택으로 꿈꾸는 미래 정책방향

(1) 주거복지에서 주거서비스로 진화

주택은 삶에서 가장 기본적이고 핵심적인 부분임에도 불구하고 우리나라에서 주택은 공공재로 인식되지 않고 있다. 주택도 의료나 교육, 수도공급처럼 공공성을 띄고 있지만 재산축적의 주된 수단으로 인식되고 있다.

기존 분양주택이 주택의 투기 자산화를 막지 못했지만, 기본주택은 주택의 투기 자산화 방지를 중요한 정책목표로 한다.

무주택자라면 누구나에게 공급하는 기본주택이 활성화되어 충분한 공공임대주택 재고가 쌓이면 불안정한 민간임차시장의 강력한 대체재로 자리 잡을 것이고 민간임대시장은 수익률 악화로 특화된 임대서비스를 발전시키지 않으면 도태될 것이다. 임대시장의 경쟁이 강화되면 평범한 임대사업이 어려워지게 될 것은 분명하고, 현재의 주택 소유자 중심에서 거주자 중심으로 선택권이 이동됨에 따라 소비자 후생도 증가할 것이다.

자본주의 시장경제가 발전할수록 평범한 사업의 수익률이 악화되는 것은 당연한 것이며 주택임대사업의 수익률이 악화되면 주택을 통한 투기적 소득을 얻기 어려워질 것이고, 주택가격 상승도 어려워질 것이다. 담보대출시장 등 주거 관련 금융시장 재편과 전세제도 축소도 이루어질 것이다.

기본주택과 같이 주거를 보편적인 공공서비스로 제공하면 국민은 적정비용으로 주거서비스를 이용하고 국민들의 주거비 부담을 낮출 것이다. 살기 좋은 도시, 누구나 차별받지 않는 도시, 주거 문제로 고통 받지 않는 도시가 기본주택으로 꿈꾸는 미래 모습이다.

(2) 경기도 내 공공택지는 공공임대주택 중심

경기도는 3기 신도시 등 공공택지에서 공급되는 주택물량의 35%는 현재의 공공임대주택을, 50%는 기본주택을, 15%는 공공분양주택 등으로 공급할 것을 제안하였다. GH공사는 GH지분에 따른 주택수의 85%를 기본주택을 포함한 공공임대주택으로 공급할 계획으로, 더 많은 공공임대주택을 공급하기 위해 추가 택지를 발굴 중에 있다.

정부는 사유재산 강제 수용 등으로 어렵게 만든 공공택지에 기본주택을 포함한 장기공공임대주택 중심으로 대량 공급하여 주거안정을 실현하고자 하는 경기도의 목소리에 귀 기울여주기 바라며, 중앙정부와 지방정부가 역할 분담을 통해 좀 더 적극적인 주거안정을 위해 노력한다면 살기 좋은 도시를 만들 수 있을 것이다.

(3) 주거복지의 미래

계층을 구분하여 공급 중인 다양한 공공임대주택이 좋은 위치와 품질, 적정 임대료의 기본주택으로 통합된다면 임대주택에 대한 부정적 인식은 개선될 것이고, 기본주택이 대량공급된다면 무주택자의 주거안정에 기여할 것이다.

한 걸음 더 나아가 주거급여 수혜자가 직접 자신이 원하는 주택을 선택하고 임대료 일부를 보전받을 수 있는 주거급여(바우처)가 확대되어 기본주택과 결합된다면 수돗물처럼 누구나 누릴 수 있는 보편적 주거 서비스가 완성될 것이다. 모든 계층이 똑같은 임대료를 지불하더라도 저소득 계층은 실질적인 주거환경 개선과 함께 주거급여로 경감된 기본주택 임대료 수준을 부담스러워 하지 않게 될 것이며, 차별 없이 누구나 오랜 기간 거주하면서 단지 내 마을 공동체가 복원되고, 그 속에서 마을 민주주의가 꽃피어 날 수 있을 것이다.

사회주택 성과와 정책적 과제

권순형(새로운사회를여는연구원 이사)

1. 사회주택 도입배경과 개념적 정의

1) 사회주택 도입배경

국내에서 사회주택(social housing)에 대한 논의는 1980년대 후반부터 이루어졌다. 사회주택에 대한 논의가 시작되었던 1980년대 후반은 국내 주택시장에서 주택가격과 임대료가 급등하면서 저소득층의 주거빈곤이 심각한 사회적 문제로 제기되었던 시대적 상황과 연결되어 있다. 먼저 고철 외(1988)는 사회주택을 '저소득층의 주거 향상을 위하여 정부의 지원으로 시장가격 이하의 임대료로 제공되는 주택'이라고 정의하였다. 하성규(1989)는 '국가마다 사회주택

을 다양하게 부르고 있으나 그 의미는 공공영구임대주택을 뜻한다'
며 정부로부터 금융지원, 조세혜택 등의 지원을 받은 주택도 공공
성이 강하면 사회주택으로 분류할 수 있다고 제안하였다. 1980년
대 후반 도입되었던 사회주택에 대한 논의는 정부가 영구임대주택
을 도입하면서 공공임대주택으로 그 논의가 흡수되었다.

사회주택에 대한 국내의 두 번째 논의는 2003년 「주택법」 개정에
따라 민간 비영리조직을 주택사업의 시행자로 인정하는 새로운 제
도가 도입되면서 진행되었다. 민간 비영리조직의 참여를 통해 사회
주택 공급방안이 다양하게 모색되었으나 당시에는 주거관련 민간
비영리조직의 활동이 제한적이어서 실제 주택공급으로 연결되지는
못하였다. 2007년 「사회적기업 육성법」과 2012년 「협동조합 기본
법」 제정 이후 다양한 분야에서 사회적 경제주체가 등장하면서 사
회적 경제주체가 공급하는 제3의 주택공급 방안으로 사회주택에
대한 본격적인 논의가 시작되었다. 김혜승 외(2013)는 사회적 경제조
직을 중심으로 국내외의 사회주택 사례를 분석하였으며, 최은영 외
(2014)는 사회주택을 '경제적 약자를 대상으로 주거관련 사회적 경
제주체 등에 의하여 공급되는 임대주택'으로 제안하였다. 최은영의
사회주택에 대한 제안은 「서울특별시 사회주택 활성화 지원 등에
관한 조례」(이하 '서울시 사회주택 조례' 한다)에 그대로 반영되어 현재 사
회주택 논의에 대한 기본적인 개념으로 사용되고 있다. 2010년 이
후 국내에서 사회주택에 논의가 진행된 배경에는 1~2인 가구의 급
속한 증가에 따라 저소득 청년층의 주거불안이 격화되는 시기와
중첩되어 있다. 1~2인 가구의 급속한 증가와 임대료 상승에 따라
저소득층의 주거비 부담은 증가하였으며, 청년층은 열악한 주거환

경(반지하, 옥탑, 고시원 등)으로 밀려나고 있었다. 반면 공공임대주택의 입주대상은 가구주의 연령대가 높고, 부양가족수가 많을수록 우선 공급되는 전달체계를 형성하고 있어 단독가구로 구성된 청년층은 공공임대주택에 입주 기회가 제한되고 있었다.

2010년 이후 국내에서 사회주택에 대한 논의가 본격적으로 시작된 또 다른 배경은 기존 공공임대주택 공급과 전달체계의 한계가 지적되고 있다. 국내 공공임대주택 공급은 택지개발사업을 통해 조성된 공공택지를 기반으로 LH공사 등 공공기관이 공급자 중심의 대량공급에 의존하고 있다. 건설형 공공임대주택은 공공택지의 교차보전 방식을 적용하여 임대주택 용지를 마련하고 있으나 공공택지의 고갈로 공급의 한계가 제기되고 있다. 또한 매입형 공공임대주택은 공급의 유연성을 확보하는 방안으로 도입되었으나 택지가격 상승과 관리·운영상의 문제로 재정부담을 가중시키고 있다. 사회주택은 정부재정에 의존하는 공공임대주택 공급과 관리·운영상의 문제를 해결하기 위해 비영리 민간의 참여를 모색하기 위한 성격을 내포하고 있었다.

2) 사회주택에 대한 개념적 정의

국내 사회주택에 대한 개념은 1980년대 후반 논의가 이루어졌으나 당시 논의는 사회주택을 '저소득층의 주거향상을 위하여 정부의 지원으로 시장가격 이하의 임대료로 제공되는 주택'으로 인식하면서 공공임대주택으로 논의가 흡수되었다. 사회주택이 도입된 외국의 사례에서도 국가마다 사회주택에 대한 정의는 다르게 사용되고

〈표 2-5〉 주요 국가의 사회주택 관련 용어

국가명	자국어 용어	한국어 해당어	영어 번역시 용어
오스트리아	wohnungsgemeinnu tzig -keitsgesetz(WGG)	제한 영리 주택 또는 국민 주택	Limited-profit housing or people's housing
캐나다	logement social(불) social housing(영)	사회주택	social housing
덴마크	almene bolig(er)	일반주택 (모두의 주택)	general (normal) housing
독일	sozialwohnung (정책: Wohnraumförderung)	사회주택	social housing (Housing Promotion)
핀란드	asuntorakennustuota nnon valtuuskunta(ARAVA)	정부 보조 주택	government subsidized housing
프랑스	habitations à loyer modéré, logement social	적정 임대료 주택, 사회주택 (통용)	housing at moderate rent, social housing
네덜란드	social (huur)woning(en)	사회(임대)주택	social (rental) housing
스페인	vivienda de protection publica	공공(공적) 보호 주택	publically protected housing
영국	social housing	사회주택	-
미국	public housing, affordable housing	공공주택, 부담가능주택	-

자료: 김란수 외(2019). "LH형 사회주택·공동체주택 로드맵", 한국토지주택공사. 재인용

있다. 외국에서 사회주택은 국가나 비영리단체가 소유하거나 관리하는 임대주택이며 저렴한 주택을 제공하기 위한 목적이나 다양한 사회적 가치를 담은 주택으로 포괄적으로 사용되고 있다.

국내에서 사회주택에 대한 개념적 정의는 2014년 제정된 서울시

사회주택 조례에서 최초로 도입되었다. 서울시 사회주택 조례는 사회주택을 '사회경제적 약자를 대상으로 주거관련 사회적 경제주체 등에 의하여 공급되는 임대주택'으로 규정하여, 사회주택을 입주대상과 공급주체의 측면에서 기존 공공임대주택 및 민간임대주택과 구분하였다. 서울시 사회주택 입주대상은 취약계층, 주거약자, 공공임대주택 거주자, 청년 1인 가구 등 사회경제적 약자로 규정하고 있다. 서울시 사회주택 조례에서 규정하고 있는 사회경제적 약자는 대부분 공공임대주택 입주대상과 중복되어 있으나 청년1인가구를 입주대상에 포함하여 공공임대주택 입주대상과 차별화하였다. 또한 서울시 사회주택 조례는 사회주택 공급주체를 주거관련 사회적 경제주체로 규정하고, 그 범위는 비영리법인, 공익법인, 협동조합, 사회적 협동조합, 사회적기업, 중소기업 등으로 열거하고 있다. 사회주택 공급주체를 주거관련 사회적 경제주체로 한정하는 규정은 사회주택을 공공이 공급하는 공공임대주택과 민간이 영리목적으로 공급하는 민간임대주택과 구분되는 새로운 유형의 임대주택으로 위상과 역할을 부여한 것이다. 서울시 사회주택은 사회적 경제주체 및 비영리주택 법인이 공급하고 입주대상은 소득 6분위 이하 계층(도시근로자 평균소득 100% 이하), 임대료는 주변 시세의 80% 이하로 10년 이상 임대로 운영되는 주택으로 운영되고 있다. 서울시 사회주택 조례에서 규정된 사회주택에 대한 정의는 다른 지방자치단체에서 제정한 사회주택 관련 조례에 대부분 유사한 내용으로 반영되어 현재까지 사회주택에 대한 일반적인 정의로 사용되고 있다.

국내 사회주택과 관련된 개념 정의는 2017년 정부가 주거복지 로드맵에서 사회주택이 포함되면서 중앙정부 차원에서 논의가 이

<그림 2-6> 서울시 사회주택 개념

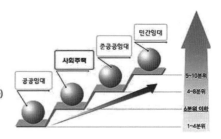

■ 공급주체 → 사회적 경제주체 및 비영리
　　　　　　 주택 법인
■ 공급대상 → 소득 6분위 이하 계층
　　　　　　 (도시근로자 소득 100%)
■ 임 대 료 → 부담가능 수준(시세 80%이하)
■ 거주기간 → 0년~20년

루어지게 된다. 국토부가 발표한 '포용국가 건설에 이바지하는 사회
주택 공급 활성화 방안'에서 사회주택의 요건을 사회적 경제주체에
의해 공급되며 ① 저렴한 임대료, ② 소득수준에 따른 입주 및 임
대료 차등부과, ③ 안정적 거주기간 보장, ④ 사회적 가치 추구를
특징으로 하는 임대주택으로 제시하였다. 사회주택이 추구하는 사
회적 가치는 주거안정, 공동체 활성화, 공급주체의 다양화, 도시재
생 연계 등 다양한 부분이 제시되어 있다. 국토부가 발표한 사회주
택에 대한 개념적 정의는 사회적 경제주체가 시장가격보다 낮은 임
대료로 장기간 임대를 목적으로 공급되는 임대주택으로 특징을 규
정하고 공급주체를 사회적 경제주체로 정하고 있다는 점에서 서울
시의 사회주택 조례와 유사성을 가지고 있다.

　한편 서울시 사회주택 조례에서 규정된 사회주택에 대한 개념적
정의가 공급주체를 사회적 경제주체로 한정하여 사회주택의 역할
을 축소시키고 있다는 비판이 제기되었다. 봉인식은 사회주택을 주
거관련 사회적 경제주체가 공급하는 주택으로 한정하면 공공기관

이 공급하는 공공임대주택을 사회주택과 다른 범주로 구분하게 되고, 공급주체의 취약성으로 사회주택 공급을 확대하기 어렵다는 점을 지적하였다.[6] 봉인식은 사회주택을 먼저 도입한 서구 유럽에서 사회주택은 주거취약계층을 대상으로 공공기관, 비영리 혹은 제한된 영리를 목적으로 시장가격보다 저렴한 임대료로 장기간 임대로 운영되는 임대주택을 의미하고, 우리나라에서는 공공임대주택으로 그 기능이 수렴되었다는 점을 지적하였다. 따라서 사회주택을 사회적 경제주체가 공급하는 임대주택으로만 정의하면 사회주택은 기존 공공기관이 공급하는 공공임대주택과 공공지원을 받는 민간임대주택을 제외하게 되며, 공급주체도 정부·지방자치단체·공공기관이 직접 참여하거나, 민간비영리법인·사회적기업·협동조합과 공동으로 사업에 참여하는 공동사업도 제한되는 점을 지적하였다. 봉인식은 사회주택의 개념을 확장하기 위해 사회주택이라는 명칭 대신 공익주택이라는 새로운 명칭을 제안하였고, 공익주택은 저소득층의 주거안정이라는 사회적 가치를 실현하기 위해 시장가격보다 저렴한 임대료로 장기간 임대로 운영되는 임대주택으로 정의할 것을 제안하였다. 사회주택을 시장가격보다 저렴한 임대료로 장기간 임대로 운영되는 임대주택으로 정의하는 새로운 제안은 사회주택의 성격과 역할을 분명하게 제시하였다는 점에서 의의가 있으나, 새로운 정의에 따른 사회주택은 국내의 기존 공공임대주택과 구분할 수 없다는 점에서 여전히 논쟁이 이어지고 있다.

---

6 봉인식 외(2016). 『공공임대주택 정책의 새로운 방향과 경기도의 과제』, 경기연구원.

3) 공공임대 및 공공지원 민간임대주택과 사회주택

국내에서 사회주택에 대한 개념적 정의에 관한 논쟁은 사회주택의 지위와 역할을 어떻게 규정할 것인가의 문제로 연결되고 있다. 이러한 논쟁은 국내 주택시장에서 주택가격과 임대료가 급격히 상승하면서 주거불안이 저소득층에서 중산층까지 확대되면서 더욱 심화되고 있다. 국내 공공임대주택은 소득 1~4분위의 저소득층 주거안정을 목적으로 공급이 이루어졌으나, 주거비 부담이 중산층으로 확대되면서 행복주택과 공공전세 및 매입임대주택 등의 공공임대주택은 입주대상이 소득 6~8분위까지 확대되고 있다.[7] 공공임대주택의 입주대상 확대에 따라 소득 1~4분위는 공공임대주택, 사회주택은 6분위 이하를 입주대상으로 하는 기존 소득분위별 경계 구분도 변화가 불가피하다. 공공임대주택 입주대상의 확대는 최근 GH공사가 제안한 '기본주택'과 문재인 대통령이 제안한 '평생주택'에서도 그대로 나타나고 있다. 경기도가 제안한 기본주택은 무주택자 누구나 입주할 수 있는 주택으로 입주대상의 자산기준 및 소득기준에 제한을 두고 있지 않으며, 평생주택은 기준 중위소득의 150%인(맞벌이 신혼부부 180%) 중산층용 임대주택을 표방하고 있다. 결국 주택가격 상승과 전세가격 급등으로 야기된 주거불안이 중산층까지 확대되면서 정부는 공공임대주택의 입주대상을 확대

---

7   행복주택의 입주대상 중 신혼부부의 배우자가 소득이 있는 경우 전년도 도시근로자 평균소득의 120%까지 입주대상이 되며, 신혼부부 매입임대II의 4순위 조건으로 일반화 하기 어려울 것으로 보인다. 또한 신설된 공공전세의 경우 중산층을 위한 임대주택으로 입주대상에 대해 소득기준을 적용하지 않는다.

〈그림 2-7〉 공적임대주택유형별 입주계층

소득계층	1분위	2분위	3분위	4분위	5분위	6분위	7분위	8분위	9분위	10분위
수요특징	임대표 부담능력 취약계층		자기구입능력 취약계층		정부지원시 자가가능계층		자력 자가구입가능 계층 교체수요계층			
분양주택							중대형 민간분양			
					다세대, 단독주택					
					중소형 민간분양					
					공동체주택(분양, 토지임대부형)					
			공공분양							
임대주택					민간임대					
					뉴스테이					
				공공임대						
			국민임대							
				행복주택						
		매입임대(현행)			서울시사회주택					
	영구임대									
소득계층	공공부문 주도				공공부문+민간부분		민간부문 주도			
수요특징	재정, 주택기금, 택지				주택기금, 택지		규제개선			
주택규모	전용 60m² 이하				전용 60~86m² 이하		전용 85m² 초과			

자료: 김지은 외(2017). "민간부문 사회주택의 쟁점과 과제", SH도시연구원.

하는 정책으로 대응하고 있다.

박근혜 정부시기 도입되었던 기업형 임대주택(new stay)은 공공지원 민간임대주택으로 명칭이 변경되었으며, 초기 임대료 제한 등 공공성이 확대된 형태로 운영되고 있다. 공공지원 민간임대주택은 민간사업자와 주택도시기금이 공동으로 출자하여 설립한 리츠를 통해 공급이 이루어지는 임대주택으로 초기 임대료는 주변 시세의 80~95%로 책정되고 임대료 상승은 2년간 5%로 제한되는 민간임대주택이다.[8] 공공지원 민간임대주택은 공공지원을 통하여 시장 임

---

8 기업형 임대주택은 정부의 공공택지지원, 주택도시기금의 출자 및 융자지원 등의 지원을 받고 있었음에도 불구하고 의무임대기간이 8년으로 설정되어 있으며, 초기 임대료도 제한이 없는 것으로 계획되었다. 2017년 공공지원 민간임대주택으로 전환된 이후 초기 임대료가 일반 청약의 경우 주변 시세의 95% 이하

대료보다 낮은 임대료가 적용되고 최장 8년간 임대로 운영되고 있다는 점에서 사회주택과 유사성을 가지고 있다. 다만 공공지원 민간임대주택은 의무임대기간이 8년으로 짧고 의무임대기간 종료 이후 민간사업자가 분양전환을 통해 개발이익을 실현할 수 있다는 점에서 사회주택이 표방하고 있는 사회적 가치 추구와 구분된다.

공공지원 민간임대주택이 의무임대기간과 사회적 가치 추구의 측면에서 사회주택으로 구분하기 어렵다는 주장이 제기되고 있음에도 불구하고 협동조합형 기업형 임대주택으로 공급된 위스테이 사업의 경우 기존 기업형 임대주택과 차별적인 사업구조를 형성하여 사회적 가치에 대한 새로운 검토가 필요하다. 남양주시 별내와 고양시 지축에서 진행된 위스테이 사업은 전체적인 사업구조는 기업형 임대주택리츠와 동일하게 구성되어 있으나, 사업의 주체가 민간영리사업자가 아니라 '더함'이라는 사회적기업이 추진하고 있다. 주택건설 이후에는 입주자로 구성된 사회적 협동조합이 리츠의 지분을 인수하여 주택의 관리·운영을 담당하게 된다. 이러한 구조에 따라 주택의 임대료는 경우 주변 시세의 80% 수준으로 책정되었으며, 주택의 건설과 운영이 비영리로 운영되고, 의무임대기간이 종료된 이후에도 사회적 협동조합이 임대사업을 지속할 수 있는 기반을 형성한 것으로 평가되고 있다.[9] 위스테이 사례는 저렴한 임대료

저소득층을 위한 특별공급의 경우 초기 임대료를 주변 시세의 80%로 제한하여 공공성을 강화하였다.

9 위스테이 별내의 임대료는 전용면적 60㎡ 주택의 경우 보증금 12,000만 원에 월 32만 원, 전용면적 85㎡ 주택은 보증금 15,000만 원에 월 45만 원의 임대료가 결정되었으며, 보증금 전환에 따라 보증금을 1억 원 증액할 경우 월 임대료

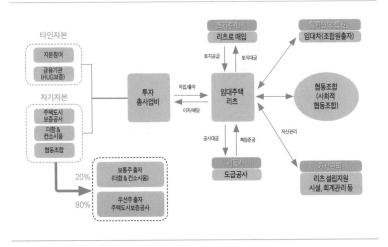

적용과 사회적 협동조합이 주택의 관리·운영을 담당하고 분양전
환을 통한 개발이익을 배제하는 사업구조를 형성하고 있다는 점에
서 사회주택으로 구분할 수 있는 요소를 충족하고 있다. 다만 주택
도시기금 출자구조에 따라 의무임대기간이 8년으로 설정되어 사회
주택으로 분류되기에는 의무임대기간이 짧다는 문제로 지적될 수
있으나 이는 사업구조 조정을 통해 의무임대기간을 연장할 가능성
이 있다.

는 월 10만 원으로 인하된다. 이러한 임대료는 주변 시세와 비교하여 80% 이상
저렴한 수준이며 민간임대시장의 임대료가 상승함에 따라 그 격차는 더욱 확대
된다.

2. 사회주택 공급 성과와 문제점

1) 사회주택 공급 유형

서울시는 사회주택을 사회경제적 약자를 대상으로 주거관련 사회적 경제주체에 의해 공급하는 임대주택으로 정의하였다. 이 규정에 따라 사회주택의 공급대상은 소득 6분위 이하(도시근로자 가구당 월평균소득 70~100%)를 대상으로 하고 있으며, 임대료는 주변 임대료의 80% 이하로 6~10년의 의무임대기간이 설정되었다. 사회주택이 시장가격보다 낮은 가격으로 장기간 운영되기 위해서는 주택공급에 공공재원이 지원되어야 한다. 초기 서울시 사회주택사업은 민관협력 방식에 따라 빈집살리기 사회주택, 리모델링형 사회주택, 토지임대부 사회주택 등으로 사업이 추진되었다. 현재는 사회주택리츠, 토지지원리츠, 리모델링 사회주택, 빈집활용 토지임대부 사회주택, 사회적 주택을 운영하고 있으며 사회주택유형에 따라 지원내용이 다소간 차이가 존재한다.

(1) 사회주택리츠

서울시 사회주택리츠는 토지임대부 사회주택을 지원하기 위하여 SH공사가 설립한 리츠로 사회주택 사업자는 SH공사와 해당 리츠에 공동출자하여 서울시 소재 노후주택 또는 공공 유휴부지를 활용하여 임대주택을 건설·리모델링하여 사회주택으로 공급하는 사업이다. 공사 완료 이후 사회주택 사업자는 해당 주택을 최장 30년까지 임대주택으로 운영하며, 임대료는 주변지역 임대료의 80% 이하가 적용되며 최장 10년까지 거주가 가능하다. 입주대상은 무주택자로서 1인 가구 도시근로자 평균소득의 70% 이하, 2~3인 가구 100% 이하(단, 맞벌이 신혼부부와 4인 이상 가구는 120% 이하)가 대상이 된다.

(2) 토지지원리츠 사회주택

토지지원리츠는 SH공사, 주택도시기금, 주택도시보증공사(HUG)가 공동출자한 리츠를 설립하고 사업공모를 통해 사회주택 사업자가 발굴·제안한 토지를 매입하고 해당 토지를 다시 사회주택 사업자에게 임대해 사회주택을 공급하는 구조이다. 토지임대부 사회주택의 공급확대를 위해 도입된 제도로 사업기간은 30년이며 사업기간이 종료된 이후 리츠가 건축물을 매입하여 청산이 가능하다. 임대료는 주변 시세의 80%이며, 2년간 5%로 임대료 상승은 제한되며, 입주대상은 사회주택리츠와 동일하다. 리츠를 통해 토지매입비용을 지원하고 HUG의 사업비 융자를 통해 사업비의 90%를 조달할 수 있는 사업구조로 구성되었다.

(3) 리모델링형 사회주택

리모델링형 사회주택은 주거관련 사회적 경제주체가 낡은 고시원, 모텔 등을 임대(또는 매입) 후 리모델링하여 청년 등 1인 가구를 위한 셰어형 임대주택으로 공급·운영하는 형태이다. 민간지원형과 직접 매입형으로 구분되고 직접 매입형은 서울시가 낡은 고시원, 모텔 등 비주택을 직접 매입하여 사회적 경제주체에게 10~20년간 저리로 임대하는 방식으로 운영된다. 리모델링 비용은 건물 1개 동

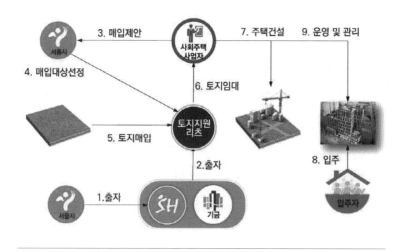

(호)에 따라 1억 5,000만 원에서 2억까지(비용의 60~80%)이며 리모델링 지원금액에 따라 최소 6년에서 10년간 의무운영기간이 적용된다. 임대료는 주변 시세의 80% 이하가 적용되며, 입주대상은 사회주택리츠와 동일하다.

(4) 빈집활용 토지임대부 사회주택

서울시 빈집해소를 위하여 서울시가 빈집을 매입한 이후 사회적 경제주체에게 토지를 임대하고 사회적 경제주체는 사회주택을 건설하고 운영하는 사업구조이다. 토지임대부 사회주택과 유사한 구조를 가지고 있으나 서울시가 먼저 빈집을 매입한 이후 대상 빈집을 이용하여 사회주택을 건설·운영하는 구조라는 점에서 차이가 존재한다. 도시지역의 빈집을 활용하는 사업모델로 도시재생과 연계할 수 있는 모델로 적용되고 있으며, 의무임대기간과 입주대상은 사회주택리츠와 동일하다.

(5) 사회적 주택

사회적 주택은 LH 등의 공공사업자가 매입한 주택을 운영기관(비영리단체, 협동조합, 사회적기업 등)에게 관리를 위탁하고, 운영기관은 대학생(취업준비생)과 청년(사회초년생, 예술인)에게 주변 시세 50% 수준으로 커뮤니티 및 취업활동 등과 같은 다양한 주거 서비스와 함께 제공하는 방식으로 진행된다. 공공사업자는 매입임대주택의 임대료를 운영기관에게 주변 시세의 30%로 임대하고, 운영기관은 해당 주택을 시세의 50%로 대학생과 사회초년생에게 재임대하며 커뮤니티 활동 등을 지원하는 프로그램을 운영한다.

(6) LH공사 토지임대 사회주택

LH공사가 보유한 부지를 활용하여 사회적 경제주체가 시세보다 저렴한 임대료로 장기간 안정적 거주가 가능한 임대주택을 공급하는 사업으로 토지임대부 사회주택과 동일한 구조를 가지고 있다. 다만 주택의 저층에는 상가 및 커뮤니티시설을 설치하고 상층부에는 임대주택을 건설하는 방식으로, 상가 및 커뮤니티 시설에서 발생하는 수익으로 임대주택을 주변 시세의 80%로 공급하는 구조로 사업방식에서 차이가 존재한다. 또한 LH공사가 보유한 토지를 민간사업자에게 10~14년간 임대하며, 임대기간 종료 후에는 LH공사가 건물을 다시 매입하여 공공임대주택으로 재활용하는 구조로 설계되어 있다. 사회주택의 의무임대기간은 10년이며 사업종료 이후 건물가격의 100%로 LH공사가 매입한다.

　LH공사의 토지임대 사회주택과 유사한 모델로 공공지원 사회주택도 존재한다. 공공지원 사회주택은 주택도시기금이 출자한 사회주택 허브리츠가 토지를 매입하여 사업자에게 임대하고, 사업자는 주택건설 및 운영관리를 등 사업을 담당하는 구조이다. 서울시의 토지지원리츠와 동일한 사업구조를 가지고 있으나, 의무임대기간이 15년으로 상대적으로 짧고 의무임대기간이 종료된 이후 사업자가 감정가격으로 토지매수 청구권을 행사하거나 건물 감정가격의 90%로 LH공사에 매입을 요청할 수 있는 권리를 부여하고 있는 점이 특징이다. LH공사의 토지임대사회주택은 기존 토지임대부 사회주택의 사업성 부족의 문제를 해결하기 위하여 임대의무기간 종료 이후 사회주택 사업자에게 토지매수 청구권과 건물에 대한 매도청구권을 선택적 권리를 부여하고 있다.

2) 사회주택 공급 성과

　국내 사회주택 공급은 서울시 사회주택 조례 제정에 따라 2015년 이후 본격적으로 추진되었다. 이후 시흥시, 고양시, 전주시 등 일부 지방자치단체가 조례를 제정하여 사회주택 시범사업을 진행하였다. 2017년 국토부가 주거복지 로드맵에 사회주택 공급을 포함하였으며, 2019년 사회주택 활성화 방안을 발표하여 2022년까지 매년 2,000호의 사회주택을 공급하는 계획을 발표하였다. 국토부는 사회주택 공급 활성화를 위해 토지임대부 사회주택 및 매입임대주택 운영위탁 이외에 다양한 사업모델 발굴과 프로그램 개발을 지

〈표 2-6〉 사회주택 공급 성과

구분	명칭	규모 (호)	유형	개념	
서울 특별시	사회주택	1,275	토지임대부, 리모델링, 토지지원리츠, 사회주택리츠, SH 사회적 주택 등 (2019년 9월 현재)	협의의 사회주택	광의의 사회주택
시흥시		12	토지임대부, 리모델링, 토지지원리츠, 사회주택리츠, SH 사회적 주택 등 (2019년 9월 현재)		
전주시		54	토지임대부, 공공소유 리모델링, 건물 임대부(추진) 등		
국토부 (LH공사)	공공지원 사회주택/ 사회임대주택	335	토지임대부, 허브 리츠		
소계	1,676				
국토부 (LH공사)	사회적 주택	751	매입임대 운영 위탁 등	'사회주택' 표현 사용	
	주거취약계층 지원	1,777	비주택거주자 주거취약계층 주거지원 사업		
공동체 주택	서울특별시 공동체 주택	905	자가소유형, 민간임대형, 공공임대형, 민관협력형 등		
	자생적 공동체 주택	미파악	주택협동조합의 협동조합 주택 등		
뉴스테이 활용	위스테이	1,030	공공지원 민간임대주택에 사경주체 참여		
누계	6,000 이상(추정)				
비영리 주택	–	미파악	기업 등의 비영리 근로자 사택, 종교단체의 비영리 주택 등		

자료: 김란수 외(2019). "LH형 사회주택·공동체주택 로드맵", 한국토지주택공사. 재인용

원하는 계획을 추진하고 있다. 이를 위해 국토부는 사회주택금융
지원센터를 설치하여 사회주택 사업자에 대한 자금지원과 사회기

획 단계에서부터 사업성 분석, 컨설팅 및 금융관련 교육 등 사회주택 건설과 유지에 필요한 일체의 서비스를 지원하는 제도를 마련하였다.

국내에서 사회주택은 서울시의 토지임대부 사회주택을 중심으로 공급이 이루어졌으며, 2019년 말 현재 서울시, 시흥시, 전주시 등의 지방자치단체 및 LH공사의 사회임대주택 등을 포함하면 협의의 사회주택은 약 2,000호가 공급되었거나 사업이 진행되고 있다. 또한 국토부의 사회적 주택, 공동체주택 및 지원주택, 위스테이 등을 포함하는 광의의 사회주택은 약 6,000호 이상이 공급된 것으로 추정되고 있다. 이러한 공급실적은 사회주택 공급이 2015년 이후 시작되었으며, 국가 차원의 법률적 근거가 없이 지방자치단체를 중심으로 진행되었다는 점을 고려하면 적지 않은 성과로 볼 수 있다. 또한 국토부가 2019년 사회주택 활성화 방안을 발표하여 연간 2,000호 이상의 사회주택 공급계획을 발표하여 새로운 사업모델 발굴과 신규 지원방안을 마련하여 향후 공급은 증가할 것으로 예상된다.

3) 사회주택 공급의 문제점

국내에서 사회주택이 도입된 이후 2,000호 정도의 다양한 유형의 사회주택 공급이 이루어졌지만 해결해야 할 과제도 적지 않다. 우선 사회주택에 대한 법률적인 근거가 취약하다. 국내 사회주택은 서울시와 지방자치단체의 조례에 근거하여 사업이 진행되고 있어 국가 차원의 지원제도는 아직 명문화되고 있지 않다. 국토부가 내부 지침을 통해 사회주택의 개념과 지원제도를 마련하고 있지만, 사회주택이 법률적인 근거를 가지고 진행되는 것과 차이는 확연하다. 사회주택에 대한 법률적인 근거가 마련되어 있지 않은 상태는 사회주택에 대한 개념 정의에 대한 혼란과도 연결되어 있다. 국내 사회주택은 공공임대주택 및 공공지원 민간임대주택 등 유사한 공공(지원)주택과 어떤 정책적 차이가 존재하고 있는지 명확히 정의할 필요가 있다.

사회주택과 관련된 두 번째 문제는 공급의 다양성을 확보하는 것이다. 국내 사회주택은 많은 유형에도 불구하고 토지임대부 주택이 대부분을 차지하고 있다. 토지임대부 사회주택은 공공기관이 보유(매입)한 토지를 사회주택 사업자에게 저리로 임대하고 사회주택 사업자는 주택건설에 필요한 자금을 최대 90%까지 주택도시기금으로부터 융자를 받아 조달하고 있다. 토지임대부 사회주택은 주택공급에 필요한 토지비와 건축비 등 대부분의 재원을 공공지원에 의존하고 있다. 이러한 재원조달 구조의 취약성은 현재 공급되는 사회주택이 도시지역의 소규모 필지에서 다세대주택으로 공급이 이루어지는 원인으로 꼽히고 있다. 한편 토지임대부 사회주택은 주택건설 이후 토지의 가치는 상승하는 반면 건축물은 시간의 경과에 따라 감가상각이 이루어진다. 따라서 토지임대부 사회주택 사업자는 주택 건축에 투입된 자금을 의무임대기간 동안 회수하여야 한다. 하지만 사회주택은 시세보다 낮은 임대료로 운영되는 특징을 가지고 있어 의무임대기간 동안 건축비를 회수하는 것은 어려운 구조이다. 이러한 점에서 토지임대부 사회주택은 사회주택사업에서 발생하는 위험을 사업자에게만 귀속시키고 있다는 비판이 제기되고 있다. 토지임대부 사회주택은 자금력이 취약한 사회적 경제주체가 주택사업에 참여할 수 있는 구조로 도입되었지만, 역으로 사회주택 사업자의 장기적인 육성에는 걸림돌로 작동하고 있다. 사회주택유형의 다양성을 확보하고, 이는 사회주택의 재원조달 다변화와 입주대상에 따라 공공지원을 차등화하는 방안이 강구되어야 한다.

세 번째 문제는 사회주택의 입주대상과 적정 임대료에 관한 것이다. 현재 사회주택은 사회적 가치를 추구하는 주택으로 규정되어 있으며 사회적 가치는 낮은 임대료로 안정적으로 거주할 수 있는 임대주택으로 효용이 우선 꼽히고 있다. 현재 공급된 사회주택의 입주대상은 유형에 따라 다르지만 대부분 무주택자로서 1인가구 도시근로자 평균소득의 70% 이하, 2~3인 가구 100% 이하(단, 맞벌이 신혼부부와 4인 이상 가구는 120% 이하)의 저소득층을 대상으로 하고 있다. 또한 임대료는 최소 주변 시세의 80% 이하의 임대료에 임대료 상승은 2년간 5% 이하로 제한되고 있다. 이러한 입주대상과 임대료 기준은 공공임대주택유형으로는 행복주택의 입주대상과 임대료와 유사하다. 사회주택은 입주대상과 임대료 기준은 행복주택과 유사한 기준이 적용되고 있지만, 재원조달은 큰 차이가 존재한다. 행복주택의 택지비용은 전용면적 $60m^2$ 이하의 주택은 조성원가의 60% 수준에서 공급이 이루어지고 있으며, 전체 사업비용의 주택규모에 따라 30~40%를 중앙정부가 지원하고 있다. 사회주택은 입주대상과 임대료는 공공임대주택인 행복주택과 유사한 수준에서 결정되고 있지만 재원조달에서 택지비와 사업비에 대한 직접적인 재정적 지원은 이루어지고 있지 않다. 사회주택이 공공임대주택과 동일한 사회적 기능을 수행하고 있음에도 불구하고 직접적인 재정지원 없이 사회적 경제주체가 그 공백을 메우고 있다. 사회주택의 지속가능성을 담보하기 위해서는 공급유형과 입주대상을 확대하여 입주대상에 따라 공공지원의 범위와 임대료를 차등적으로 적용하는 방안을 검토할 수 있다. 저소득층이 입주하는 사회주택에 대해서는 공공임대주택과 비교하여 동일효과에 대한 동일지원 원칙의 적용이 필요하다.

3. 사회주택 활성화를 위한 정책 제안

1) 사회주택 개념 확장

국내 주택공급은 공공이 공급하는 공공주택과 민간이 공급하는 민영주택으로 이원화되어 있으며, 임대주택 공급체계도 공공기관이 저소득층의 주거복지를 위한 공공임대주택과 민간이 영리를 목적으로 공급하는 민간임대주택으로 양분되어 있다. 이러한 조건에서 도입된 사회주택은 기존의 임대주택 공급체계를 보완하는 제3의 영역으로 인식되고 있지만, 주택공급을 위한 법·제도가 이원화되어 있는 조건에서 사회주택은 제3의 공급체계라는 독자적인 영역을 확보하지 못하고 있다. 2015년 이후 공급된 국내 사회주택은 주거취약계층의 주거안정을 위해 저렴한 임대료로 장기간 임대로 운영되는 임대주택으로 기능을 자임하고 있지만, 주택유형은 민간임대주택으로 구분되고 있다. 주변 시세의 80% 이하의 임대료 수준과 15~30년 이상의 의무임대기간은 공공임대주택과 큰 차이가 없다. 하지만 사회주택은 공공임대주택으로 구분되지 않기 때문에 공공택지지원, 재정지원 등의 임대주택 공급에 필요한 정책지원을 받고 있지 못하고 있다. 사회주택 공급을 위해 도입된 현재 지원제도는 저리의 융자 및 보증제도로만 구성되어 있다. 사회주택 공급 활성화를 위해서는 사회주택의 기능과 개념을 확장하고 사회적 기능에 따라 유형을 확대하기 위한 노력이 필요하다. 사회주택 기능 확장은 주택가격 및 임대료 상승에 따라 주거불안이 중산층으로 확대된 시점에는 그 필요성이 더욱 높아지고 있다. 사회주택을 취약계층을 대상으로 공급하는 임대주택으로만 한정하는 것은 국내 주택시장 변화에 부응하지 못하는 한계를 가지고 있다. 사회주택을 주거취약계층에서 중산층까지 다양한 계층을 대상으로 사회적 경제주체가 공급하는 장기임대주택으로 개념을 확장하는 것이 필요하다. 사회주택 입주대상에 따라 주택규모, 임대료, 의무임대기간 등을 차등적으로 적용하고 공공지원의 범위도 이에 따라 다르게 적용하는 유연한 접근이 필요하다. 사회주택을 주변 시세보다 낮은 임대료로 장기간 임대로 운영되는 주택으로 재정의하는 것이 필요하다. 사회주택 임대료는 공급유형과 입주대상에 따라 주변 시세를 기준으로 70~90%, 의무임대기간은 15년 이상의 범위로 정하여 다양한 유형의 주택이 공급될 수 있는 방안이 모색되어야 한다. 사회주택 중 공공임대주택과 동일한 입주대상과 임대료 및 의무임대기간이 적용되는 주택에 대해서는 동일효과 동일지원의 원칙에 따라 공공의 지원을 대폭 확대할 필요가 있다.

2) 사회주택 공급주체의 다변화

국내 사회주택은 사회적 경제주체가 공급하는 임대주택으로 규정되며, 사회적 경제주체는 사회적기업, 비영리법인, 협동조합 등으로 규정되어 있다. 사회주택을 사회적 경제주체가 공급하는 임대주택으로 정의하는 것은 사회주택을 공공과 민간으로 이원화되어 있는 공급체계에서 제3의 공급방안으로 강조점을 두고 있기 때문이다. 또한 사회주택은 사회적 가치 추구를 목적으로 하고 있으며, 이를 위해 공급주체는 비영리 혹은 제한된 영리를 목적으로 제한될 필요가 있는 점도 고려되고 있다. 사회주택을 사회적 경제주체가 공급하는 주택으로 규정하는 요건은 사회적 가치 추구라는 사회주택의 본질적 기능을 담보하는 최소한 요건이다. 다만 주택사업에는 많은 재원과 기술력이 필요하지만, 국내 사회적 경제주체는 이를 수행하기 위한 여건이 충분하지 않다는 현실도 고려되어야 한다. 사회적 경제주체를 육성하는 정책은 사회주택 공급을 활성화하는 것과 긴밀하게 연결되어 있다. 사회주택 공급주체의 육성은 주택사업을 통한 방안이 가장 효율적이다. 현재 사회주택사업은 토지임대부 사회주택으로 도시지역에서 다세대주택을 공급하는 협소한 방식에서 벗어나고 있지 못하고 있다.

사회주택 공급을 공공택지지구에서 대규모 아파트단지로 공급하는 방안이 검토될 필요가 있다. 부족한 경험과 재원은 LH공사 등과 공동사업을 통해 건설과 운영을 분담하는 것도 도움이 될 수 있다. 다양한 사업을 통한 경험과 기술의 축적은 물론 사회적 경제주체가 자본을 축적하여 사회주택사업에 재투자할 수 있는 사업구

172

조를 형성하는 것이 필요하다.

3) 재원조달 구조의 다변화

국내에서 사회주택 사업자는 주택건설에 필요한 토지비, 건축비 등 사업비용의 대부분을 공공재원에 의존하고 있다. 주택건설에 필요한 토지는 공공이 보유하거나 매입한 토지를 저리로 임차하여 사용하고 있으며, 건축비는 주택도시기금 등의 융자에 의존하고 있다. 또한 입주대상을 주거취약계층을 대상으로 하고 있으며, 융자를 통해 조달한 사업비 원리금 상환 부담으로 임대보증금의 비율도 낮게 책정되고 있다. 이처럼 사회주택 공급에 필요한 자금을 공공재원에 의존하고 있는 구조로는 공급을 단기간에 확대하기 어렵다. 사회주택 공급 확대를 위해서는 재원조달 구조를 다변화할 필요가 있다. 우선 사회주택유형을 다양화하고 입주대상에 따라 임대료와 임대보증금을 차등화하여 민간자본의 참여를 유도하는 방안이 모색되어야 한다. 사회주택이 추구하고 있는 사회적 가치를 고려하면 사회투자기금의 투자도 가능할 것이다.

4) 사회주택 입법화

사회주택 공급 활성화를 위해 가장 필요한 정책은 사회주택 역할 및 지위와 공공지원 범위 등을 명확히 설정하기 위해 입법적인 규정을 도입하는 것이다. 현재 사회주택은 법률적인 근거가 없이 서울시를 비롯한 지방자치단체의 조례 및 국토부의 지침으로 관리하고 있다. 사회주택을 규정하는 법률적인 근거가 마련되지 않은 상태에서 사업이 추진되고 있어 개별 지방자치단체별로 사회주택에 대한 개념 및 역할과 이에 따른 공공지원도 다르게 진행되고 있다. 사회주택을 입법화하기 위한 방안은 사회주택을 규정한 별도의 법률을 제정하는 방안과 기존 법률에 사회주택에 관한 규정을 추가하는 방안 등이 있을 수 있다.

시회주택을 입법화하기 위한 방안으로 「민간임대주택에 관한 특별법」(이하 '민간임대주택법'이라 한다)을 개정하는 방안이 검토되고 있다. 윤관석 의원은 민간임대주택법 개정을 통해 사회주택을 '취약계층에게 임대할 목적으로 건설하거나 매입하여 30년 이상 임대·임차하여 6년 이상 임대하는 민간임대주택'으로 규정하였다. 윤관석의원이 대표 발의한 개정안은 사회주택을 법률적 근거를 마련하는 방안을 제시하였지만, 사회주택을 취약계층에게 30년 이상 임대 운영하는 주택으로 그 범위를 제한하고 있다는 점에서 현재 논란이 되고 있는 문제를 해결하는 방안으로 보기는 어렵다. 다음으로 사회주택을 별도로 규정한 새로운 법률을 제정하는 방안을 검토할 수 있다.

사회주택을 별도로 규정한 법률을 제정하기 위해서는 사회주택을 기존 공공임대 및 민간임대와 다른 제3영역을 통한 주택공급 방식으로 규정하고, 기존 임대주택 공급과 관련된 법과 제도를 전면적으로 개정되어야 하는 부담이 있다. 사회주택을 입법화하기 위해 우선 검토되어야 할 문제는 사회주택의 기능과 위상을 어떻게 규정할 것인가의 문제이다. 사회주택의 입법화 논의는 사회주택의 역할과 기본적인 요건을 규정하고 이를 지원하기 위한 지원정책을 포함하는 방향으로 진행되어야 한다. 사회주택의 공급대상 및 공급주체, 임대료, 의무임대기간, 공공지원 범위 등을 새롭게 규정하여야 사회주택이 제3의 주택공급방식으로 정착할 수 있을 것이다.

03
····

주거권 강화를 위한
주거정책 거버넌스 구축방안

김정섭(UNIST 교수)

1. 국내 주거권 보장의 현실과 문제점

주거권은 거주이전과 주거선택의 자유, 점유의 안전성에 대한 권리, 적절한 주거에 평등하고 차별받지 않고 접근할 수 있는 권리 등 자유(freedom)와 권리(entitlement)를 포괄하는 인간의 기본권이다.[10] 주거권 개념은 대한민국 헌법에 그 원칙이 일부 반영이 되어 있다. 헌법 제14조 "모든 국민은 거주·이전의 자유를 가진다", 제16조 "모든 국민은 주거의 자유를 침해받지 아니한다", 제35조 제3항 "국

---

10 Office of the United Nations High Commissioner for Human Rights(2014).
    The Right to Adequate Housing, Fact Sheet No. 21/Rev.1. UN Habitat.
    pp.3

가는 주택개발정책 등을 통하여 모든 국민이 쾌적한 주거생활을 할 수 있도록 노력하여야 한다" 등과 같이 헌법에 주거권 중 자유에 대한 부분과 국가의 책무가 기술되어 있는 것이다. 주거권 개념이 본격적으로 법에 명문화된 것은 2015년 제정된 「주거기본법」을 그 시작으로 볼 수 있다. 해당 법 제2조에서는 주거권을 "물리적·사회적 위험으로부터 벗어나 쾌적하고 안정적인 주거환경에서 인간다운 주거생활을 할 권리"로 정의하고 있다.

대한민국 헌법과 「주거기본법」에서 주거의 자유와 권리에 대한 조문이 포함되어 있고, 인간다운 주거생활에 대한 국가의 책무가 부여되어 있지만, 여전히 국내의 주거취약계층을 위한 주거권 보장은 많은 문제점을 가지고 있다. 유엔 주거권 특별보고관의 보고서[11]에 따르면 우리나라의 경우 서비스 접근성과 거주성 부문은 상대적으로 양호하지만, 주거의 부담가능성 문제는 주거권을 위협하는 심각한 요인으로 남아 있다. 특히 서울지역의 가구 중 3분의 1 이상이 심각한 주거비 부담 문제에 직면해 있어, 공공임대주택 등과 같은 부담가능한 주택공급의 확대가 필요하다.

유엔 주거권 특별보고관의 방한 시 논의되었던 국내 주거권의 현실과 문제점 중에서 주거정책 거버넌스와 관련된 주요 비판은 주목할 만하다. 우선, 장기공공임대주택 공급에 있어 한국토지주택공사(LH)의 기능에 대한 비판이다. 한국의 임대주택 공급은 중앙정부가 충분한 재정지원을 하지 않는 가운데, LH 등 공기업의 개발사업

---

11 Leilani Farha(2019), Report of the Special Rapporteur on adequate housing as a component of the right to an adequate standard of living, and on the right to non-discrimination in this context, UN Human Rights Council.

을 활용한 교차보조(cross subsidization) 방식으로 이루어져 왔다. LH 가 저렴하게 토지를 수용하여 택지를 개발하고 이를 분양하여 얻은 개발이익으로 임대주택 건설·유지·관리 비용의 손실을 보충하는 방식인 것이다. LH가 부채감축을 목표로 기업을 운영하게 되면 자연스럽게 비용 손실이 많이 발생하는 장기공공임대주택사업은 감소시키고, 공공지원 민간임대주택이나 분양주택 건설을 위한 토지분양에 더욱 초점을 맞출 수밖에 없는 구조인 셈이다.[12] 따라서 현재의 LH 주도의 교차보조 기반 임대주택공급방식은 도시화가 성숙된 저출산·고령화 시대에는 외곽지역 신규개발 수요가 감소하여 더 이상 작동하지 않을 수 있어, 보다 지속가능한 공급방식으로의 전환과 이를 수행하기 위한 거버넌스 구축이 요구된다.[13]

둘째, 주거정책을 전담하는 국토교통부 역할에 대한 비판이다. 박근혜 정부에서는 신자유주의 정책 기조 아래 민간 부문의 임대주택 공급 기능을 확대하고자 하였다. 민간임대사업을 통한 임대주택 재고 확충과 주거서비스 강화 등을 명분으로 「민간임대주택에 관한 특별법」을 제정하여 시작된 뉴스테이 사업은 문재인 정부에서 공공지원 민간임대주택으로 이름을 바꾸었지만, 건설사에 대한 지나친 특혜 제공이라는 비판에서 자유로울 수 없다. 즉 민간건설사가 토지를 저렴하게 분양 받아,[14] 시세에 육박(시세의 95% 이하)

---

12 주거권 실현을 위한 한국 NGO 모임(2018), "유엔 주거권 특별보고관 방한 2018 한국 주거권 보고서".

13 이용만, 김진유, 김준형, 김정섭(2018), "지속가능한 공공임대주택 공급 및 관리 운영을 위한 정책방안 연구". SH서울주택도시공사.

14 뉴스테이의 경우, 공공촉진지구 내의 8년 민간임대주택용지는 조성원가 수준에

하는 임대주택사업을 하고, 10년 후 분양전환을 통해 막대한 시세 차익을 거둘 수 있도록 하는 현 제도는 제도 설계의 합리성 면에서 많은 논란이 있다. 주거권 실현을 위한 한국 NGO 모임[15]의 지적처럼 뉴스테이 사업은 '그린벨트 해제, 기금 출자 및 저리 융자, 용적률 상향 등 기업에 대한 각종 특혜가 주어진' 사업으로서 전 세계적으로 유례를 찾아보기 힘든 제도이다. 이러한 제도가 가능했던 배경에는 주거정책 뿐 아니라 토지개발, 건설산업 등 국토도시개발 전반을 관리하는 국토교통부의 태생적인 한계로 인해 주택을 주거권 관점에서 이해하기보다는 도시개발과 상품, 산업 관점에서 이해하고 정책과 제도를 만들어온 국토교통부의 거버넌스 구조가 영향을 미쳤을 수 있다.

이러한 비판들을 고려해볼 때, 현재의 공공임대주택 공급을 위한 체계와 국토교통부와 LH를 중심으로 하는 주거 정책 거버넌스 구조가 과연 주거권 강화 측면에서 적절한지 검토해볼 필요가 있다. 따라서 해외 주거정책 거버넌스 사례조사에서는 사회주택 공급 확대를 통해 주거안정을 도모하다가 신자유주의정책 기조 아래 사회주택 공급 및 관리의 민간참여 확대와 지방분권화를 추진하고

서 공급이 되었다. 문재인 정부에서 마련한 "공공지원민간임대주택 등에 관한 업무처리지침"에서는 토지공급가격을 감정평가액으로 변경하였지만 주거지원 대상자(청년, 신혼부부, 고령자)를 위한 주택공급기준에 해당하는 대지면적은 여전히 조성원가로 공급하며, 기본적으로 입지가 양호한 개발제한구역 등 미개발지역의 토지를 인프라를 조성한 후 공급 받기 때문에 감정평가액 자체도 건설사 입장에서는 실제 다른 사업장(주택법에 의한 주택건설사업, 도시및주거환경정비법에 의한 정비사업 등)에 비하여 저렴하게 토지를 확보하는 것으로 볼 수 있다.

15 주거권 실현을 위한 한국 NGO 모임(2018), "유엔 주거권 특별보고관 방한 2018 한국 주거권 보고서". p.10.

있는 영국과 중앙정부가 헌법에 기초한 강력한 주거지원정책을 추진하고 있는 싱가포르 사례를 중심으로 주거정책 거버넌스에 대해 고찰해보고자 한다.

2. 해외 주거정책 거버넌스 사례조사

1) 영국

영국은 한때 사회주택을 가장 활발하게 공급하는 국가 중 하나였다. 제2차 세계대전 직후에는 전체 주택 공급량의 80%를 사회주택으로 공급하기도 했으며, 1970년대 초까지는 전체 주택 공급량의 50%, 대처 정부가 들어서기 전까지는 40%의 신규 공급물량이 사회주택으로 공급되었다.[16] 하지만 대처 정부가 집권하고 신자유주의 경제정책 기조를 본격적으로 시행하면서 사회주택 공급에 대한 정부의 정책방향은 정부의 역할을 축소하고 민간부문의 참여를 강화하는 방향으로 나타났다. 지방정부가 보유하고 있는 사회주택을 기존 거주자에게 시세 대비 최소 33% 저렴한 가격에 매각하여 자가로 유도하는 Right to Buy 프로그램이 대표적인 사례가 된다.[17]

---

16 오도영·박준·김혜승(2015), "영국 주거복지정책의 변화: 2010년 이후 심화된 신자유주의적 변화를 중심으로", 『공간과 사회』, 25(2): 227-266, 한국공간환경학회.

17 오도영·박준·김혜승(2015), "영국 주거복지정책의 변화: 2010년 이후 심화된 신자유주의적 변화를 중심으로", 『공간과 사회』, 25(2): 227-266, 한국공간환경학

기존의 지방정부가 보유하고 있던 사회주택 재고를 민간에 매각함에 따라 영국의 사회주택 재고는 점차 감소하기 시작하여 2015년 기준 17.6% 수준에 머물러 있다.[18]

내각제를 채택하고 있는 영국의 주거정책 거버넌스의 핵심 기관은 주거정책과 지방분권 및 지방정부의 경제 활성화 정책을 관할하는 주택, 커뮤니티 및 지방자치부(U.K. Ministry of Housing, Communities & Local Government: MHCLG)이다. MHCLG는 2001년 부총리 직속 기관(Office of the Deputy Prime Minister)으로 처음 조직이 신설되어, 2005년 장관급(Minister) 부서로 격상되고, 2006년 커뮤니티 및 지방자치부(Department for Communities and Local Government: DCLG)로 명칭을 바꾸었으며, 2018년부터 현재의 MHCLG로 개편되었다. MHCLG는 국민들을 위한 주거정책, 지방분권 및 지역성장을 위한 정책을 중점적으로 수행하고 있다. 그렌펠 타워 화재 사건 이후 주거용 건축물의 안전 확보에 대한 사회적 요구가 높아지면서, 주거권 중 거주성(habitability)을 강화하여 안전한 주거공간을 제공하는 정책을 강조하는 부분이 타 국가의 주거정책 전담 중앙정부의 기능과 차별화된 요소이다.

영국에서는 2010년 보수당 집권 이후 중앙정부의 역할 축소와 지방정부의 권한 강화, 정부의 역할보다는 시민사회와 사회적기업 등의 역할을 강조하는 '큰 사회(Big Society)'가 핵심적인 정책 어

회; 전성제(2020). "영국 보수당과 노동당의 주택정책 비교분석 연구", 『주택도시금융연구』, 5(1): 41-62, 주택도시보증공사.

18 김정섭 외(2019). "미국 및 영국 대기자명부 운영사례 비교분석 용역 최종보고서". SH서울주택도시공사.

젠다가 되었고, 2011년 지역주권법(Localism Act 2011)의 시행과 더불어 지방정부와 지역사회로의 분권정책이 더욱 강조되고 있다. 이에 MHCLG에는 지방분권성장국(Decentralization and Growth)이 주거정책과 더불어 매우 중요한 축을 이루고 있다. MHCLG가 지방정부 주도의 주택공급 확대를 매우 중요한 정책목표로 다루게 됨에 따라, 2018년부터 각 지방정부에 대해 주택공급평가(Housing Delivery Test)를 실시하고 있다. 주택공급평가를 담당하는 부서가 주택국(Housing)이 아닌 지방분권성장국에 포함되어 있는 것은 지방분권의 핵심 요소로서 지방정부 주도의 주거문제 해결을 강조하기 위한 의도로 판단된다. 2017/2018년도 기준 MHCLG 예산 중 주거정책 관련 예산은 75억 6,300만 파운드 수준이며 이 중 가장 많은 지출은 32억 8,900만 파운드가 지출되는 지분공유형 자가주택 프로그램 중 하나인 Help To Buy 프로그램이다. 부담가능 임대주택 공급 및 건설 관련 예산은 1,100만 파운드 수준으로 자가 지원 프로그램에 비해 규모가 작다. 즉 현재 영국 정부의 주거정책은 임대주택의 공급 확대보다는 자가를 촉진하는 데 초점을 두고 있다.

한편 2007년 고든 브라운(Gorden Brown)이 총리가 되어 추진하여 2008년 입법화된 주택 및 재생법(Housing and Regeneration Act 2008)은 기존의 신자유주의정책 기조를 극복하고 중앙정부의 역할 및 사회주택 공급 확대를 위한 주거정책이었다. 주택 및 재생법에 따른 DCLG 산하 주택공급과 도시재생을 전문적으로 담당하는 집행기관으로서 홈앤커뮤니티에이전시(Homes and Community Agency: HCA) 설립을 주목할 만하다. 설립 초기 HCA는 사회주택 공급, 도시재생사업 시행, 지역경제개발 프로젝트 등을 역점적으로 추진하였으나, 2000년대 말 전 세계적인 경제위기 후 2010년 노동당 정부가 실각하고 보수당이 집권하면서, HCA의 주택공급 및 도시재생 역할은 상당부분 축소되었다. HCA의 기능 축소의 배경에는 앞서 언급한 2011년 입법화된 지역주권법과 '큰 사회(Big Society)'로 표현되는, 중앙정부보다는 지방정부와 지역사회의 역할을 강조하는 새로운 정책 기조를 들 수 있다.[19]

HCA는 보수당 집권 후 해체가 고려되었으나, 2012년 사회주택에 대한 규제 및 감독 역할을 담당하는 임차인서비스기구(Tenant Services Authority)를 통합하여 명맥을 유지하다가, 2018년에 사회주택 규제를 담당하는 사회주택관리국(Regulator for Social Housing)을 다시 분리시키고, 주택공급 등 주거 프로그램을 담당하는 홈잉글랜드(Homes England)로 이름이 변경되었다. 홈잉글랜드는 현재 MCHLG의 주거정책 중 가장 많은 예산을 지출하는 Help to Buy 프로그램을 비롯하여 주택건설기금(Home Building Fund) 운영(507m), 지분공유주택 및 부담가능 주택 프로그램(Shared Ownership and Affordable Homes programme 2016 to 2021) 등 다양한 주거정책의 집행 기능을 담당하고 있다. 홈잉글랜드의 설립 목적은 잉글랜드에서 주택의 공급과 질을 개선하고, 토지나 기반시설의 재생 및 개발을 담당하고, 커뮤니티 재생을 지원하며 지속가능한 개발에 기여하는 것이다. "시장이 작동하지 않는 공공 또는 민간 토지를 활용하여

---

19 오도영·박준·김혜승(2015), "영국 주거복지정책의 변화: 2010년 이후 심화된 신자유주의적 변화를 중심으로", 『공간과 사회』, 25(2):227-266, 한국공간환경학회; 전성제(2020), "영국 보수당과 노동당의 주택정책 비교분석 연구", 『주택도시금융연구』, 5(1):41-62, 주택도시보증공사.

그 지역에서 필요로 하는 더 많은 주택을 공급"[20]과 같이 시장과 정부 개입의 균형을 추구하는 홈잉글랜드의 전략적 목표(strategic objectives)는 참고할 만하다.

영국의 주거 거버넌스 사례에서 주목할 점은 2010년대 보수당 집권 이후 '큰 사회, 지역주의(Big Society, localism)'로 대표되는 지방분권화 경향이다. 잉글랜드의 주택법(The Housing Act of 1996)에서는 지방정부별로 주택배분계획(housing allocation scheme)을 수립하도록 하여 지방정부가 사회주택의 입주자격기준, 배분기준 등을 스스로 수립할 수 있다. 중앙정부는 이를 수립하기 위한 최소한의 가이드라인만을 제공한다.[21] 개별 도시와 지역이 가진 주택문제는 서로 다르기 때문에 지역의 주택시장문제를 가장 잘 알고 있는 지방정부 주도의 주거정책을 추진하는 것은 바람직한 정책방향이라 판단된다. 지방정부 주도의 주거정책을 추진할 경우, 주거정책과 도시계획정책의 연계가 강화되어 포용적 지역지구제(inclusionary zoning) 등 도시계획기법을 활용한 부담가능주택 공급 확대도 기대할 수 있다.

국내에서도 지방분권은 지속적으로 화두가 될 것이고 주거정책뿐 아니라 다양한 부문에서 중앙정부의 권한을 지방정부로 이양하는 것이 추진될 것으로 예상된다. 주거정책에서의 지방분권은 지역

20 Ministry of Housing, Communities & Local Government(2018). Homes England Framework Document. Retrieved from https://assets.publishing. service.gov.uk/government/uploads/system/uploads/attachment_data/ file/754034/Homes_England_Framework_Document_2018.pdf
21 김정섭 외(2019), "미국 및 영국 대기자명부 운영사례 비교분석 용역 최종보고서". SH서울주택도시공사.

의 주거문제를 지방정부가 주도하여 정책을 마련할 수 있는 권한이 양과 더불어, 주거문제를 해결하기 위한 비용을 책임지는 의무도 같이 수반된다. 따라서 주거정책의 지방분권화는 세제개편, 지방세의 건전성 강화, 주택도시기금 등을 활용한 재정지원 등과 병행하여 추진될 필요가 있다.[22]

2) 싱가포르

싱가포르는 국가 건립 초기부터 시민들의 자가보유를 국가의 최우선 국정과제로 선정하여 이를 지속적으로 추진하고 막대한 재정적 지원을 해오고 있다. 신생국가였던 싱가포르는 국민들의 애국심을 고취할 방안에 대한 고민이 있었는데, 자가보유자가 될 경우 본인의 사유재산을 지키기 위해서라도 애국심을 가지게 될 것이라고 보는 정치경제학적 이유도 강력한 자가보유정책 추진의 배경으로 작동하였다.[23]

건국 초기 싱가포르는 과밀주거, 비위생적 슬럼 등 주거문제가 심각하였고, 1950년대 후반 9%의 국민들만이 공적 주택에 거주하였다. 1960년대에 본격적으로 국민들의 자가소유율을 높이기 위한 정부정책이 시작되었는데, 1960년 설립된 싱가포르 주택개발청(Housing & Development Board: HDB)이 그 시작점이라 볼 수 있다.

---

22 오도영·박준·김혜승(2015). "영국 주거복지정책의 변화: 2010년 이후 심화된 신자유주의적 변화를 중심으로", 『공간과 사회』, 25(2): 227-266, 한국공간환경학회.

23 싱가포르국립대학, 이관옥 교수 자문.

1964년 싱가포르 정부는 자가소유정책(Home Ownership Scheme)을 발표하였는데, 해당 정책의 기본방향은 "단일기구, 주거에 대한 종합적 접근, 강한 정부 지원(a sole agency, a total approach to housing, strong government support)"[24]으로 요약될 수 있다. '단일기구' 개념은 한정된 자원의 효율적인 계획과 배분, 규모의 경제 달성을 위해서는 공적 기구를 통한 주택 개발 및 공급이 이루어져야 한다는 것이다. '주거에 대한 종합적 접근'은 주택의 계획, 설계, 토지취득, 건설 및 관리 전 과정이 원활하게 종합적으로 이루어져야 한다는 원칙이다. '강한 정부 지원'은 정부의 정치적·재정적·제도적 지원이 집중되어야 한다는 원칙이다. HDB는 이러한 세 가지 기본정책 실행을 담당하는 준정부 조직이다.

HDB는 신규 자가주택(HDB 주택)을 공급하고, 공공임대주택의 공급 및 관리, 주택기금 관리 등의 업무를 담당하고 있으며, 2018/2019 연차보고서 통계[25]에 의하면, HDB는 해당 시점까지 118만 438호의 공적주택을 공급하였으며, 81%의 싱가포르인이 거주하고 있다.

HDB의 조직을 보면, 이사회 의장(Chairman) 및 청장(Chief Executive Officer) 아래 주택 개발을 담당하는 건설국, 주택 관리를 담당하는 관리국, 법인의 재무, 법무, 홍보 등을 담당하는 기획국으로 구성되어 있다. 2018/2019년 재정년도 기준 HDB의 연

---

24 HDB 홈페이지(History and Towns, hdb.gov.sg/cs/infoweb/about−us/history)

25 HDB(2020). 2018/2019 Annual Report Key Statistics. Retrieved from https://services2.hdb.gov.sg/ebook/AR2019−keystats/key−stats.html

간 운영수입은 41억 1,100만 싱가포르달러이지만, 총지출은 65억 5,200만 싱가포르달러에 달하여 19억 8,600만 싱가포르달러(약 1조 7,000억 원)의 손실이 발생하였다. 손실을 충당하기 위한 정부의 보조금(grant)은 20억 3,200만 싱가포르달러(약 1조 7,560억 원)에 달하여, 전체 지출의 3분의 1을 정부보조에 의존하고 있다. HDB의 적자(손실)는 대부분 토지매입에서 발생한다고 한다. HDB는 준정부기구이고 싱가포르의 대부분의 토지는 국가 소유이기는 하지만, HDB 주택건설을 위한 토지는 국유토지를 관리하는 다른 준정부기구인 싱가포르 토지청(Singapore Land Authority: SLA)으로부터 매입하여야 한다.[26] 같은 준정부기관 간의 거래여서, 전체 정부 입장에서 보면 국유지를 활용함에 따라 HDB 주택건설 시 추가적인 재정손실이 발생하는 것은 아니지만, 공적 주택 프로그램 운영에 대한 비용구조의 투명한 공개 차원에서 매년 정확히 재정적 손실을 측정하고 지원한다.

HDB의 재무구조에서 정부의 재정보조를 통한 손실 보전을 매년 명시적으로 제시하고 있는 점은 국내의 공공임대주택 재무와 관련하여 참고할 필요가 있다. 우리나라는 중앙정부가 공공임대주택 건설 호당 일정 금액의 보조금을 제공하고, 공공임대주택 건설사업의 이자비용도 주택도시기금을 통해 일부 지원하고 있지만, 기본적으로는 한국토지주택공사나 지방도시공사들이 택지개발을 통한 토지분양 수익으로 공공임대주택 건설 및 유지관리의 손실을 메꾸는 교차보조 방식으로 재정을 운영하고 있다. 따라서 실질적

---

26 싱가포르국립대학, 이관옥 교수 자문.

인 임대주택 건설 및 유지관리 비용과 손실이 명확하게 구분이 되지 않는다. 한국토지주택공사나 서울주택도시공사 등에서는 임대주택 관리와 관련한 손실분 통계를 제시하기도 하지만, 건설사업, 관리사업, 분양사업 등을 하나의 공기업에서 통합하여 수행하고, 통합된 회계 관리를 하는 상황을 고려할 때, 임대주택사업 손실액 추정의 적절성을 담보하기는 쉽지 않다. 그 결과 1채의 공공임대주택을 공급할 때 전체 공공임대주택 생애주기(건설 및 임대, 유지관리)상 비용이 얼마나 발생하는지 등에 대한 체계적인 정보가 부족한 실정이다. 향후 정부예산 수립이나 공기업의 회계감사 등에서 정부의 보조금(직접 보조, 주택도시기금을 통한 융자 등 포함) 규모와 비용 등이 체계적으로 추산되어 정책에 활용될 수 있도록 유도할 필요가 있다. 이를 통해 향후 신규 택지개발 부족으로 교차보조 방식의 임대주택 건설 및 관리가 불가능해지는 상황을 고려하여, 지속가능한 임대주택 공급 및 관리를 위한 정부의 재정보조, 공공임대주택 임대료 체계 개편 등이 이루어질 필요가 있다.[27]

HDB 주택을 구매하면 99년 임대 소유권[28]을 가지게 된다. 토지를 소유하지 않고 건물에 대한 임대 소유권을 가지는 것이므로 엄밀한 의미에서 한국의 자가소유와는 차이가 있다. 하지만 99년 임

---

27 이용만·김진유·김준형·김정섭(2018). "지속가능한 공공임대주택 공급 및 관리 운영을 위한 정책방안 연구", SH서울주택도시공사.

28 HDB 주택 구매는 99년치의 건물임대료를 일시에 지불하여 임대 소유권을 가지는 개념이므로 토지에 대한 소유권은 국가에 있다. 따라서 HDB 주택을 재건축할 수 있는 권한이 주택 소유주에게는 없다. 민간 부문이 토지를 매입하여 주택을 건설하여 공급하는 콘도의 경우 토지 소유권까지 가지게 되어 재건축이 가능하다.

〈표 2-7〉 싱가포르주택청(HDB) 주택의 종류

구분	신규 HDB 주택	HDB 재판매 주택
가격	보조금이 적용된 가격에 거래	거래 당사자 간의 협상 가격
구매방법	주기적으로 판매 개시, HDB에 신청	시장(Open market)에서 상시 거래 가능
의무거주 기간	일반적으로 5년	0(1베드룸)~최대 5년(중앙공제기금의 지원을 받는 경우)

대 소유권은 3세대 이상 자가소유와 같은 효과를 지니므로 자가
주택으로 간주된다.[29] 1971년에는 HDB 재판매 시장이 도입되었
으며, 신규 HDB 주택은 정부의 보조금이 적용된 저렴한 가격으
로 공급이 되지만, HDB 재판매 주택은 거래 당사자 간 협상 가격
으로 구매되며, 시장(open market)에서 상시 거래가 가능하다. 정부
의 보조금을 받아 저렴하게 구매하는 신규 HDB 주택의 경우 최소
5년의 의무거주기간이 적용된다. HDB 주택 구매 시 가구는 중앙
공제기금(Central Provident Fund: CPF) 주택 저축계정을 활용하여 선
금(downpayment)과 월상환액을 지불할 수 있다. 중앙공제기금을 이
용하여 HDB 재판매 주택을 구매한 가구에게도 주택규모 등에 따
라서 의무거주기간 기준이 적용된다.

싱가포르 주택 정책에서 흥미로운 점은 모든 가구에게 생애주기

---

29 보통 신규 HDB 공급가격은 재판매 가격의 60~70% 수준이며, 토지 소유권을
가지고 있는 콘도 가격의 3분의 1 이하 수준임을 고려할 때, 대략 HDB 가격에
서 대략 60% 정도가 토지 임대료에 해당하고, 나머지 부분이 건설비에 해당하
는 것으로 알려져 있다. HDB 가격에서 차지하는 토지 임대료에 대해서는 싱가
포르 정부가 공식적으로 정보를 공개하지 않아 정치적 쟁점이 되기도 한다(싱가
포르국립대학, 이관옥 교수 자문).

동안 두 번의 신규 HDB 주택 구매를 허용한다는 점이다. 정부의 보조금을 받아 저렴하게 신규 HDB 주택을 구매한 후, 5년 최소거 주기간이 지나면 시장가격에 이를 판매하고, 한 번 더 신규 HDB 주택을 저렴하게 구매할 수 있는 기회를 가지는 것이다. 이는 싱가 포르 정부가 지원하는 부담가능주택 자가소유를 통한 자산축적 기회를 두 번은 싱가포르국민들에게 제공한다는 의미다. 최초 보 조금을 받은 신규 HDB 주택 구매가격과 의무거주기간 만족 후 판 매한 HDB 재판매 주택 가격의 차액은 해당 가구에게 귀속된다. 하지만 중앙공제기금 계정에서 지원 받은 정부보조금과 모기지 상 환금액(선금 및 월 상환액 등)은 다시 중앙공제기금 계정으로 환원 후 두 번째 신규 HDB 주택을 구매하여야 한다.[30]

싱가포르의 HDB 주택의 성공 이유로는 정부의 강력한 정책의 지도 있지만, 이를 시행하기 위한 재무구조로서 중앙공제기금과 연계한 자가가구의 주거비 부담 완화정책을 꼽을 수 있다. 중앙공 제기금은 싱가포르의 사회복지연기금으로서, 각 개인별로 일반계 정(ordinary account), 퇴직연금 계정(retirement account), 의료보험 계 정(health care account)으로 구성되어 있다. 모든 싱가포르인들은 의 무적으로 중앙공제기금에 가입하고 매월 적립을 하여야 하는데, HDB 주택 구매와 관련한 지원은 일반계정을 활용한다. 싱가포르 인의 생애주기에 따라서, 매월 적립금 중 일반·의료·퇴직 계정에 적립되는 비중이 다르다. 청년층은 주택 구매가 중요한 반면 의료 에 대한 수요가 적으므로 일반계정에 많이 적립하고, 연령이 증가

---

30 싱가포르국립대학, 이관옥 교수 자문.

할수록 의료·퇴직 계정에 더 많이 적립하는 식이다.

HDB는 정부로부터 중앙공제기금의 이자율(2.5%) 수준에 준하여 대출을 받아, 이를 모기지로 HDB 주택 구매 가구에게 제공한다. 이때 모기지는 중앙공제기금 이자율에서 0.1% 더해진 2.6% 수준의 고정이자율이 적용되며, 주택가격의 최대 90%까지 모기지 대출로 최대 25년간 상환이 가능하다. 앞서 언급한 대로 두 번째 HDB 주택 구매 시에는 첫 번째 주택에 사용하였던, 중앙공제기금 계정의 저축금액은 일시에 상환하도록 하여, 중앙공제기금 계정의 건전성을 유지한다. 중앙공제기금의 순자산(net assets)은 2014년을 기준으로 싱가포르 국내총생산(GDP)의 71.2% 수준인데, 중앙공제기금을 활용하여 HDB 주택 모기지를 주로 상환하기 때문에, 중앙공제기금의 주거 모기지 대출 규모는 싱가포르 국내총생산의 46%에 달한다.[31]

싱가포르는 부담가능한 자가주택 공급을 통한 국민의 주거안정과 주거권 강화를 도모한 사례로서 의의가 크다. 자가보유를 통해 국민들은 강제퇴거의 위험에서 자유로울 수 있어, 주택점유의 안정성이 확보된다. 또한 중앙공제기금을 활용하여 부담가능한 자가소유가 가능한 시스템을 마련했다는 측면에서 부담가능성 측면에서의 주거권도 보장받고 있다. 싱가포르 사례에서는 특히 생애주기를 고려한 탄력적인 연기금 계정별 적립이 가능한 제도와 연기금 이자율 수준에서 HDB 주택 모기지를 제공하는 정부의 지원으로 인해

---

31 Pang, S., & Helble, M. (2016). *Housing Policies in Singapore. Asian Development Bank Institute*. Retrieved from https://www.adb.org/sites/default/files/publication/181599/adbi-wp559.pdf

청년층부터 주거비 부담 없이 자가소유를 시작할 수 있도록 한 정책 설계는 참고할 만하다.

싱가포르 주거 거버넌스의 핵심 수행기관으로서 HDB는 한국토지주택공사와 유사한 기능을 수행한다고 볼 수도 있다. 하지만 공기업인 한국토지주택공사와 달리 HDB는 싱가포르 헌법에 명기된 준정부기관(statutory board)으로서 헌법상 정부가 HDB의 재정을 책임져야 함이 명시되어 있다. HDB의 실제 법적 지위, 예산 운영의 성격은 기업이 아니라 정부부처에 더 가깝다. 싱가포르 헌법에 명기된 핵심 법정기구(key statutory boards)는 중앙공제기금청(CPF Board)과 HDB 두 곳만 있다. 그만큼 싱가포르에서는 주거정책을 수행하는 HDB의 위상과 역할이 중요하게 인식되고 있다. HDB는 지속가능하고 일관성 있는 주거정책을 강력하게 추진하기 위해 국민적 동의에 기초한 주거정책 및 집행 전담부서의 필요성을 반증하는 사례로 볼 수 있다.

3. 주거권 강화를 위한 거버넌스 구축방안

각 국가의 사회경제적·정치적·문화적 맥락, 이용가능한 자원, 국토 및 인구 규모 등이 달라 다른 국가의 사례를 직접적으로 국내에 대입하여 적용하는 것은 불합리한 접근이다. 따라서 영국 및 싱가포르 사례의 주요 시사점을 바탕으로 현재 주거권 강화 목표 달성에 보다 효과적인 주거 거버넌스 구축을 위한 정책방향을 몇 가지 제안하고자 한다.

1) 주거 거버넌스의 기본방향

(1) 지방분권적 주거 거버넌스 체계마련

지역의 필요에 맞게 임대주택의 입주자격, 지원대상, 공급계획 등을 지방정부가 주도하여 수립하고 집행할 수 있는 주거 거버넌스 구축이 필요하다. 지역의 주거문제는 지방정부가 가장 잘 알고 있고, 각 지역마다 차별화된 맞춤형 주거지원정책이 필요하므로 중앙정부 주도의 획일화된 주거정책 시행은 효과적일 수 없기 때문이다. 지방정부가 주체가 되어 도시계획과 주거정책이 연계되는 도시관리 전략을 마련할 수 있으며, 도시계획 수단과 연계한 부담가능 주택 공급 확대에도 기여할 수 있다. 지방분권에 대해 강조하는 영국의 주거정책 거버넌스를 참고할 수 있을 것이다. 물론 주거정책의 지방분권화가 중앙정부의 복지비용을 지방정부에 전가시키는 방향으로 진행되지 않도록 지방정부에 대한 실질적인 재정지원 방안과 조세제도 개편이 연계되어 추진될 필요가 있다.[32] 서울시와 경기도 외 다른 지방정부의 주거정책 역량에 대한 우려가 있지만, 기존 지방도시공사와 더불어 한국토지주택공사 지역본부 등을 지방정부의 주거정책 계획 수립과 집행의 핵심기관으로 활용함으로써 부족한 인력을 확충하고 전문성을 제고할 수 있을 것이다.

---

32 오도영·박준·김혜승(2015), "영국 주거복지정책의 변화: 2010년 이후 심화된 신자유주의적 변화를 중심으로", 『공간과 사회』, 25(2): 227-266, 한국공간환경학회.

(2) 구체적 주거안정 목표 실행을 위한 주거 거버넌스 구축

주택가격 안정이라는 모호하고 정치적인 주거정책 목표가 아니라 부담가능한 주택의 공급 확대와 수요자의 주거비 부담 경감이라는 실질적인 주거안정 지표들을 정책목표로 삼고 이를 효과적으로 추진할 수 있는 주거 거버넌스 구축이 필요하다. 최근 3기 신도시 건설과 구매 수요를 관리하기 위한 정부의 부동산 규제 정책들은 정책의 목적이 주거안정보다는 주택가격 안정에 초점을 맞춘 측면이 있다. 주택가격이 안정된다면 주거안정이 될 것으로 생각할 수도 있지만, 주택가격이 하락하는 것이 안정인지 매년 소폭 상승하는 것이 안정인지 등 논란의 소지가 있고 학술적으로나 정책적으로 구체적으로 모니터링할 수 있는 지표 설정 자체가 어렵다. 또한 자가소유는 싱가포르의 사례에서 볼 수 있듯이 가구의 자산축적의 수단이 되고 자산기반 복지의 중요한 한 축을 이루기 때문에 주택가격 안정을 목표로 하는 정책들은 임차가구와 자가가구 간의 갈등, 부동산 자산을 축적한 장년세대와 그러하지 못한 청년세대 간의 사회적 갈등을 가지고 올 수밖에 없다.

우리나라의 주거정책이 주택가격 안정을 목표로 내걸고 시행되는 이면에는 주거정책을 총괄하는 국토교통부가 각종 개발사업에 대한 인허가 권한, 개발제한구역 해제를 통한 토지공급 권한 등을 가지고 있어 신도시 건설을 통해 충분한 주택물량 공급을 정책적으로 추진할 수 있고, 주택가격 또한 분양가상한제 등을 통해 직접적으로 개입하여 관리할 수 있다고 믿기 때문일 것이다. 또한 정부가 수요자 직접 지원보다는 규제 중심의 정책을 통해 가격 안정을 목표로 하게 되는 것은 규제 자체에 직접적인 정부 예산이 수반되지 않는 것도 하나의 이유로 볼 수 있다. 하지만 규제가 더 많은 사회적 비용을 가지고 올 수 있음도 고려해야 한다. 지나친 주택가격 상승을 시장의 실패로 판단한다면 정부의 개입이 있어야 하겠지만, 잘못된 정책으로 인한 정부의 실패가 오히려 더 시장 상황을 어렵게 만드는 경우도 많다. 따라서 정부가 주도하여 시장의 수요와 공급을 관리하고자 하는 현재의 접근보다는 수요자 중심으로 주거지원을 강화하고 부담가능주택 공급 역할에 집중하여 주거안정 지표를 체계적으로 관리하는 방향으로 주거정책이 전환될 필요가 있다.

(3) 투명하고 지속가능한 주거 거버넌스 기반 마련

마지막으로 싱가포르 주택개발청의 사례에서 볼 수 있듯이, 정부 예산과 재정 측면에서 투명하고 지속가능한 주거 거버넌스 기반 마련이 필요하다. 싱가포르의 경우 매년 주택개발청의 적자 상황 등 예산을 체계적으로 공개하고 정부가 적자분에 대해 보조하고 있음을 수치로 명확하게 제시함으로써 국민들이 정부가 주거정책에 대해 어떠한 의지를 가지고 얼마나 많은 예산을 사용하고 있는지를 보다 쉽게 인지할 수 있게 되어 있다. 하지만 우리나라는 공공임대주택 정책 추진에 있어 교차보조 방식의 재원조달에 의존하다 보니, 실제로 공공임대주택 1호 건설 및 유지관리에 얼마나 많은 세금이 사용이 되는 것인지에 대한 투명한 정보 제공이 되지 않는다. 교차보조 방식에 기초한 공공임대주택 재원조달은 한국토지주택공사와 지방도시공사들이 적자 감소를 위해 손실이 확실한 공공임대주택의 공급 및 관리보다는 수익이 담보되는 택지개발 및 공공분양에 더욱 집중할 수밖에 없도록 만든다. 또한 공기업이 토지수용을 통해 조성한 택지를 분양하여 막대한 개발이익을 실현하고 있음에도 해당 부분이 공공임대주택 건설 및 관리 비용과 상쇄되어 제대로 보고되지 않는다.

지속가능한 부담가능주택 공급을 위해서는 임대주택 공급 및 관리 전 과정에서의 비용구조를 투명하고 체계적으로 계산하고 이에 근거한 정책 수립이 될 필요가 있다.[33] 투명한 재원구조 파악과 효율적인 정책 수립 및 집행을 위해서는 현재의 교차보조 중심의 재원조달 방식을 탈피할 수 있도록 공기업 내 토지개발 기능과 임대주택 공급 및 관리 기능을 분리하여, 각각의 비용 및 수익 구조가 파악이 되도록 시스템을 구축할 필요가 있다. 이렇게 파악된 정보들을 바탕으로 중장기적으로 임대주택 공급 및 관리계획과 정부예산 계획을 수립하여야만 향후 교차보조가 더 이상 작동하지 않는 시대 변화에 대응할 수 있으며, 또한 임대주택정책의 비용효과성도 증진할 수 있을 것이다.

2) 정책제언: 장관급 주거정책 전담부서 설립

주거정책에서의 지방분권 강화, 주거안정 목표의 정책 추진, 투명하고 지속가능한 정책 추진을 효과적으로 수행하기 위한 주거 거버넌스 방안으로서 필자는 현재의 국토교통부의 주거정책 기능과

---

33 이용만·김진유·김준형·김정섭(2018). "지속가능한 공공임대주택 공급 및 관리 운영을 위한 정책방안 연구", SH서울주택도시공사.

기획재정부, 법무부 등 타 부서의 주거관련 정책기능을 통합하여 '(가)주거처'를 설립하는 방안을 제안한다. 그간 국토교통부에서 주거정책 부문을 독립시켜 주택청을 설립하자는 제안은 많이 있었다. 하지만 주택청은 독립된 청이지만 차관급 기관이며, 입법 및 예산에 있어 장관급 부서에 비해 그 기능이 제약될 수밖에 없다. 따라서 다부처 간의 합동으로 정책 수립과 추진이 필요한 주거정책에는 부적합할 수 있다. 한편 부서명에 있어서도 과거 주택법이 주거기본법으로 바뀐 것처럼, '주택'이라는 물리적 개념보다는 '주거'라는 보다 사회적인 광의의 용어가 적합하다고 판단된다.

(가)주거처는 국무총리실 산하의 장관급 독립 기관으로 설립될 수 있겠다. 국무총리실 산하로 있기 때문에 다부처 간에 합동으로 정책을 수립하고 추진하기에 보다 적합하며, 국토교통부 산하 주택청의 경우 차관급이 청장을 맡게 되지만, 국무총리 소속 주거처의 경우 장관급 임명이 가능하다. 주거처 장관이 국무위원으로서 국무회의에 참여함으로써 주거처가 주관하는 정부 입법 및 정책 추진의 효율화를 도모할 수 있다. 장관급 처 조직은 노무현 정부 때 국무총리 산하 법제처 처장이 장관급으로 격상되었던 사례와 박근혜 정부의 국민안전처장관 사례를 참조할 수 있다.

주거처에 포함될 정책기능은 현 국토교통부 주택도시실의 주택정책 및 주거복지정책 관련 기능, 국토도시실의 국토, 지역, 도시계획 관련 기능을 통합하여 구성할 수 있다. 주거정책과 도시계획의 체계적인 연계를 통한 부담가능한 주택공급이 필요하기 때문이다. 또한 현재 부동산시장불법행위대응반으로 구성되어 있는 기능을 주택시장에 대한 전반적인 조사와 모니터링, 관리·감독 기능을 전담하는 부서(부동산시장조사단)로 확대하여 주거처의 핵심 부서로 포함되도록 한다. 추가적으로 주거권 강화를 위해 주택임대차보호법을 담당하는 법무부 법무심의관실의 일부 기능, 기획재정부, 행정안전부 등의 주거지원 기능 등을 통합하여 주거권 강화와 관련된 주거정책을 발굴·시행하는 주거권정책관을 신설하고, 지방정부와의 협력과 지원 업무를 담당하는 지방분권국을 신설하여 지방정부가 책임지고 중앙정부가 지원하는 주거 거버넌스 체계를 마련할 수 있겠다.

국토교통부 산하기관으로서 공공임대주택 공급 및 관리 기능을 핵심적으로 담당하고 있는 한국토지주택공사는 주거처 산하기관이 되며, 향후 중앙정부보다는 지방정부 주도의 주거정책과 집행이 필요하므로, 한국토지주택공사 기능과 지방공사의 기능을 재배치하여 지방정부의 주거정책 역량강화를 지원할 수 있겠다. 금융위원회 산하 기관인 한국주택금융공사 등 주거관련 공공기관의 소관부서도 주거처로 일원화하여 주거정책의 효율화를 도모할 수 있다.

물론, 주거처가 아닌 다른 방식으로의 주거정책 전담부서 설립도 가능하다. 예를 들어, 국토교통부에서 주거정책 및 국토도시정책 기능을 분리하여 '㈎주택도시부'를 설립하고 건설 및 교통정책 기능은 '건설교통부'로 남기는 정부조직 개편방안도 고려할 수 있는 것이다. 부서의 명칭이나 정부조직상 위치보다 중요한 것은 '주택청'과 같이 정부입법과 예산 기능이 제한적인 차관급 부서가 아닌 장관급 주거정책 전담부서의 설립이 필요하다는 점이다.

장관급 주거정책 전담부서를 설립하여 국민의 기본권 중 하나인 주거권 보장을 위한 정책 개발과 집행을 전담하게 되면 헌법과 「주거기본법」에서 제시하는 정책 목적인 국민의 주거안정과 주거수준 향상에 실질적으로 기여할 수 있을 것으로 기대된다. 특히 건설산업 기반의 개발정책을 총괄하는 국토교통부에서 주거처를 분리함으로써 주거정책이 산업과 자본의 논리가 아니라 기본권의 관점에서 다루어질 수 있는 기반을 마련할 수 있을 것으로 기대된다.

주택임대차 보호 강화를 위한 주거법원 도입

김정섭(UNIST 교수)

이상경(가천대학교 교수)

1. 임대차3법 도입과 임대차 분쟁

유엔 인권고등판무관사무소(Office of the United Nations High Commissioner for Human Rights: OHCHR)에 따르면, 주거권은 강제퇴거 및 철거로부터 보호받을 수 있는 자유, 점유의 안전성에 대한 권리 및 적절한 주거에 평등하고 차별받지 않고 접근할 수 있는 권리 등을 포괄하는 인간의 기본권이다.[34] 주거권의 관점에서 볼 때,

---

34 주거권은 추가적으로 집, 프라이버시, 가족에 대한 임의적인 간섭으로부터의 자유, 거주이전과 주거선택의 자유, 주택·토지·부동산에 대한 보상·배상 받을 수 있는 권리, 국가 및 커뮤니티에서 주거와 관련된 의사결정에 참여할 수 있는 권리도 포함하는 광의의 개념이다(Office of the United Nations High Commissioner

2020년 임대차3법(계약갱신청구권제, 전월세상한제, 임대차신고제)[35]의 도입은 국내의 주택임대차 제도가 임차인의 주거권을 강화하는 방향으로 전환하게 된 중요한 시작점이라 볼 수 있다. 하지만 기존의 임대차계약 및 거래 관행에 익숙한 임대인의 관성과 전세 및 보증부월세가 일반화된 국내의 임차시장 구조 때문에 제도 시행 초기 다양한 형태의 임대인과 임차인의 갈등이 예상된다. 임대차 분쟁의 증가에 따른 사회적 논란이 임차인의 주거권 강화라는 제도 도입의 긍정적 취지를 훼손하지 않도록 주택임대차 관련 갈등과 분쟁을 조정하고 해결하기 위한 체계적인 정책적 대응이 요구된다.

「주택임대차보호법」은 제1조 법의 목적에서 밝히는 바와 같이 주거용 건물의 임대차에 관하여 민법에 대한 특례를 규정함으로써 국민 주거생활의 안정을 보장함을 목적으로 한다. 1981년 3월 5일 처음 제정되어, 임차인이 제3자에게 자신의 임대차 관계를 주장할 수 있는 대항력을 처음으로 명문화하였고, 1년 미만의 임대차계약의 경우 6개월간은 임차기간을 보장하는 임차인 보호 조항이 처음으로 도입되었으며, 1989년 2년간의 임대차계약 기간을 보장하는 법 개정이 이루어진 후 30여 년간 2년 단위의 주택임대차계약이 일반적으로 적용되어왔다. 2020년 계약갱신청구권제도와 전월세 상

---

for Human Rights, 2014, *The Right to Adequate Housing*, Fact Sheet No. 21/Rev.1, UN Habitat, p.3).

35 임차인이 최초 2년 주택 임대차계약이 종료되는 시점에 추가적으로 2년 계약갱신을 요청할 수 있는 계약갱신청구권제도와 계약갱신 시 임대료 인상을 최대 5% 이하로 제한하는 전월세상한제(이상, 주택임대차보호법) 및 임대차계약을 신고하는 임대차신고제(부동산 거래신고 등에 관한 법률)를 국회 입법 과정에서 임대차 3법이라 부른다.

한제(계약 갱신 시 5% 이하로 임대료 인상) 도입을 골자로 하는 「주택임대
차보호법」이 개정됨에 따라 임차인은 4년(2년+2년)간 임차의 안정성
을 보장받고, 해당 기간 임대료 상승에 따른 주거비 부담 우려를
덜 수 있게 되었다. 점유의 안정성 및 부담가능성 측면에서 임차인
의 주거권을 강화하는 제도적 기반이 마련된 것이다.

그러나 기존의 임대차 거래 관행의 변화를 요구하는 새로운 제
도의 도입은 전세 소멸에 대한 논쟁, 집주인과 임차인의 갈등 등 사
회적으로 많은 논란을 일으키고 있다. 계약갱신청구권제도의 도
입으로 인해 1989년 이후 30년간 이루어지던 임대차계약 및 거래
행태에 있어 많은 변화를 요구하고 있기 때문이다. 개정된 임대차
3법 시행에 따른 임대차시장의 혼란과 임대인과 임차인의 갈등에
대한 사항은 언론에서 중점적으로 다루어진 바 있다. 주요한 갈등
들은 기본적으로 전세와 월세, 매매시장이 유기적으로 연결되어
있는 국내 주택시장의 복잡성에서 기인한다고 볼 수 있다.

예를 들어 계약갱신청구권제도가 도입되면서 임차인의 계약갱신
청구 여부와 시점은 주택 매매의 매우 중요한 고려요소가 되었다.
직접 거주의 목적으로 새로이 주택을 구매하고자 하는 매수인이
있는데, 계약금과 중도금을 치렀지만 소유권 이전등기가 완료되지
않는 상황에서 기존의 임차인이 계약갱신청구를 요청한 경우를 가
정해보자. 소유권 이전등기가 완료되지 않은 관계로 매수인은 아직
임대인으로서 자격을 갖추지 못한 상황이므로 「주택임대차보호법」
제6조의3 제1항 제8호 "임대인이 목적 주택에 실제 거주하려는 경
우"에 해당되지 않는다. 따라서 주택 구매자의 거주 보다 기존의 임
차인의 계약갱신청구 권리가 우선이 된다고 국토교통부와 법무부

가 유권해석을 내린 바 있다. 이러한 사례와 같이 「주택임대차보호법」의 계약갱신청구권제 규정이 단순히 임대차계약 당사자인 임대인과 임차인 간의 문제일 뿐 아니라, 주택거래 당사자 간의 복잡한 이해관계로 확대될 수 있어 주택 거래와 임대차와 관련한 다양한 소송과 갈등이 예상되는 것이다.

또 다른 사례로 「주택임대차보호법」 제6조의3 제1항 제5호에는 임차인이 임차한 주택의 전부 또는 일부를 고의나 중대한 과실로 파손한 경우 계약갱신청구를 거절할 수 있도록 규정되어 있다. 하지만 임대인 소유의 집이지만, 임차인의 허락 없이 주택의 파손 여부를 조사하기 위해 임차한 집에 무단으로 들어간다면 주거침입죄가 적용될 수 있다. 주택의 파손 여부를 조사하고자 하는 임대인과 임차인 간의 갈등이 예상되는 지점이다. 동법 제6조의3 제1항 제9호에서는 "그 밖에 임차인이 임차인으로서의 의무를 현저히 위반하거나 임대차를 계속하기 어려운 중대한 사유가 있는 경우"를 포함하고 있는데, 주택임대차계약의 특약사항 등에 따라서 이러한 상항들이 발생하고 임대인과 임차인 간의 다툼의 상황이 발생할 수도 있다.

계약갱신청구권제도는 최초 계약 종료 6개월에서 2개월 전까지 임차인이 의사를 밝혀야 하는데, 임차인이 해당 기간 중간에 의사를 바꾸어서 임대인에게 손실이 발생하는 다양한 사례들도 나타날 수 있고, 법적 분쟁으로 발전할 수 있다. 전월세 상한제로 인해 임대료 인상에 제약이 걸린 임대인이 2년+2년 임대차 종료 시 원상회복 의무를 강하게 주장하여, 임대인과 임차인과의 갈등이 심화될 수 있다. 민법 규정[36]상 임대차계약에도 원상회복 의무가 있기 때문에 주택임대차계약상 특별한 약정이 없다면 임대인은 원상회복을 요구할 권리가 있으므로, 전월세시장이 강세를 보일 때에는 원상회복을 둘러싼 분쟁의 증가가 우려된다.

제도가 정착되고 임대차 분쟁 관련 판례들이 쌓이게 된다면 자연스럽게 분쟁 감소로 이어질 수도 있을 것이다. 하지만 주택의 보증금을 활용하여 임대인, 임차인, 매수인 등이 서로 간에 거래대금을 지불함에 따라 목돈이 이해관계자 간에 서로 이동하는 거래 관행은 쉽게 변하지 않을 수 있다. 따라서 계약갱신청구권제가 임대차시장의 거래를 위축시키고, 이해관계자의 불편을 야기하며, 장기적으로 전세에서 월세시장으로 재편을 촉진할 가능성도 있다. 실제로 가구들 중 임대인이면서 동시에 임차인인 가구들이 다수 존재한다. 서울과 같은 주택가격이 높은 지역에서 교육 등의 목적으로 소유한 주택을 임대하고, 본인도 선호하는 지역에 임차인으로 거주하는 사례가 다수 있는 것이다. 이러한 가구들이 다시 본인이 소유한 주택으로 이사하거나, 기존 주택을 처분하고 새롭게 마련한 자가로 이동하려고 하는 경우 등 주거이동을 하려면 본인 소유 주택, 현재 임차주택, 장래 거주하기를 희망하는 주택의 임대차계약 종료 시점, 계약 시점이 일치해야만 가능하다. 본인이 임대한 주택의 전세보증금을 사용해서 본인이 임차인이 되고, 또 나중에는

---

36 민법 제615조 및 제654조 규정에 의하여 임대차계약에 원상회복 의무가 부여된다. 제615조(차주의 원상회복의무와 철거권) 차주가 차용물을 반환하는 때에는 이를 원상에 회복하여야 한다. 이에 부속시킨 물건은 철거할 수 있다. 제654조(준용규정) 제610조 제1항, 제615조 내지 제617조의 규정은 임대차에 이를 준용한다.

해당 보증금을 받아서 주택을 구매하거나, 본인 주택의 세입자에게 돌려주거나, 신규 구매한 주택의 잔금을 치르거나 하여야 하는데, 그 시점들이 정확히 일치되기가 쉽지 않은 것이다. 이러한 불편들이 가중이 된다면 전세와 같은 높은 보증금은 주거이동을 심각하게 제약할 수 있기 때문에 선호도가 낮아져서, 전세에서 월세로의 재편이 보다 급속히 진행될 수도 있다. 임차인의 선호도가 높은 전세를 유지하려고 한다면 주거이동과 거래상의 제약이 높아지고, 월세로 급격히 재편된다면 임차인의 주거비 부담이 증가하는 구조에 대한 해결방안이 요구된다. 그렇지 않다면 유동성이 높은 동산(현금, 주식 등)을 많이 확보한 자산가들만이 부담 없는 거래를 통해 주거이동과 자산축적의 기회를 가지고, 다른 집단들은 현재의 주거에 고착화되는 문제가 발생할 수 있다. 물론 보증금의 이동 과정에서의 이해관계자 간의 분쟁은 필연적으로 발생된다.

정부는 이러한 사회적 갈등의 증가를 예상하여 임대차3법 관련 「주택임대차보호법」 개정 시 임차인과 임대인의 갈등을 조정하고 중재하는 기능을 담당하고 있는 '주택임대차분쟁조정위원회'를 확대하는 방안을 제도화하였다. 기존에 법률구조공단 산하 또는 지방정부 산하에 설치되던 주택임대차분쟁조정위원회를 한국토지주택공사와 한국감정원의 지사 또는 사무소에 설치하여 운영할 수 있도록 한 것이다. 주택임대차와 관련한 사회적 갈등과 분쟁은 어제오늘의 일이 아니다. 하지만 새로운 제도 도입에 따라 주택임대차 관련 분쟁이 양적으로도 증가하고 내용적으로도 복잡화될 것으로 예상되므로 주택임대차분쟁조정위원회의 실효성 검토와 더불어 사회적 비용을 절감하고 분쟁 과정에서 주거권을 강화할 수 있는 제도적 방안의 모색이 요구된다. 새롭게 시행되는 임대차3법이 임차인 보호를 확대하고 정착할 수 있도록 하기 위해서는 임대인과 임차인간의 임대차 분쟁에 대해 신속하게 화해·조정할 수 있는 제도를 마련하여 임대차 관계로 인한 사회적 비용을 절감함으로써 새로운 임대차 거래 문화와 행태 변화가 조기에 정착될 수 있도록 지원할 필요가 있는 것이다. 이에 임차인 보호, 임대차 분쟁 조정과 관련한 사법적 제도를 해외 사례를 중심으로 살펴본다.

2. 임차인 보호 강화를 위한 해외의 사법적 제도

1) 유럽연합 퇴거예방을 위한 사법적 지원 제도

유럽연합(European Union: EU)은 2013년 EU집행위원회에서 채택한 사회투자패키지에 근거하여 퇴거 예방 중심의 임차인 보호 제도를 적극 도입하여 추진하고 있다. 임차인이 주택에서 퇴거되는 사유는 임차인 개인의 건강, 학력 등 개인적 요인도 작동하지만 경제적 상황, 주택시장 상황과 같은 구조적 요인과 가족 관계의 해체와 가족 상황의 변화와 같은 사회관계적 요인 등 매우 다양하다. 따라서 퇴거 위험에 처한 임차인을 보호하고 퇴거를 예방하기 위해서는 주거상담과 같은 제도를 마련하여 필요한 주거지원 서비스로 신속한 연계와 지원이 필요하다.[37]

---

37 김정섭 외(2020). "임대료 연체세대 주거안정을 위한 대책 마련 연구용역 최종보

단계	항목	내용
1단계 예방 (primary prevention)	주거복지정책 (welfare-related measures)	주거급여, 광열비 보조금 등의 주거복지 혜택
	주택기반정책 (housing-related measures)	주거권 확립, 충분한 주택재고 확보, 임대차 유형 간 형평성, 사회주택·부담가능주택 접 근가능성
	시장기반정책 (market-related measures)	주택담보대출 시장지원(예: 담보대출 이자 보 조금), 중간형 주택(intermediate housing), 임대차 보증금 정책
2단계 예방 (secondary prevention)	체납 발생 전 (prior to default)	가족·친척으로부터 지원, 공공부문 및 제3 부문에서의 체납금 지원(해당 단계에만 국한 되는 것은 아님), 주거상담 등
	소송 시작 전 (prior to start of judicial claim)	소송 외 분쟁해결기구(Alternative Dispute Resolution: ADR), 직접 방문 연락, 체납금 납부 계획 조정 등
	소송 시작 후 (once a judicial claim takes place)	주택기관·지자체에 소송 절차 고지, 법률 지 원, 법정의무사항(소송 절차의 공정성 준수 등)
	퇴거 판결 후 (after court decision on eviction)	사회적 취약계층(예: 어린이를 포함한 가정) 및 건강 악화 우려가 있는 집단의 퇴거 유예 혹은 재수용 지원
3단계 예방 (tertiary prevention)	재정 지원 (financial support)	퇴거자 최저소득보장 및 채무 완화
	주택 재수용 (rehousing)	민간임차주택 임대료 보조, 사회주택 입주 시 우선권 부여
	홈리스 서비스 (homelessness service)	임시거처 제공 등 홈리스 서비스

자료: 김정섭 외(2020). "임대료 연체세대 주거안정을 위한 대책 마련 연구용역 최종보고서", 서울
주택도시공사, 서울시 중앙주거복지센터. p.15, 표 10 재인용 및 수정

고서". 서울주택도시공사, 서울시 중앙주거복지센터.

유럽연합이 제안하는 퇴거예방 전략은 3단계로 이루어진다. 우선 1단계 예방 정책은 가장 근본적인 해결방안(primary prevention) 으로서, 주거급여 등 주거복지정책을 활용한 주거복지서비스 제공, 부담가능한 주택공급 확대와 같은 주택기반정책, 주택담보대출 지원 등과 같은 시장기반정책을 포함한다. 2단계 예방정책은 임대료 체납에 따른 퇴거위험가구의 강제퇴거를 방지하고 지원하기 위한 예방정책으로서, 체납 발생 전 위기상황 발생 시 주거상담, 공공부문의 지원방안, 체납으로 인한 퇴거통지, 명도소송이 진행되기 전 분쟁해결기구 운영, 퇴거소송 시작 후 지방정부에게 고지하도록 하고, 법률지원을 제공하는 방안, 퇴거 판결 후, 사회적 취약계층에 대한 주거 재수용 프로그램 등을 포함한다. 마지막으로 3단계 예방정책은 퇴거로 인해 홈리스가 된 가구에 대한 예방정책으로서 재정지원, 주택 재수용, 기타 홈리스 지원서비스가 포함된다.

임대료를 체납한 임차인에 대한 퇴거절차는 사법적 과정을 통해 이루어지므로, 퇴거 예방정책에 있어 사법절차와 연계한 지원 프로그램은 매우 중요한 부분을 차지한다. 사법적 지원 프로그램의 핵심적인 조치 중 하나는 임차인에 대한 퇴거절차가 진행될 경우 이를 지방정부 당국에 통보하도록 하여, 지방정부가 퇴거위험에 처한 가구에 대한 정보를 수집하고 지원을 시작할 수 있도록 하는 것이다. 지방정부는 다양한 법률지원 서비스, 주거상담 등과 연계하여 퇴거위기가구가 필요로 하는 서비스를 제공할 수 있다. 퇴거유예제도도 중요한 사법적 기준으로서 겨울철, 아동이 있는 가구 등에 대해 퇴거유예를 법원이 판정할 수 있도록 하여 임차인이 보호될 수 있도록 한다.

〈표 2-9〉 퇴거예방을 위한 사법적 조치 국가별 사례

항목	국가	내용
퇴거소송 절차 개시를 지방정부에 고지	덴마크	주택협회(housing organization)가 퇴거 통지를 할 때, 퇴거소송이 법원에 송부되기 전까지 이를 지방정부에 알려야 함
	벨기에	퇴거 절차가 시작되었을 때, 이를 지역사회서비스(Local Social Service: LSS)에 알려야 하며, 특히 사회주택의 경우는 특정 중재 절차를 밟아야 함
	핀란드	임대인이 퇴거 통지를 하기 전 지역 주택 및 사회복지 당국에 알려야 하며, 사회주택 임대인들은 퇴거를 피하기 위해 세입자와 최대한 빨리 의사소통을 진행해야 함
	스웨덴	임대인이 퇴거 통지를 할 때와 집행인이 퇴거일을 정할 때 이를 지방정부에 알려야 함
	스코틀랜드	임대인이 퇴거 통지를 하기 전 지방정부에 알려야 하며, 지방정부는 퇴거를 막거나 대체주거를 찾도록 노력해야 함
법률지원 서비스	벨기에	헌법 제23조에 모든 국민은 법률 지원을 받을 자격이 있음을 명시
	프랑스	변호사를 구하기 어려운 경우 법률 지원을 신청할 수 있으며, 이때 법무비용은 주(state)에서 부담
	그리스	증빙된 저소득층을 대상으로 주 차원에서 법률상담 및 법률 자문 지원
	네덜란드	법률 서비스를 받을 경제적 여건이 안 되는 경우 주에서 법률 지원 제공
퇴거유예	프랑스	겨울 한파 기간에는 퇴거를 유예할 수 있음
	덴마크	재상환 능력이 있거나 자녀가 있는 가정 혹은 장애가 있는 가구원이 있는 경우, 최대 1년까지 퇴거를 유예할 수 있음
	체코	퇴거 이후 거주할 수 있는 적절한 주거가 없을 경우 퇴거가 유예될 수 있음
	독일	퇴거로 인해 심각한 건강 문제가 초래될 것이 예상되는 경우 퇴거가 유예될 수 있음

자료: Gerull, S. (2014). "Evictions Due to Rent Arrears: A Comparative Analysis of Evictions in Fourteen Countries", *European Journal of Homelessness*, 8(2): 137-155. pp.144-145; Kenna, P., Benjaminsen, L., Busch-Geertsema, V., &Nasarre-Aznar, S. (2016). Pilot project-promoting protection of the right to housing-homelessness prevention in the context of evictions. European Commission, Directorate-General for Employment, Social Affairs and Inclusion, Luxemburg. pp.160-177 정리; 김정섭 외(2020). "임대료 연체 세대 주거안정을 위한 대책 마련 연구용역 최종보고서", 서울주택도시공사, 서울시 중앙주거복지센터. p.16, 표 11 재인용 및 수정

2) 미국 뉴욕시 주거법원(New York City Housing Court)

1972년 개소한 뉴욕시 주거법원은 임차인과 임대인 간의 권리와 의무의 균형을 추구한다. 뉴욕시 주거법원은 민사법원의 주거부문(Housing Part of the Civil Court of the City of New York)[38]으로서 일

〈표 2-10〉 2019년 퇴거, 점유 등 관련 5개 자치구별 뉴욕시 주거법원 판결 건수

구분	브롱스 (Bronx)	킹스 (Kings)	뉴욕 (New York)	퀸즈 (Queens)	리치몬드 (Richmond)	합계
주거법원 판사수	18명	13명	12명	7명	1명	51명
주거용 퇴거	43	100	122	69	18	352
상업용 퇴거	1	0	6	1	0	8
주거용 점유	5,812	4,802	2,168	3,283	579	16,644
상업용 점유	337	435	506	357	39	1,674
퇴거 및 점유 계	6,193	5,337	2,802	3,710	636	18,678
부동산 회복 (ejectments)	7	3	2	0	0	12
전체 사건 중 APS(Adult Protective Service) 관련	530	473	270	307	42	1,622
전체 사건 중 압류 (foreclosure) 관련	63	105	7	144	22	341

자료: 뉴욕주거법원. "Summary of Evictions, Possessions and Ejectments Conducted 2019"

---

38 뉴욕시 민사법원은 일반 민사 부문(Civil Part)과 주거 부문(Housing Part)로 구분되어 있다.

반적으로 뉴욕시 주거법원(New York City Housing Court)으로 불린다. 2020년 현재 뉴욕시 주거법원에는 총 51명(각 자치구의 선임판사 포함)의 판사가 근무하고 있다. 2019년 1분기 기준으로 매분기 5만여 건 이상의 신규 사건이 접수되고 있다. 뉴욕시 주거법원은 주택과 관련한 민사소송 및 임대차 관련 소송 등을 전담하는데, 퇴거(eviction), 체납(holdover), 압류(foreclosure), 강제퇴거조치(illegal lockout), 괴롭힘(harassment), 시설수리(난방 등: HP proceeding) 등 임차인과 임대인 간의 분쟁 사건들을 모두 다룬다. 2019년 통계를 보면 주거용 부동산 퇴거 사건 352건, 주거용 부동산 점유 관련 1만 6,644건, 부동산 회복 12건 등 다수의 판결을 수행하고 있다.

3) 영국 부동산 전문법원 및 선행조치지침

영국의 주거법원(U.K. Housing Tribunal)은 부동산 전문법원(Property Chamber)에 포함되어 있다. 부동산 전문 법원은 주거용 부동산(residential property), 토지등록(land registration), 농업토지 및 관개(agricultural land and drainage) 분야 등 3개 부문으로 구분되어 있다. 부동산 전문법원은 현재 6개 지부, 법원장 1인 및 법관 14인으로 구성되어 있다. 영국의 1심 법원은 부동산 전문법원 외에 상이군인 연금법원(War Pensions and Armed Forces Compensation Chamber), 사회법원(Social Entitlement Chamber), 건강교육사회복지법원(Health, Education and Social Care Chamber), 일반법원(General Regulatory Chamber), 조세법원(Tax Chamber), 이민법원(Immigration and Asylum Chamber) 등 다양한 전문법원을 가지고 있다.

영국의 부동산 전문법원 주거부문에서는 임대료 인상, 임대차 분쟁(서비스 수수료, 임차인 조합 인정, 관리분쟁), 임대권(leasehold) 분쟁(계약 갱신, 연장, 변경, 종료 등), 이동식 주택(park home) 분쟁, 지방정부가 부과한 벌금, 임대료 지불, 주택법에 의한 시설 개선(improvement) 또는 금지(prohibition) 관련 분쟁, 다중 공유주택(House in Multiple Occupation: HMO) 자격(허가) 관련 사건, 공공임대주택 매입(Right to Buy) 관련 사건, 금지된 수수료(예: 임대료 신용카드 지불 시 수수료 부과 등) 관련 사건 등 주거와 관련된 다양한 사건들을 다룬다.

영국의 부동산 전문법원 운영 중 임차인 보호와 관련한 중요 사례로는 사회주택 임차인 퇴거와 관련한 선행조치지침(pre-action protocol) 적용을 들 수 있다. 영국의 법무부(Ministry of Justice)에서는 사회주택 사업자들이 임대료 체납가구들에 대한 퇴거절차 진행 시 선행조치지침을 따르도록 민사소송 규칙(procedural rules)으로 정하고 있다. 사회주택 사업자는 선행조치지침에 따라 임대료 연체가구에게 퇴거계획과 관련한 충분한 정보를 제공하여야 하며, 임대료 연체 문제 해결을 위한 중재·협상의 노력을 해왔음을 법원에서 증명하여야만 퇴거 결정을 받을 수 있다.[39] 이는 법원이 운영하는 소송규칙을 통해 임차인의 강제퇴거를 예방하고 주거안정을 도모하는 사례로서 국내의 공공임대주택 임차인 퇴거 관리에 벤치마킹하는 방안도 고려해볼 수 있다.

---

39 김정섭 외(2020), "임대료 연체세대 주거안정을 위한 대책 마련 연구용역 최종보고서", 서울주택도시공사, 서울시 중앙주거복지센터.

4) 캐나다 임대차위원회

(1) 온타리오주 임대차위원회

캐나다는 전통적으로 임대인에게 유리하게 임대차시장과 제도가 운영되어온 곳이지만, 최근 임차인의 권리 보호를 위한 다양한 입법들이 마련되고 있으며, 온타리오주의 임대차위원회(Landlord and Tenant Board)도 이러한 정책 사례 중 하나이다. 캐나다 온타리오주는 1998년 임차인보호법(Tenant Protection Act)에 기초하여 온타리오 임차주택법원(Ontario Rental Housing Tribunal)을 개소하였으나, 해당 법원은 임대인에게 유리하게 운영된다고 비판받아왔다. 따라서 2006년 주택임대차법(Residential Tenancies Act)을 통하여 임대차위원회(Landlord and Tenant Board)를 만들고 일반법원에서 주택임대차 관련 법률 분쟁을 분리하여 임대차위원회에서 판결을 하도록 하였다. 즉 임대차위원회는 임대차분쟁 조정 및 퇴거 관련 판결 역할을 전담하고 있다.

임대차위원회는 주택임대차법에 따라서 임대인이 임차인에게 제공하도록 의무화된 임차동의서(Tenancy Agreement)와 관련된 사건, 임대인의 권리와 의무 등을 종합적으로 판단하여 판결한다. 주택임대차법에서는 임대인의 권리로서 임대료 설정, 개인정보 요청, 보증금 징수, 주택 보안 및 잠금장치 교체, 임대료 조정을 규정하고 있다. 또한 임대인의 의무 사항으로서 유지 및 보수, 난방·전기·연료·냉온수 등 시설 기준 충족, 임차인에게 임차동의서 제시, 사전 고지 없이는 임대한 주택에 출입 금지 등을 명시하고 있다. 즉 온타리오주는 주택임대차법상 임대인의 권리와 의무를 명확히 규정하고 임대인의 권리와 의무가 제대로 지켜졌는지를 중심으로 임대차위원회에서 판단하여 임대차와 관련한 분쟁과 사건을 판결하는 시스템을 운영한다.

(2) 브리티시콜롬비아주, 주거임대차위원회

브리티시콜롬비아주는 임대차규제법(Residential Tenancy Act and Regulation)에 기초한 주거임대차위원회(Residential Tenancy Branch)에서 임대차 관련 분쟁·조정 및 사건 판결 역할을 담당하고 있다. 주거임대차위원회가 다루는 사건의 범위는 임대차계약 종료, 집수리, 금전적 보상, 명도, 체납 임대료 및 건물 손상 보상 등과 관련한 분쟁이다. 임대차 분쟁이 위원회에 접수되면 30일 이내에 판결하도록 규정되어 있으며 필요시 공청회(hearing)를 개최할 수 있다. 위원회는 최대 2만 5,000달러까지 소액소송 판결을 담당하며, 소송가액이 2만 5,000달러를 초과하는 사건은 상급법원에서 판결하도록 하고 있다.

브리티시콜롬비아주는 주거임대차위원회를 운영하지만, 전반적인 제도가 임대인에게 유리하게 구성되어 있다. 임대인이 임대료 체납 등 여러 가지 사유로 임대차 종료를 통지하면 임차인이 정해진 기일 내에 이에 대해 분쟁조정을 신청하지 않을 경우 임대인의 통지가 효력을 발휘하는 구조이다. 주거임대차위원회의 2015년 가이드북[40]에 따르면 임대료 체납의 경우 임대료 체납 다음 날부터

---

40 Residential Tenancy Branch(2015). A Guide for Landlords & Tenants in British Columbia. Retrieved from https://www.rentingitright.ca/sites/default/files/pictures/act_english.pdf

10일 이내 임대차 종료가 됨을 통지할 수 있으며, 임차인은 정해진 기간 내에 분쟁 조정을 위원회에 신청하여야 한다. 분쟁조정을 신청하면 퇴거통지의 효력이 중지되고 위원회에서의 분쟁조정 절차가 개시가 된다. 임대차 종료 통지일까지 위원회에 분쟁조정이 신청되지 않거나, 체납된 임대료를 지불하지 않으면 임차인은 퇴거를 하여야 하며, 통지 6일차부터는 임대인은 명도 명령을 위원회에 신청할 수 있다.

5) 해외 사례의 시사점

해외 주요국에서는 유럽연합 집행위원회가 마련한 퇴거예방 중심의 주거정책 추진전략과 같이, 임차인을 보호하고 임대료 연체 등으로 위기에 처한 가구를 지원하기 위한 다양한 정책적·제도적 노력을 지속하고 있다. 국내의 주거정책도 임차인의 주거안정을 위협하는 강제퇴거를 최소화하고 사전에 퇴거를 예방할 수 있는 예방 중심의 주거지원정책으로 공공임대주택과 주거지원 프로그램들이 재편될 필요가 있다.

해외 주요국은 임차인과 임대인 간의 분쟁을 조정하고, 임차인의 주거안정을 강화하기 위해 법률 지원서비스, 중재서비스 등 다양한 지원서비스를 연계하여 제공하고 있으며, 주거법원을 통해 임대차 분쟁들이 조정되고 해결될 수 있는 제도를 가지고 있다. 물론 미국이나 영국과 같이 소송이 많은 국가의 사례를 그대로 국내에 참고할 수는 없지만, 주거법원에서 단순히 임대차 분쟁뿐 아니라 도시계획 이슈, 다중공유주택, 공공임대주택 매입(Right to Buy) 등 주택과 관련한 다양한 법적 분쟁들을 주거전문법원에서 판결하는 점은 참조할 만하다.

캐나다의 주거법원 사례가 주는 중요한 시사점은 임차인 보호를 위해 임대차위원회나 여러 다양한 방식의 제도를 도입하더라도, 근본적으로 임차인 보호 중심의 임대차보호법 근거가 없다면 주거법원 형식의 사법적 제도 자체가 임차인 보호를 담보할 수는 없다는 점이다. 임대인에게 유리하게 되어 있는 브리티시콜롬비아주의 주거임대차위원회 규정 등이 이러한 우려를 반영한다. 따라서 주거법원이나 주택임대차분쟁조정위원회에서 분쟁 조정 및 판결이 필요한 경우 해당 법적 기준과 판례가 임차인 보호를 중심으로 이루어질 수 있는 사회적 동의와 여건 마련이 우선될 필요가 있다.

3. 주택임대차분쟁조정위원회 현황 및 한계

주택임대차보호법 개정 등 변화된 주택임대차시장 환경 속에서 증가할 것으로 예상되는 분쟁조정 기능을 강화하기 위한 방안으로서 기능 확대가 고려되고 있는 주택임대차분쟁조정위원회 운영 현황을 중심으로 그 역할과 한계점을 고찰한다.

1) 주택임대차분쟁조정위원회 운영 현황

주택임대차분쟁조정위원회는 2017년 5월 법률구조공단 산하에 설치되어 임대인과 임차인의 분쟁조정 업무를 담당하고 있다.

2020년 8월 현재 110명 규모로 운영되고 있으며, 조정위원 73명, 심사관 13명, 조사관 18명, 실무관 6명 등으로 구성되어 있다. 30여명의 심사관과 조사관 중 변호사 자격 소지자는 17명이다. 2019년 예산은 527억 3,600만 원이며 서울중앙지부 외에 수원, 대전, 대구, 부산, 광주 5개 지역지부를 운영하고 있다.[41]

주택임대차와 관련하여 임대인과 임차인의 분쟁이 발생하여 조정신청이 들어가면 주택임대차분쟁조정위원회는 신청을 접수 받고, 상대방에게 수락 여부를 확인한다. 「주택임대차보호법」 제21조 제3항 제5호에 의해 "피신청인이 조정절차에 응하지 아니한다는 의사를 통지하거나 조정신청서를 송달받은 날부터 7일 이내에 아무런 의사를 통지하지 아니한 경우"에는 조정신청을 각하한다. 피신청인이 조정신청을 수락하면 조정절차가 개시되고, 도출된 조정안에 대하여 상대방이 수락하면 조정이 성립되고, 수락하지 않으면 조정 불성립이 된다. 조정이 성립되면 해당 조정 내용에 대하여 강제집행이 가능하다.

2017년 주택임대차분쟁조정위원회가 설립된 이후 연간 3,000건 미만의 조정이 접수되고 있으며, 이 중 60% 내외의 접수 건은 상대방의 불수락 등의 사유로 조정이 미개시된다. 전체 접수 건수와 비교하여 조정이 성립되는 사례는 20~25% 수준이며, 조정 불성립은 2~3% 수준이다. 조정이 미개시되거나 조정이 불성립하게 되는 경우에는 법정에서 다툼으로 이어질 수 있다.

주택임대차분쟁의 유형을 보면 주택에 대한 보증금 반환이 전체

---

41   국회예산정책처(2020). "2019 회계연도 공공기관 결산 위원회별 분석 I"

<그림 2-10> 주택임대차분쟁 조정절차

자료: 주택임대차분쟁조정위원회 홈페이지(www.hldcc.or.kr)

<표 2-11> 주택임대차분쟁조정위원회 사업실적 2017-2019   (단위: 건, %)

구분	접수	처리								진행
		계	조정 미개시	조정개시						
				조정 성립	조정 불성립	미조정 결정	취하 등	소계		
2017	1,088 (100)	893 (82.0)	528 (42.5)	266 (24.4)	37 (3.4)	2 (0.2)	59 (5.4)	364 (33.5)		196 (18.0)
2018	2,711 (100)	2,541 (93.7)	1,600 (59.0)	653 (24.1)	63 (2.3)	5 (0.2)	220 (8.1)	941 (34.7)		170 (6.3)
2019	2,861 (100)	2,697 (94.3)	1,834 (64.1)	533 (18.6)	55 (1.9)	2 (0.1)	273 (9.5)	863 (30.2)		164 (5.7)

주: 2017년은 7월부터 사업 실시로 6개월간의 성과임.
자료: 국회예산정책처(2020). "2019 회계연도 공공기관 결산 위원회별 분석 I". p.5

의 71.4%로 가장 많은 비중을 차지하고, 원상회복 또는 임대인의
시설 제공 의무와 관련된 유지·수선의무 관련이 8.0%로 다음으로
비중이 높다. 계약 이행·해석 및 손해배상 관련 분쟁의 비중도 높
은 편에 해당한다. 임대차분쟁의 유형별로 조정성립 비중은 주택·
보증금반환은 평균적인 수준이며, 유지·수선의무 및 계약 이행·해

<표 2-12> 주택임대차분쟁조정위원회 분쟁의 유형별 현황(2017년~2020년 7월)

분쟁의 종류	전체 신청 건수	비중 (%)	임차인 신청 건수	임차인 신청 비중(%)	조정 성립 건수	조정 성립 비중(%)
차임/보증금 증감	36	0.5	32	88.9	7	19.4
임대차기간	56	0.8	53	94.6	12	21.4
주택/보증금 반환	4,722	71.4	4,545	96.3	964	20.4
유지/수선 의무	528	8.0	501	94.9	92	17.4
계약 이행/해석	420	6.3	395	94.0	59	14.0
계약 갱신/종료	262	4.0	255	97.3	85	32.4
손해배상	399	6.0	383	96.0	96	24.1
중개사보수 등	36	0.5	36	100.0	10	27.8
표준계약서 사용	1	0.0	0			
기타	156	2.4	156	100.0	28	17.9
계	6,616	100.0	6,356	96.1	1,353	20.5

자료: 주택임대차분쟁조정위원회 유형별 접수 및 조정 현황(내부 자료)

석과 관련한 조정 성립 비중은 각각 17.4%, 14%로 상대적으로 낮게 나타났다.

2017년부터 2020년 7월까지 전체 신청 6,616건 중 임차인이 신청한 분쟁조정신청은 6,356건으로 96.1%에 달하여, 임차인들이 주택임대차분쟁조정위원회를 활용하여 보호를 받는 사례가 많은 것으로 나타났다. 차임·보증금 증감과 관련한 분쟁조정신청은 대략 10%는 임대인이 제기하는 것으로 다른 임대차분쟁 유형과 달리 임대인의 신청 비중이 상대적으로 높은 편이다.

주택임대차보호법에 근거하여 지방정부도 자체 주택임대차분쟁조정위원회를 설치할 수 있는데, 국회예산정책처[42]에 따르면 2019년 기준 경기도는 4건, 서울시는 113건의 분쟁조정을 수행하여, 위원회 구성원 대비 실적은 법률구조공단의 주택임대차분쟁조정위원회에 비해 미비한 편으로 지방정부 주도의 주택임대차분쟁조정위원회의 조정 역할은 부족하다.

2) 주택임대차분쟁조정위원회 운영의 한계점

주택임대차분쟁조정위원회 접수된 분쟁의 96%가 임차인이 신청하는 현황을 고려할 때, 분쟁조정이 효과적으로 이루어진다면 주택임대차분쟁조정위원회가 임차인 보호 기능을 충분히 담당할 수 있을 것이다. 하지만 분쟁조정위원회의 법적 성격상 피신청인이 분쟁조정에 응하지 않을 경우 조정절차가 개시되지 아니한다. 2019년 기준으로 전체 신청건수의 64%가 조정 미개시로 분쟁조정이 이루어지지 않는 경우가 많으며, 분쟁조정 절차가 개시되더라도 조정 불성립이 되는 경우가 있어 실제 조정이 성립되는 경우는 전체 신청건수 기준 20% 수준이다. 즉 현행 주택임대차분쟁조정위원회에 신청되는 사건 중 80%는 조정 미개시 또는 조정 불성립으로 분쟁 해결이 원활히 되지 않고 있다. 주택임대차분쟁의 결과는 임차인의 주거안정에 직접적인 영향을 미치는 요소로서 빠른 시일 내에 결론에 도달할 필요가 있으나, 현행 주택임대차분쟁조정위원회 운영을 통해서는 조정을 강제할 수 없어 분쟁이 장기화되고 임차인의 주거

---

42 국회예산정책처(2020). "2019 회계연도 공공기관 결산 위원회별 분석 I".

안정을 저해하는 결과로 이어질 수 있다. 따라서 주택임대차 분쟁
사건에 대해서는 단순히 분쟁조정이 아닌 신속한 판결이 가능한
사법적 제도 도입을 고려해볼 필요가 있다.

4. 주거법원 도입 방안

1) 주거법원을 통한 임대차분쟁의 효과적 관리

임대차3법 도입 이후 국내의 임대차 관련 분쟁은 증가할 것으로
예상된다. 임대차 분쟁 증가에 대비하여 개정된 「주택임대차보호
법」에서는 한국토지주택공사 및 한국감정원 지사 및 사무소에 주
택임대차분쟁조정위원회를 설치하여 운영할 수 있도록 법적 근거
를 마련하였다.[43] 동아일보의 보도[44]에 따르면 개정된 주택임대차
보호법이 시행된 2020년 7월 31일부터 9월 18일까지 주택임대차분
쟁조정위원회에 접수된 상담 건수가 1만 4,830건으로 2019년 같은

---

43 주택임대차분쟁조정위원회 및 상가임대차분쟁조정위원회를 같이 LH와 한국감
정원 지사 및 사무소에 설치할 계획이며, 국토교통부 보도자료(2020년 10월 13일)
에 따르면 2020년 11월 1인 기준, 인천, 청주, 창원에 LH 운영 임대차분쟁조정
위원회가 신설되며, 서울 동부, 전주, 춘천에 한국감정원이 운영하는 임대차분
쟁조정위원회가 설립된다. 2021년에는 제주, 성남, 울산(LH) 및 고양, 세종, 포항
(한국감정원)에 각각 임대차분쟁조정위원회가 설립되어 기존의 법률구조공단의 6
개 지부를 포함하여 총 18개의 임대차분쟁조정위원회를 운영하게된다(국토교통
부, 2020.10.13, "상가건물 임대차보호법 시행령,개정안 국무회의 통과" 보도자료).

44 동아일보(2020.9.25). "집주인-세입자 갈등 줄이려면". https://www.donga.
com/news/article/all/20200925/103101682/1

기간의 8,614건과 대비하여 1.7배 증가하였다고 한다. 주택임대차보호법 개정으로 인해 많은 문의사항이 주택임대차분쟁조정위원회에 상담으로 접수된 것으로 판단된다. 분쟁조정위원회의 가장 큰 장점은 변호사 선임비용 등을 절감할 수 있고, 소송에 소요되는 기간을 단축할 수 있다는 점이다. 따라서 주거법원 도입을 검토할 경우 법원 기능을 통하여 분쟁조정위원회의 장점을 살릴 수 있는지를 고려하여야 한다.

임대차분쟁의 특징은 주택보증금반환을 제외하면 소송으로 갈 경우 대체로 소액사건[45]에 해당한다는 점이다. 민사소송에서는 소송목적의 값이 3,000만 원 이하인 사건은 「소액사건심판법」에 근거하여 다른 민사사건에 비해 간소한 절차로 소송이 진행되도록 하고 있다. 따라서 분쟁조정 절차가 아닌 소송절차로 들어가더라도 분쟁조정과 유사하게 신속한 판결은 가능하다. 주택임대차분쟁위원회 접수사건 중 71%를 차지하는 보증금 반환건은 소송절차로 들어갈 경우 보다 기일이 소요될 수 있으나, 보증금을 활용하여 주거이동이 이루어지므로, 신속한 판결이 보장되는 제도 마련이 요구된다. 이 경우 주거법원에서 민사조정제도를 활용할 수 있겠다. 민사조정제도는 민사에 관한 분쟁을 법관이나 법원에 설치된 조정위원회가 간이한 절차에 따라 조정을 진행하는 제도이다. 임대차분쟁조정위원회에서의 기능을 주거전문법원을 설립한다면 법원 내 조정위원

---

45 소액사건은 소장 접수 후 즉시 변론기일을 지정하여 1회의 변론기일로 심리를 마치고 즉시 선고 가능하다(찾기쉬운생활법령정보, www.easylaw.go.kr).

회를 통해 유사하게 유지할 수 있다.[46] 소송절차를 개시 후 판사가 직권으로 조정에 회부할 수도 있으므로, 당사자 간의 동의가 이루어지지 않으면 조정절차가 개시되지 않는 임대차분쟁조정위원회의 한계점을 극복할 수도 있다.

2) 주거법원의 기능

주거법원은 미국, 영국 등의 해외 사례에서 볼 수 있듯이 단순히 주택임대차 관련 사건만을 다루지 않는다. 주택임대차 분쟁 및 소송 사건 외에도 주택과 관련한 하자·보수, 건축물 관련 분쟁, 생활 환경 관련 분쟁, 공동주택 관리와 관련한 분쟁 등 다양한 분쟁과 소송을 다룰 필요가 있다. 현재 국내에서는 개별법에서 다양한 분쟁조정위원회를 설치·운영하고 있는데 역할이 미비한 위원회도 다수 존재한다.[47] 개별법에서 난립하고 있는 분쟁조정위원회를 주거법원 내의 조정위원회로 통폐합하여 운영함으로써 운영의 효율성을 담보할 수 있겠다. 또한 주거법원이 다루는 사건의 범위를 주택

---

46 당초, 법원에서 이루어지던 임대차 관련 민사조정의 사례수가 증가하여, 2017년 별도의 주택임대차분쟁조정위원회를 설립하여 운행하게 되었으므로, 역으로 현행 주택임대차분쟁조정위원회 기능을 주거법원의 조정위원회로 이전하는 것이 가능하다.

47 「공동주택관리법」상 공동주택(보통 아파트)의 하자와 관련된 민사 분쟁을 해결하기 위해 설립한 국토교통부 하자심사·분쟁조정위원회, 「건축법」에 근거한 건축분쟁전문위원회, 「환경분쟁조정법」에 기초한 환경분쟁조정위원회, 「공동주택관리법」상 공동주택관리 분쟁조정위원회, 「민간임대주택에 관한 특별법」 및 「공공주택특별법」에 따라 임대주택분쟁조정위원회 등이 주거와 관련된 분쟁조정사건을 다룬다.

에 대한 소유권, 개발과 관련한 부분까지 확대하는 것도 고려해볼 수 있다. 「도시 및 주거환경정비법」 등 각종 개발법에 기초한 개발 과정에서 발생하는 주거, 철거민, 소유권 분쟁, 「국토의 계획 및 이용에 관한 법률」상 도시계획과 관련한 분쟁 등을 포함하는 것이다. 장기적으로는 주거법원에서 부동산 전문법원으로 발전시켜 주택임대차뿐 아니라 상가임대차와 관련한 분쟁과 부동산 개발과정에서의 분쟁 및 소송을 전담하도록 할 수 있다.

5. 마무리하며

계약갱신청구권제, 전월세상한제, 임대차신고제로 불리는 임대차3법이 제정되고 시행됨에 따라, 기존의 주택임대차 거래 관행과 시장에 큰 변화를 일으키고 있다. 2년 단위의 주택임대차 거래 관행이 4년 단위로 변화할 것이며, 보다 임차인을 보호하기 위한 주거문화 기반이 마련될 것으로 예상된다. 하지만 법 시행과 제도 정착과정에서 발생하는 임대인과 임차인의 갈등과 분쟁을 조정하기 위한 정책적 노력도 필요하다. 해외 주요국은 임차인과 임대인 간의 분쟁을 조정하고, 임차인의 주거안정을 강화하기 위해 법률지원서비스, 중재서비스 등 지원서비스를 제공하고 있으며, 주거법원을 통해 분쟁을 해결하는 제도를 가지고 있다. 하지만 근본적으로 임차인 보호 중심의 사회적 여건 마련이 전제되어야만 주거법원 등 사법적 기관이 실질적인 임차인 보호 기능을 담당할 수 있다.

현재 주택임대차분쟁조정위원회에서 소요되는 분쟁조정 수요로 볼 때, 주거법원을 통한 분쟁조정 기능 강화가 필요한지 판단하기에는 이르다. 개정된 「주택임대차보호법」과 관련한 분쟁과 소송의 추이를 모니터링할 필요가 있기 때문이다. 하지만 중장기적으로 주택임대차분쟁조정의 실효성을 높이고, 사법적 기능을 통한 임차인의 주거권 강화를 지원하기 위해서는 별도의 조정위원회가 아닌 법원 내의 조정위원회의 조정이나 소액사건 등을 통한 갈등 해결이 보다 효과적일 수 있다. 보증금과 같이 소액재판에 해당하지 않는 사건도 주거안정을 위한 신속한 재판 절차를 도입하여 임대인과 임차인의 갈등과 분쟁을 중재, 조정, 판결할 수 있다. 법원의 소액재판이나 조정위원회, 신속처리절차 등을 활용할 경우 현행 주택임대차분쟁조정위원회에서 각하되어 조정 개시되지 못하는 60% 내외의 신청건수에 대하여도 실질적인 조정기능을 담보할 수 있으며, 이는 조정 신청의 절대다수를 차지하는 임차인을 보호하기 위한 제도적 장치가 될 수 있기 때문이다.

또한 주거전문법원을 운영하게 되면 영국의 선행조치지침과 같이 강제퇴거를 예방하여 임차인을 보호할 수 있는 사법적 절차와 기준을 도입하여 운영 할 수 있을 것이다. 주거법원-지방정부로 연계되는 주거 거버넌스에서 명도소송으로 위기에 처한 임차가구에 대한 정보수집과 주거지원 및 법률서비스 연계도 보다 원활히 이루어질 수 있을 것으로 기대된다. 주택임대차 분쟁 조정 및 주거와 관련한 복잡하고 다양한 사회적 갈등을 해결하기 위한 주거법원 제도 도입은 우리 사회가 임차인 보호를 통한 주거권 실현으로 한 걸음 더 나아가기 위한 초석이 될 수 있을 것이다.

제3장

·

도시정책

도시생태계를 살리는
시민체감형 도시르네상스사업

홍경구(단국대학교 교수)

1. 서론

1) 국내 도시재생사업 변화과정

최근 도시재생이란 말을 일반인들도 너무나 자연스럽게 사용하고 있다. 도시재생의 정의를 보면 인구의 감소, 산업구조의 변화, 도시의 무분별한 확장, 주거환경의 노후화 등으로 쇠퇴하는 도시를 지역 역량의 강화, 새로운 기능의 도입·창출 및 지역자원의 활용을 통해 경제적·사회적·물리적·환경적으로 활성화하는 것을 말한다.

현재 도시재생사업의 대상 지역선정은 인구지표, 사업체지표, 생활환경지표 등 3개의 지표를 기준으로 선정된다. 인구지표는 지난 30년 중 가장 많았던 시기와 비교해서 20% 이상 감소지역 또는 최근 5년간 3년 연속 감소지역을 대상으로 하고 사업체 지표는 지난 10년 중 가장 많았던 시기와 비교해서 5% 이상 감소 또는 최근 5년간 3년 연속 감소지역이 대상이다. 생활환경지표는 20년 이상 노후 건축물 50% 이상인 지역을 대상으로 선정되는데, 이들 3개의 지표 중에서 2개 이상의 지표에 해당하면 도시재생사업을 진행할 수 있다.

최근 통계에 따르면, 국내 대부분의 도시는 저성장, 저출산, 고령화 등으로 전국 3,470개 읍·면·동 중에서 2,239개인 65%의 도시들이 위의 3개 지표 중에서 2개 이상의 지표에 해당하고 있다. 이미 도시쇠퇴 징후를 오래전부터 나타내고 있으니 전국의 지방자치단체들은 쇠퇴지역의 재생을 위한 국비를 확보하기 위해 도시재생의 광풍이 몰아치고 있다 해도 과언이 아니다. 도시마다 도시재생사업을 지원하는 도시재생지원센터를 만들고 다양한 주민참여 방법을 모색하여 주민아이디어를 발굴하고 재생사업 지역에 부족한 다양한 생활 SOC 시설, 보육시설, 공동체시설 등을 공급하고 있다. 나아가 재생사업을 통해 쇠퇴지역 재생을 시도하고 있다.

그런데 이런 정부 주도의 도시재생사업들이 도시재생특별법 제정 이후에만 추진된 것은 아니다. 사실 오래전 노무현 정부에서도 '살고 싶은 도시 만들기 사업(시범 마을 사업과 시범 도시 사업)'과 '살고 싶은 도시 만들기센터'가 만들어졌다. 이명박 정부에서는 '도시활력증진지역 개발사업'이라는 이름으로 추진되었고 역시 지원센터가 만들어져 운영해왔다. 특히 이 시기의 사업들은 지역의 핵심 가로

들이 도시재생사업을 통해 활성화되었고 이런 성과는 2013년 도시
재생특별법을 만드는 계기가 되었다.

도시재생특별법이 만들어진 이후, 지금까지 박근혜 정부의 도시
재생사업에서 문재인 정부의 도시재생뉴딜사업으로 이어져 오고
있다. 이러한 역사적 과정을 비추어볼 때, 정부지원의 규모와 종류
에 일부 차이가 있지만 도시재생의 철학이나 내용은 대동소이하
다. 즉 정부가 교체되면서 도시재생사업들이 다른 이름으로 추진되
었고 새로운 정부 부처에서는 지난 정부와 차별화를 꾀하였음에도
불구하고 대부분 유사하게 진행되었을 뿐만 아니라 문제점들조차
도 유사하게 나타나고 있다.

2) 주민참여형 도시재생사업 문제점

노무현 정부부터 문재인 정부까지 도시재생사업의 문제점이 추
진되면서 형식적 주민참여와 주민들의 권력화, 이로 인한 갈등과
공동체 간의 다툼, 지역활성화사업에서 국비 및 지방비 재원의 의
존도 심화, 민간자본의 참여기회 부족과 사업의 효과 부족, 시대적
패러다임과 맞지 않은 공동체 교육형식과 내용, 지역별 특성을 고
려하지 않은 유사한 사업들의 반복 및 체감 효과 부족, 도시재생
전문인력 부족과 센터 역할 모호 등 수많은 문제점이 언론과 방송
을 통해 보도되었다.

더욱더 심각한 것은 전문가 중심에서 진행되었던 다양한 사업들
이 주민 중심과 전문가 지원 형식으로 바뀌었고 민간개발사업자들
은 소외될 수밖에 없었다.

따라서 전문가나 민간 사업자들의 합리적인 안이라도 주민들의 권력화 과정에서 받아들여지지 않았고, 많은 도시계획가 및 도시설계 관련 전문가들의 피로도가 증가하여 도시재생사업 참여를 포기하거나 마지못해 관여하는 실정이다.

이러한 과정에서 우리는 앞으로 지난 정부들과 차별화된 도시재생사업을 시작할 수 있는지, 앞에서 언급한 도시재생문제들을 합리적으로 개선하여 시민체감형 사업으로 만들어갈 수 있는지, 쇠퇴도시에 적합한 도시생태계를 살려 도시마다 차별화된 도시 르네상스를 만들어낼 수 있는지 등 국내의 쇠퇴하는 도시들은 어려운 상황에 직면해 있다. 따라서 여기서는 현재 도시재생사업의 추진현황에 관해 간단히 살펴보고 도시재생이 장기적으로 나아가야 할 방향에 관해 제언해보고자 한다.

3. 도시재생특별법 이후 도시재생사업지정현황

1) 박근혜 정부의 도시재생사업 현황

도시재생특별법이 제정된 이후로 정부는 많은 도시재생사업을 지원하고 있다. 박근혜 정부에서는 2014년 13개소가 선도지역, 2016년 33개소가 경제기반형과 근린재생형(일반근린형 및 중심시가지형)이라는 유형으로 지원되었다.

박근혜 정부에서 시행된 도시재생사업 대상들은 면적에 비해서 지원사업비 및 국비지원 규모가 매우 부족하고, 관문심사라는 이름으로 형식적인 계획과정 검토로 인해 사업진행도 지연되었다.

그렇다 보니 사업의 체감효과를 느끼기에는 한계가 분명하였다. 그런데도 지난 정부의 도시재생사업들은 지역의 공동체를 구성하기 위한 노력 및 전문가들과 주민들의 참여를 통해 급격한 국내의 도시화 과정에서 해체된 공동체 형성과 건강한 지역사회에 구성에 매우 필요한 과정이었다고 평가하는 전문가도 있다.

하지만 여전히 그 효과를 체감하기에는 한계가 있어 적극적인 변화가 필요하였다.

2) 문재인 정부에서 도시재생사업 현황

문재인 정부가 들어서면서 도시재생사업은 도시재생뉴딜사업으로 이름을 변경하고 사업유형을 5개로 구분하였다. 또한 전체 사업지의 면적을 축소함으로써 단위면적당 예산이 상대적으로 증가하게 되었다. 그렇다 보니 박근혜 정부보다는 단위면적당 투여되는 예산이 10배가 늘어났는데, 평당 약 50만 원에서 100만 원까지 투자되었다.

이는 급격한 도시화의 과정에서 부족해진 기반시설 확충에는 지난 정부보다는 더 많은 기여를 하고 있다. 특히 주차장, 공공시설 등 생활기반시설이 부족하고 쇠퇴한 주거지에 생활 SOC라는 이름으로 재정지원을 대폭 확대하였고 지역의 노후한 가로 및 공공공간 개선을 통해 중심 시가지를 건강하게 만드는 사업도 적극적으로 선정하였다.

반면 경제기반형 도시재생뉴딜사업은 지난 정부의 사례로 판단하였을 때 효과가 미미하다고 판단하였던 것인지 개수와 비율은 상대적으로 감소하였다.

그 결과 현 정부의 도시재생뉴딜사업들은 2017년부터 2020년까지 총 410여 개소의 뉴딜사업을 선정하였다. 가히 전국의 도시별 대표적인 쇠퇴지역들은 거의 다 선정되었다고 볼 수 있다.

연도별로 살펴보면 2017년 68곳이 지정되었고, 2018년에는 포항의 지진으로 인한 특별재생지역을 포함하면 총 100곳이 지정되었다. 2019년에는 116곳이 지정되었고 2020년에도 5개의 사업유형 뿐만 아니라 2019년도 인정사업 및 총괄관리자사업, 혁신지구사업 등을 포함하면 117개소가 선정되었다.

3) 2019년도 거점개발에 초점을 둔 신규제도 현황

2019년도에는 도시재생뉴딜사업의 성과확산과 체감도를 높이기 위해 도시재생혁신지구, 인정사업, 총괄관리자 사업 유형 등 신규 도시재생사업 유형이 도입되었다.

이 중에서 도시재생혁신지구는 거점개발사업이라고 볼 수 있다. 즉 지역의 경제 및 산업거점을 창출하기 위한 개발사업이고 주로 공기업의 참여로 진행된다. 인정사업은 점 단위 건축사업으로 지역의 부족한 생활 SOC를 공급하는 사업이다.

한편 총괄관리자 사업유형은 공기업의 사업참여를 통해 국비 및 지방비 지원사업 이외에 민간투자를 촉진할 수 있도록 유도하였지만, 현재까지는 대부분 공공임대주택 공급에만 치중하고 있고 민간투자를 적극적으로 유치한 적은 거의 없다고 볼 수 있다.

지금까지 도시재생특별법 이후 사업유형별로 개수를 보면 경제기반형 뉴딜사업이 6개소, 중심시가지 뉴딜사업은 56개소, 일반근린형은 89개소, 주거지지원형은 62개소, 우리동네살리기는 52개소, 특별재생지역으로 1개소가 지정되었다. 신규 도시재생뉴딜지원사업으로 도입된 도시재생혁신지구는 구미, 서울 용산, 천안, 고양시에 총 4개소를 지정하였고 총괄관리사업자로 2개소, 인정사업으로 총 12개소가 지정되었다.

특히 신규제도의 도입 취지 등을 고려해서 볼 때, 도시재생사업의 변화방향은 원론적인 주민참여의 개념에서 이제는 주민(시민)체감을 극대화하고 사업의 효과를 최대화하는 방향으로 변화되고 있다.

왜냐하면 도시재생사업에서 모호한 공동체 활성화 및 공동체 모임을 만든다는 것은 많은 정치가 및 계획가의 희망사항이었지만, 실제로 이루어질 수 있을 것이라는 생각한 전문가는 거의 없을 것이기 때문이다.

그래서 초기의 살고 싶은 도시만들기시범사업부터 대부분의 도시재생사업 전문가들은 급격한 도시화의 과정에서 쇠퇴한 지역을 대상으로 지역에 부족한 물리적 환경을 개선하는 것이 더 효과적이라고 판단했는지도 모른다. 그뿐만 아니라 도시재생사업의 효과를 극대화하기 위해서는 국비 및 지방비는 마중물로서의 의미를 가질 수 있도록 다양한 민간의 참여가 필요하다고 했지만, 민간개발업자를 아직도 공동체나 사업단위의 공동체에서 거버넌스 주체로 인정하기가 어려웠다. 그렇다 보니 도시재생사업의 성과에 관해서는 많은 언론이나 방송에서 부정적인 인식이 확산하고 있다고 판단된다.

4. 도시재생사업의 전제조건과 혁신과제

1) 국내 도시재생사업 과제

국내 도시재생사업은 단기간 내 410여 개의 사업이 시행되고 있다. 이는 전 세계의 어느 나라도 국내와 같은 경험을 공유한 나라는 많지 않을 것이다.

2013년 이전에 시행된 살고 싶은 도시만들기사업과 도시활력증진개발사업을 제외하고도 2014년부터 2020년까지 선정되거나 시행되고 있는 410여 개의 도시재생사업들이 삶의 질 향상, 도시경쟁력 강화, 공동체 회복에 얼마나 영향을 줄 수 있을지 미지수다.

이렇게 많은 도시재생사업들이 추진되고 있음에도 불구하고 현재의 도시재생사업들은 효과가 크지 않고 체감되기가 어렵다는 것이 중론이다. 그렇다 보니 도시재생사업을 시행한 지역에서 일부 주민들은 전면철거형 도시재개발사업을 하자는 주장도 있다.

현재의 도시재생뉴딜사업(도시재생사업 포함)의 성과가 미미한 이유로는 거점시설 부지 확보 미흡, 주민참여형 계획에 치중한 나머지 비현실적인 사업기간, 체감할 수 있는 개선사항에 비해 부족한 사업비, 과도한 행정절차와 부서 간 협의 지연, 전담 전문인력 부족과 센터 역할 미흡, 주민협의체 간의 이권 다툼과 갈등 등 많은 문제들이 노정되고 있지만, 그중에서도 근본적인 도시환경 개선을 위한 민간참여의 부재를 들 수 있다.

한편 심혈을 기울여서 살리려고 했든 도시공동체가 도시재생대학 프로그램 또는 유사한 프로그램으로 완성될 수 있다고 판단한

일부 전문가들의 오류, 한국적 문화와 주민에 대한 이해 없이 선진
국의 사례를 소개하면서 한국도 할 수 있다는 피상적인 지식전달
등도 문제라고 판단된다. 국내의 성공적으로 시행된 도시재생 사례
등에 관한 연구보다는 해외 사례의 피상적인 도시재생사업 소개를
통해 국내 도입의 필요성을 역설한 전문가의 반성도 필요하다.

이제는 410여 개 도시재생사업에 대한 전문가들의 현실 인식과
함께 책임감, 적극적인 현실참여를 통해 성공적인 재생사업 사례 만
들기가 절실히 필요한 상황이다. 지금부터는 좀 더 실현 가능성을
높이고 파급효과를 극대화할 수 있는 국내 도시재생사업의 바람직
한 변화 방향을 위한 새로운 전제와 사업이 필요하다고 판단된다.

2) 국내 도시재생사업의 혁신을 위한 전제

(1) 국내 적용 가능한 국내외 도시재생제도 및 과정에 대한 진단

지금까지 많은 전문가가 모여서 국내 도시재생사업의 활성화 및
특화를 위해 노력하였다. 그런데도 국내 도시재생사업에 대한 평가
는 도시 내 공공거점건축물의 활용을 통한 도시재생과 일부 가로
환경 정비, 주민참여 프로그램으로 요약할 수 있다.

문제는 국내 도시의 현황에 관해 정확히 인식이 필요하다는 점이
다. 즉 국내 도시에 필요한 것이 무엇인지, 무엇을 개선할 수 있는
지, 어떻게 개선하는 것인지, 누가 적극적으로 할 것인지에 대한 근
본적인 성찰이 필요하다. 또한 쇠퇴해가는 지방도시에서 현재처럼
활용될 가능성이 빈약한 시설투자가 지속가능한지 등에 대한 성찰
이 필요하다.

나아가 도시재생사업이 효과가 있는 지역, 도시개발의 효과가 있는 지역, 축소도시 모형이 효과가 있는 지역 등 다양한 지역의 특성을 고려한 유형화된 재생사업이 필요하다. 또한 단순히 수복형의 기성시가지 정비수법뿐만 아니라 공공성이 가미된 적극적인 개발도 필요하다.

(2) 기본도시생활권 및 정주권의 개념 속에서 통합적 재생

국내 도시재생사업지의 기준은 인구감소, 산업감소, 20년 이상 노후건축물의 50% 이상인 지역을 대상으로 하고 있다. 지금처럼 단순한 지표보다는 인간으로서 최소한의 기본적인 정주환경 속에서 삶을 누릴 수 있는 '기본도시정주권'을 정립하여 진행할 필요가 있다.

이때 기본도시정주권이란 적어도 신도시 수준에 버금가는 기본적인 생활환경을 구축하는 것을 목표로 설정하는 것이 타당해 보인다. 부족한 생활기반시설을 확충하고 지역의 경제적 재생과 문화적 재생, 환경적 재생이 함께 이루어져 삶의 질을 높일 수 있도록 유도하는 것이다.

(3) 도시재생사업구역의 대상 확대를 통한 도시생태계 활성화

도시의 활성화는 쇠퇴지역에 대한 물리적 개선과 주민참여로 인한 활성화만으로 되는 것은 아니다.

도시의 활성화가 되기 위해서는 도시생태계를 살려야 한다. 도시생태계는 도시 전체가 하나의 유기체처럼 되어 있어 한 곳만 활성화한다고 되는 것이 아니다. 도시의 전체지역이 유기적인 관계 속에서 함께 활성화될 때 비로소 도시는 활성화되고 성장한다.

따라서 도시재생사업구역이 쇠퇴지역만을 대상으로 하는 것이 아니라 일반지역도 함께 활성화 대상이 되어야 한다. 쇠퇴지역과 일반지역의 재생이 동시에 추진이 될 때 도시 생태계는 회복되고 전반적으로 활성화 및 성장이 가능해질 것이다.

(4) 적극적인 민관협력 파트너십을 통한 파급효과 극대화

현재의 도시재생사업은 국비 위주의 마중물 사업으로 구성되어 있다. 그래서 각 사업지당 투여되는 금액은 국비 지원금액으로 한정된다. 그렇다 보니 거점시설을 몇 개 건축하면 사실 사업의 종결이나 마찬가지다. 마중물로서 역할을 전혀 못 하고 있다.

이와 함께 주민참여를 통해 주민 협력 프로그램을 발굴하고 일부 사회적 경제조직으로 발전하면 성공적인 재생이라고 일컬어지기도 한다.

그렇다 보니 도시재생사업의 성과를 찾기는 숨바꼭질과 같다. 대부분의 도시재생사업지역에서 도시재생사업의 효과를 찾기가 어렵다고 한다. 따라서 도시재생사업에서 정부의 투자는 마중물로서 의미를 가질 수 있도록 민간협력시스템을 구축하고 민간의 적극적인 투자를 촉진할 수 있도록 유도해야 한다.

(5) 뉴노멀 시대 적용가능한 도시공동체 운동

급격한 산업화 속에서 우리는 고유한 공동체를 잃어버렸다고 한다. 현재 도시재생사업에서 시행하고 있는 공동체는 사업을 위한 공동체로서 의미가 크다. 즉 정부의 마중물 예산이 없다면 이 공동체는 대부분 지속가능하기가 매우 어렵다. 만약 그렇다면 우리가 추구하고자 하는 공동체는 아니다.

적어도 뉴노멀 시대 경제 완숙기에서 공동체에 대한 방향 탐색이 필요하다. 단순히 과거 농촌사회에서 공동체가 아니라 다양한 계층들과 미래를 이끌 젊은 층들이 쉽게 참여하고 지속가능한 인간관계와 관계성이 가능할 수 있도록 새로운 공동체의 상을 추구할 필요가 있다.

5. 도시재생사업의 새로운 방향: 도시혁신르네상스사업

1) 도시재생사업에서 (가칭)도시르네상스사업으로 확대

앞서 설명한 바와 같이, 이제는 국부적인 도시지역에 공공시설을 공급하는 소극적 의미에서의 도시재생이 아니라, 도시의 생태계를 건강하게 하는 도시르네상스사업으로 확대를 해야 한다.

이에 대한 기본적인 논의는 앞에서도 일부 언급을 하였지만, 〈표 3-1〉과 같이 기존 도시재생사업과 비교를 통해 설명할 수 있다. 먼저 사업의 목적은 다음과 같이 차별화가 필요하다. 기존 도시재생사업은 쇠퇴지역의 재생, 즉 공공시설의 건축 및 이와 관련된 주민들을 위한 공동체 육성에 초점을 맞추었다면 가칭 도시르네상스사업은 도시 생태계를 건강하게 하기 위해 쇠퇴지역뿐만 아니라 일반지역이라도 도시 생태계를 활성화하여 선순환적 파급효과를 극대화하고자 한다.

〈표 3-1〉 도시재생사업과 도시르네상스사업과 비교

구분	도시재생사업	도시르네상스사업
사업목적	쇠퇴지역 재생	도시생태계 활성화
사업구별과 유형	쇠퇴지역: 재생사업	• 쇠퇴지역: 지역르네상스사업 • 일반지역: 도시혁신사업
사업방식	• 수복형 기성시가지 정비 • 소규모 거점공공시설확보	• 수복형 기성시가지 정비 • 소규모 거점공공시설확보 • 민간협력형 공공개발사업
사업재원	국비+지방비+기금	• 국비+지방비+기금 • 적극적 민간자본협력
협력시스템	관주도 및 공기업	관주도 및 공기업 + 민관협력파트너쉽
공동체	사업추진을 위한 공동체	기본도시생활권을 위한 도시공동체
사업세부 유형	• 뉴딜 사업유형 우리동네살리기, 주거지지원형, 근린생활일반형, 중심시가지형, 경제기반형 • 신규제도 인정사업, 혁신지구사업	• 지역르네상스사업 산업단지 르네상스, 시장융복합르네 상스, 근린주거르네상스 • 도시혁신사업 중심지 혁신거점 성장사업, 오픈스페이스 및 공공공간 혁신사업 • 도시공동체운동사업

사업 유형에서도 쇠퇴지역만 한정하여 수복형의 정비에 초점을 맞추었다면 도시르네상스 사업은 세부 유형을 설정하여 지역의 혁신거점을 개발하기 위해서 '혁신거점성장사업'을, 쇠퇴지역에 관해서는 '지역르네상스사업'으로 구분하여 도시 전체가 성장 및 활성화할 수 있도록 한다.

또한 사업재원으로서 국비 및 마중물 사업 위주의 도시재생사업이 아니라 민간협력 시스템을 도입해서 민간자본을 도입하고 수복적인 정비사업 참여뿐만 아니라 적극적인 개발사업까지 참여하도록 유도하면서 사업의 시너지 효과를 극대화하고자 한다.

마지막으로 공동체도 사업단위의 공동체가 아니라 도시 단위의 공동체를 형성하여 지역 단위의 폐쇄적인 갈등구조를 극복하고자 한다. 즉 기본적인 도시 생활권 개념 속에서 공동체가 형성되고 나아가 뉴노멀 시대에 적합한 도시공동체의 모델을 형성을 모색한다.

2) 도시혁신을 유도하는 '중심지 혁신거점성장사업'

(1) 도입 취지와 배경

현재 시행되고 있는 도시재생사업에서도 중심지를 성장시키기 위한 사업들은 있다. 대표적으로 중심시가지재생사업을 들 수 있는데, 이 사업은 국비와 지방비에 대부분 의존하여 사업을 집행하고 있다.

해당 사업비는 국비와 지방비를 포함해서 약 300억 원 내외이다. LH 및 지방공기업이 공공주택 공급도 함께 하면 일부 사업비가 증가하지만, 민간이 만들어낸 도시생태계를 살리기 위한 사업비는 전혀 없다고 해도 과언이 아니다.

이유는 도시재생의 세부사업들이 공공시설 건립에 주로 예산이 투여되기 때문이다. 그렇다 보니 민간협력사업 발굴은 전무할 수밖에 없고 민간영역에 해당하는 산업생태계 등의 도시생태계를 건강하게 하거나 강화하는 어떤 예산도 잡혀 있지 못하다.

따라서 도시생태계를 건강하게 하고 지속가능한 산업발굴을 위해서는 중심지역에 지역의 도시생태계를 혁신할 수 있는 혁신거점성장사업이 필요하다.

(2) 목표 및 실현전략

중심지 혁신거점성장사업은 쇠퇴지역이나 일반지역에 지역의 산업생태계 및 도시생태계를 건강하고 유지하거나 혁신할 필요가 있을 때 민간의 창의적인 아이디어와 공공의 적극적인 지원을 바탕으로 지역의 혁신성장거점을 만드는 사업이다.

여기서 중요한 것은 정부의 지원은 철저히 마중물 사업의 개념 속에서 이루어져야 한다. 이미 잘 알고 있듯이 영국의 도시재생사업 성과측정은 공공자본 투여 대비 민간자본투여량으로 산정하고 있다. 이는 도시의 혁신은 정부의 지원이 촉발은 유도할 수 있지만, 민간의 창의적인 아이디어와 투자와 결부될 때 혁신성장거점을 만들 수 있다는 것이다.

따라서 쇠퇴해가는 지방이 수도권의 도시들과 경쟁할 수 있는 혁신성장거점을 형성하고 나아가 해당 도시의 산업생태계 및 도시생태계가 활성화될 수 있도록 유도해야 한다.

이를 실천하기 위해서는 도시생태계를 진단하여 지역의 혁신성장을 촉진할 수 있는 지역을 발굴해야 한다. 발굴된 지역은 민관협력시스템을 통해 산업생태계를 강화하고 혁신거점이 될 수 있도록 구역 단위의 재생 및 정비사업을 수행토록 유도한다.

해당 사업 지역은 일정 비율 이상의 공공기능 및 인프라를 제공하고 지역적 특성에 따라 일자리형, 신산업형, 문화형, 지역특화형, 복합형으로 구분하여 진행한다. 이를 통해 지역의 산업생태계를 복원하고 나아가 지역경쟁력 강화를 유도한다.

3) 제4차 산업혁명을 촉진하는 '산업단지 르네상스사업'

(1) 도입배경

국내 도시에서 산업단지는 지역의 경제성장에 매우 지대한 역할을 하였다. 산업단지는 공업활동을 위해 지정된 장소로서 다수의 공장이 대규모로 집적하여 토지이용의 효율성을 도모하고 환경오염의 효과적 관리를 목적으로 개발되었다. 1961년 경제사회발전 5개년 계획에 따라 1962년 울산공업단지를 시초로 하여 국가 단위로 운영되는 국가산업단지와 지자체에서 운영하는 일반산업단지로 구분하여 운영되고 있다.

그러나 산업생태계가 변화되면서 1960년대 및 1970년대 조성된 대부분의 산업단지가 점차 쇠퇴해가고 있다. 주된 이유는 40~50년 전에 적용되었던 엄격한 토지이용규제가 변화된 산업생태계 및 도시트렌드를 따라가지 못하고 있고 그로 인해 많은 창조적 계층들의 기피지역으로 전락하고 있다.

특히 제4차 산업혁명과 스마트공장 등의 개념이 등장하면서 이들 지역은 변화가 절실히 필요하지만, 오래된 규제로 재생의 동력이 소실하고 있다고 해도 과언이 아니다.

(2) 목표 및 실현전략

산업단지 르네상스사업은 오래된 산업단지의 활성화를 위해 제4차 산업혁명에 적응할 수 있는 새로운 개념의 토지이용과 개발을 유도하고자 한다. 특히 창조계층들의 노후화된 산업단지 재정착을 유도하고 이들의 수요와 니즈를 적극적으로 반영한 융복합형 산업단지로 정비하는 것이 절실히 필요하다.

이미 판교나 일부 성공적인 산업생태계를 구성하고 있는 지역의 창조계층들은 엄격한 용도 분리로 조성된 공업지역이 아닌 주거와 상업, 상업과 도시문화, 문화와 주거 등 일터와 삶터가 어우러진 복합적 용도(work-play-live)의 산업특화지구를 원하고 있다. 그럼에도 불구하고 산업단지의 재생은 국토교통부와 산업통상자원부의 이원화된 계획과 사업, 운영관리로 인해 창조계층의 수요를 받아들이지 못하고 있다. 따라서 이들 지역들의 개발과 활성화는 지원체계를 일원화하여 산업생태계를 재생시킬 수 있도록 시스템 마련이 필요하다.

또한 다양한 민관협력형 사업이 될 수 있도록 복합적 토지이용을 장려할 필요가 있다. 즉 산업오염이 배제된 복합산업지구 속에서는 학교 및 공원 등의 충분한 기반시설을 제공하고 다양한 문화시설과 상업시설을 제공한다.

나아가 근로자를 위한 다양한 맞춤형 주거유형 제공을 통해 직주일치의 개념을 도입할 필요가 있다.

4) 전통시장 및 상권 활성화를 유도하는 '시장융복합혁신사업'

(1) 도입배경

전통시장 및 골목상권은 자연발생적으로 또는 사회적·경제적 필요에 의해 조성되어 다양한 상품과 용역이 거래되는 장소이다. 국내에는 다양한 전통시장이 있지만, 점차 그 수가 감소하고 있다.

감소하는 전통시장과 골목상권을 활성화하기 위해 다양한 제도 정비와 함께 많은 국비가 투여되었다. 아케이드 설치, 간판 정비, 편의시설 확충 등의 물리적 정비와 함께 상권활성화 프로그램, 상인교육사업, 지역화폐 도입 등 다양한 지원에도 불구하고 전통시장과 골목상권들은 침체하고 있다. 근본적인 원인으로서는 대형마트와 같은 경쟁시설의 입지, 온라인 중심의 구매패턴으로 변화, 수요자와 공급지역의 공간적 이격 등을 들 수 있다.

한편 전통시장은 입지를 보면 접근성이 매우 양호한 곳에 입지하고 있음에도 불구하고 오피스나 대형 사업시설처럼 고밀도이용이 되지 않고 있다. 대부분 1층으로 이용하고 있고 상층부는 활용되고 있지 않은 경우가 대부분이다. 따라서 저밀도로 이용되는 있는 대부분의 전통시장 및 골목상권들이 상업지역으로 지정된 만큼 충분한 토지이용밀도를 확보하여 시장의 경쟁력을 확보할 필요가 있다.

(2) 목표 및 실현전략

이에 전통시장 및 골목상권의 활성화를 위해 시장융·복합혁신사업을 도입하고자 한다. 시장융·복합혁신사업은 현재 1층 위주의 저밀로 이용되고 있는 곳을 대상으로 지역에 필요한 다양한 도시공공기능을 제공하고 나아가 청년 가구 및 1~2인 가구의 공공주택을 제공함으로써 도시공간의 융복합적 이용을 장려하고자 한다.

따라서 공기업의 사업참여 및 민간협력 참여시스템의 구축을 통해 이를 실현할 수 있다. 현재 1층 위주의 상업공간이용을 2~3층으로 확대를 하고, 상층부는 부족한 도시공공기능 및 공공주거를 입지시킴으로 공공기능의 충족뿐만 아니라 시장의 활성화를 위한 배후수요를 늘릴 수 있다. 특히 공공주거는 주거문제가 심각한 1~2인 가구 및 청년주택을 제공함으로써 인해서 시장의 상생 및 전통문화에 대한 가치를 재인식할 수 있을 것이다.

5) 다양한 주거유형을 공급하는 '근린환경 르네상스사업'

(1) 도입배경

현재의 도시재생사업에서 근린주거지의 개선을 유도하는 사업은 우리동네살리기 유형과 주거지지원형 재생사업, 근린재생사업까지 들 수 있다. 이들 사업은 대부분 노후한 주거지를 대상으로 집수리(담장정비, 도색, 일부 지붕개조 등)와 주민들이 함께 활용할 수 있는 거점공간 제공, 일부 가로환경 개선을 통해 도시재생을 유도하고 있다.

최근에는 공기업제안형(총괄관리자)과 같이 공공용지에 복합화를 통한 상층부 행복주택을 도입하고 있지만, 대부분 매우 작은 물량으로 주택을 제공하고 있다 보니 저소득층 주택공급이 턱없이 부족하다. 그뿐만 아니라 부족한 도로나 도시 인프라, 주차장 부족, 생활기반시설 부족 등의 문제에 관해서는 근본적인 대책은 부재한 것이 사실이다. 따라서 이들 문제를 근본적으로 해결하기 위한 공공주도의 도시재개발방식의 도입이 절실하다.

(2) 목표 및 실현전략

근린환경 르네상스사업은 지역의 정주여건에 따라 수복형 정비사업과 공공재개발형 정비사업을 적극 도입하고자 한다. 이를 통해 근본적인 정주환경을 재생하거나 주거생태계를 건강하게 하는 사업이다. 즉 단순히 주택량을 확충하는 주거생태계 재생뿐만 아니라 지역적 특성에 따라 도시기능, 즉 산업기능, 업무기능, 공공기능, 문화기능 등을 적극적으로 도입하여 도시생태계를 살릴 수 있도록 유도가 필요하다.

먼저, 도시기능의 확충과 함께 주거공급이 필요한 곳은 '성남형 공공재개발사업모델'을 도입[1]하고 순환정비방식을 통해 주거이동도 용이하도록 한다.

또한 공공주택이나 임대주택이 부족한 지역은 공공재개발사업을 통해 개발밀도를 확대하고 확대된 개발밀도에 부족한 공공주택을 적극적으로 도입하여 획기적인 주택공급과 주거환경 개선을 도모한다.

그뿐만 아니라 주거환경이 양호하나 일부 지역만 적극적인 개선이 필요한 지역은 소규모 단위 지역맞춤형 정비사업(가로주택정비사업 및 소규모재개발사업)의 제도 개선을 통해 민간과 적극적으로 협력하여 사업이 이루어질 수 있도록 유도한다.

6) 도시오픈스페이스 활력 증진을 위한 '공공오픈스페이스혁신사업'

(1) 도입배경

우리는 주택과 업무공간을 제외하면 대부분 시간을 도시공간에서 보낸다. 이때 도시공공공간은 정의하기에 따라 달라질 수 있지

---

1   홍경구(2020). "성남형 공공재개발 추진전략 방안모색", 성남형 공공재개발사업
    모델 국회정책세미나. 발표자료.

만 주로 가로, 공공공간, 공원, 녹지, 광장, 지하철, 공공시설 등을 들 수 있다. 따라서 도시공공공간의 질과 성능은 시민들의 행복과 삶의 질에 지대한 영향을 미친다.

급격한 도시화 과정에서 공공공간의 가치보다는 사적 공간의 가치에 초점을 맞추다 보니 가로는 차들로 점유되어 보행이 위협받고 있다. 공원은 유지관리에 초점을 맞추다 보니 활용적 측면에서 시민들은 수동적일 수밖에 없다. 광장과 녹지도 사람들의 다양한 문화를 담고 일상성의 생활화된 공간이기보다는 비일상적 공간이나 상징적 공간으로 전락하고 말았다.

아쉬운 것은 해외의 살고 싶은 도시로 선정된 도시들은 이들 도시공공공간을 더욱더 적극적으로 활용하여 매력을 증진시키고 있다. TMO(Town Management Organization)사업, BID(Business Improvement Districts)사업, 일본의 공원활성화사업 등 공공공간활용사업 등을 통해 도시의 고유문화를 장려하고 삶의 질을 높이는 공간으로 활용할 필요가 있다.

(2) 목표 및 실천전략

공공오픈스페이스혁신사업은 지금처럼 소극적으로 관리 및 운영돼오는 공간을 시민 및 기업들이 거버넌스를 구성하여 문화와 다양한 활동을 담은 공간으로 변화시키는 사업이다.

즉 근린공원 및 어린이공원, 녹지의 공간을 다양한 시민조직이나 기업들이 참여하여 시민들의 문화적 활동과 공연이 일어나는 이벤트 공간으로 조성할 뿐만 아니라 유지관리비 또한 이들 수익금에서 충당할 수 있도록 한다.

이와 같은 시스템은 도시의 특정 가로나 보행광장, 공공공간 및 녹지공간에도 적용이 가능하다. 지역의 문화적·경제적 활성화를 위해 한국적 TMO 및 BID가 실현될 수 있도록 제도 개선과 시스템 도입이 필요하다. 이를 통해 지역 문화와 이벤트, 지역 활성화가 함께 도모되는 공간으로 유도한다.

7) 뉴노멀시대에 적합한 도시공동체 운동사업

(1) 도입배경

도시재생사업의 고유목적 중의 하나는 공동체 활성화 사업이다. 특히 공동체 활성화 사업은 살고 싶은 도시만들기사업부터 주요한 목표가 되었지만, 사업 집행과정에서는 오히려 주민 간 불화와 갈등을 유발하는 경우가 더 많았다. 그 이유는 재생사업에서 제공된 국비 및 지방비에 대한 주민들의 생각이 달랐기 때문이다.

즉 대부분 주민은 이들 비용을 본인들 것으로 생각하는 경향이 크다. 그렇다 보니 도시재생사업의 사업비는 본인들의 합의된 의사결정으로 사용할 수 있는 지원금이라고 생각하였다.

이 과정에서 합리적인 프로세스와 절차가 마련되어 있지 않다면 주민들 간의 소외와 반목, 시기와 질투 등이 동반될 수밖에 없는 상황을 연출하고 있다. 심지어 도시재생사업을 한 지역의 공동체가 그렇지 않은 지역보다 갈등이 증폭된 경우가 많았다. 그럼에도 도시공동체의 역할과 가능성에 관해서는 지속적으로 추구되어야 하고 새로운 방향과 철학의 모색이 절실히 필요한 상황이다.

(2) 목표 및 실천전략

도시공동체는 상호의무감, 정서적 유대, 공동의 사회적 관계망과 공유된 이해력을 바탕으로 이루어져야 한다. 또한 사회에서 일어나는 다양한 문제들에 대해 적극적인 문제해결의 주체로서 활동할 수 있도록 유도해야 한다. 이를 위해서는 현재처럼 구역 단위의 공동체사업이 아니라 도시 단위의 공동체 운동이 필요하다. 즉 현재처럼 사업지구 간 갈등을 유발하는 구조가 아닌 도시공동체의 문제를 해결하고 살고 싶은 도시를 형성할 수 있는 확대된 개념의 도시 단위 공동체운동이 필요하다.

이를 위해 기본도시생활권에 해당하는 사회적 지원프로그램을 정의하고 이를 도시공동체의 의제로 설정하여 지원해야 한다. 예를 들면 증가하는 노인들을 위한 보호와 지원, 맞벌이를 위한 육아지원 및 보육지원 등의 사회적 프로그램, 주차관리, 쓰레기 관리 및 처리, 마을놀이터 및 소규모 광장, 녹지관리 등 도시의 안녕과 질서를 위한 다양한 활동을 지원하는 도시공동체 운동이 필요하다. 이를 통해 급격한 도시성장 속에서 잃어버린 삶의 기본권을 확립할 필요가 있다. 즉 기본도시생활권의 철학을 정립하고 도시의 공동체가 나아가야 할 방향을 새롭게 발전시켜야 한다.

6. 결론 및 정책제언: 도시혁신르네상스사업

국내 도시재생사업은 노무현 정부에서부터 '살고싶은도시만들기 사업'으로 시작되었다. 이명박 정부에서는 이를 더 확대하여 '도시

활력증진지역개발사업'이라는 이름으로 유형과 사업비를 확대하였고 급기야 지난 정부에서는 관련법을 만들었고 도시재생사업을 본격적으로 시작하였다. 현 정부에서는 이를 좀 더 확대하여 사업 수와 사업비를 증대시키고 유형을 세분화하였다.

여러 정부를 거치면서 세분화하고 단위면적당 사업비도 증액하여 다양한 도시공동체 구현을 위해 중간지원조직 등 시스템적 정비를 하였지만, 지역의 근본적인 도시생태계를 복원하거나 활성화하는 데에는 역부족이었다. 따라서 이제는 지역의 도시 및 산업생태계를 건강하게 할 수 있는 근본적인 시스템의 변화가 필요하다.

이를 위해 쇠퇴지역을 복원하는 지역르네상스사업을 도입하고 도시의 핵심지역은 도시혁신사업을 통해 양 방향적으로 도시생태계를 활성화시켜야 할 것이다. 또한 국비와 지방비 위주의 도시재생사업에서 민간협력시스템을 도입하여 도시재생사업의 파급효과를 극대화하고 도시마다 도시기본정주권을 누릴 수 있도록 유도해야 한다. 그뿐만 아니라 기존 도시공동체 활성화시스템을 개편하여 기본정주권을 확립할 수 있는 지속가능한 공동체 시스템, 나아가 건강한 도시생태계를 구축해야 할 것이다.

02
....

여성친화도시의 공정성 및 발전방향

김재철(가천대학교 교수)

    우리나라의 근대적 성평등 정책 또는 여성정책은 해방 이후부터 시작되었으며 한국사회의 급격한 변화만큼이나 현재까지 많은 변화를 겪어왔다.[2] 많은 여성들이 사회에 진출하고 여성의 권익에 대한 사회적 인식이 개선됨에 따라, 1990년 대 중반 이후에는 여성발전기본법 제정 및 여성부 출범 등 분야 전반에 걸쳐 포괄적인 정책을 추진할 수 있는 체계를 갖추게 되었으며, 이러한 제도적 정비를 바탕으로 2000년대 들어서 경제, 건강, 문화 등 다양한 분야에서

---

2   배은경(2016). "젠더 관점과 여성정책 패러다임: 해방 이후 한국 여성정책의 역사에 대한 이론적 검토", 『한국여성학』, 32(1): 1-45, 한국여성학회.

성평등 정책들이 추진되어왔다.[3]

이 무렵부터 도시계획 분야에서도 기존의 남성 중심 공간 조성에 대한 비판과 더불어 양성평등 관점에서 도시에 대한 다양한 접근들을 시도하기 시작하였다.[4] 여성가족부에서 2009년에 시작하여 지금까지 시행하고 있는 여성친화도시 프로젝트는 이러한 노력들 중 가장 대표적인 성평등 도시정책으로 볼 수 있다. 제3차 여성정책 기본계획(2008~2012)부터 처음 도입된 여성친화도시 프로젝트는 여성의 도시공간에 대한 사용권과 참여권 모두를 보장하고, 도시개발에 남성과 다른 니즈를 반영하는 것을 내용으로 하고 있으며,[5] 정권에 따라 부침은 있었지만 정부의 중요 의제로 현재까지 꾸준히 시행하고 있다.

여성친화도시를 포함한 이러한 성평등 지향정책들이 10년 넘게 지속적으로 추진되어온 배경에는 여전히 사회에 불평등이 존재하며 개선이 필요하다는 인식이 있기 때문일 것이다. 반면 그간의 노력으로 많은 개선이 이루어진 것이 분명함에도 불구하고 이러한 변화들이 제대로 반영되지 않고 여전히 여성 중심의 성평등 정책 추진이 이어지고 있다는 시각도 있다. 또 다른 한편에서는 모든 사람의 인권 보호 및 공정한 삶을 지향하는 젠더 관점이 아닌 생물학적 여성의 권리에만 중점을 두어 성소수자와 같이 더 심한 사회적 차

3   이재경·김경희(2012). "여성주의 정책 패러다임 모색과 '성평등'", 『한국여성학』, 28(3): 1–33, 한국여성학회.

4   문재원(2017). "혐오와 친화 사이에서, 도시와 마주친 여성들", 『동북아 문화연구』, 50: 205–223, 동북아시아문화학회.

5   한국여성정책연구원(2012). 『여성친화도시 안내서』, 한국여성정책연구원.

별을 겪고 있는 계층에 대한 고려가 제대로 이루어지지 않고 있다는 주장들도 대두되고 있다.

이와 같은 성평등 정책의 근본적 방향성과 관련된 논쟁은 지속적인 정책 시행에도 불구하고, 남녀 간의 성대결을 야기한 하나의 원인이 되었으며, 이러한 갈등은 최근 들어 더 격화되는 양상을 보이고 있다. 또한 이러한 양성평등과 직접 관련된 갈등 외에도 인구 감소, 고령화, 양극화 등과 같은 메가트렌드의 변화 역시 성 불평등 이슈에 큰 영향을 주고 있어 성 불평등 문제를 다층화 및 심화하고 있다.

따라서 이러한 여러 가지 비판과 사회변화에 대응하기 위해서는 여성을 위하고 배려한다는 단순한 차원의 접근을 넘어 정책들의 근간이 되는 기본철학에 대한 정립이 필요하다. 즉 양성평등 도시 정책을 포함한 현재의 성평등 정책은 내외부적 변화로 인해 그 유효성에 대한 전반적인 재검토와 전략 수정이 필요한 시점이다. 이와 같은 문제의식을 바탕으로, 이 절에서는 도시계획 분야에서의 국내외 성평등 관련 논의, 대표적 성평등 도시정책인 여성친화도시사업의 추진배경, 경과 및 성과 고찰, 마지막으로 성평등 도시정책의 발전방향에 대한 논의를 다루었다.

성평등과 도시계획

크리스틴 미레인(Khristine B. Miranne)을 포함한 일련의 도시학자들은 현대 도시계획 및 설계가 남성이 지배하는 영역이었으며, 1960년대까지 계획가들은 성별 문제에 대한 고려 없이 일하는 백

인남성을 도시공간의 전형적 이용자로 전제하여 의도적으로 혹은 의도치 않게 가부장적 가치를 반영하는 도시를 만들었다고 주장하였다.[6] 수잔 파인스타인(Susan Fainstein)과 리사 서본(Lisa J. Servon)은 심지어 가장 영향력 있는 여성 계획이론가들 중 한 명인 제인 제이콥스(Jane Jacobs)조차 성평등 이슈에 대해 거의 관심을 보이지 않았다고 지적했다.[7]

그러나 1970년대부터 제 2세대 여성운동의 영향으로 도시계획분야에서도 양성평등에 관한 문제가 지속적으로 제기되었다. 첫째, 학자들은 공공의 업무 영역과 가정의 사적 영역의 분리에 의문을 제기했는데, 역사적으로 남성이 공적 업무 영역을, 여성이 사적 영역을 담당해 온 것에 주목하면서, 그들은 이와 같은 이분법적인 접근을 비판하고 가정과 직장 사이의 연결의 중요성을 강조했다.[8] 공적 영역과 사적 영역에서의 이와 같은 성별에 따른 분리를 극복하기 위해, 의사결정과 데이터 수집을 포함한 계획 및 개발의 전체 과정에 여성을 포함시키는 것이 중요하다고 주장하였다.[9]

---

6   Miranne, K. B., & Young, A. H. (Eds.). (2000). *Gendering the city: Women, boundaries, and visions of urban life*. Lanham, ML, USA: Rowman & Littlefield Publishers, Inc.; Terraza, H; Orlando, M. B; Lakovits, C.; Janik, V. L. and Kalashyan, A.(2020). *Handbook for Gender-Inclusive Urban Planning and Design*, Washington DC, USA: World Bank.

7   Fainstein, S. S., & Servon, L. J. (Eds.). (2005). *Gender and planning: A reader*, Rutgers University Press. pp.1.

8   IFainstein, S. S., & Servon, L. J. (Eds.). (2005). *Gender and planning: A reader*, Rutgers University Press. pp.1. pp.1-2.

9   Moser, C.(2012). Gender planning and development: *Theory, practice and training*, London, UK: Routledge.

다른 한편, 도시공간에서의 젠더 이슈에 대하여 현실적 접근법과 전략적 접근법의 구별에 대한 샌더콕과 포사이스(Leonie Sandercock & Ann Forsyth)의 주장은 성평등 도시계획을 실현하기 위한 실천적 관점에서 주목할 만하다. 이들은 성평등 도시계획을 위한 접근을 여성의 일상적 경험 개선에 초점을 맞추고 기존의 사회구조의 변화에는 도전하지 않는 현실적 접근과 여성과 남성 사이의 근본적으로 불평등한 관계를 바꾸는 것을 목표로 하는 근본적 접근으로 구분하였다.[10] 계획 과정에서 현재와 미래의 요구를 모두 반영하기 위해서는 두 가지 접근법 사이의 균형을 유지하는 것이 중요하다.

우리나라에서도 서구와 마찬가지로 여성의 전반적인 권익을 위한 여성운동이 일제강점기에 시작되어 100년 이상 지속되어 왔지만, 성평등 관점에서 도시공간의 조성과 이용에 대한 본격적인 논의는 2000년대에 이르러서야 시작되었다.[11] 이후 '여성친화도시'와 같은 정책들도 도시공간의 조성과 관리에 여성의 요구를 반영하기 위해 시행되었다.[12]

---

10 Sandercock, L. and Forsyth, A.(1992). "A gender agenda: New directions for planning theory", *Journal of the American Planning Association*, 58(1): 49–59.

11 김영화(2010). "여성친화도시를 위한 성찰과 전망: 공간의 정치에서 복지의 공간으로: 대구시의 경우를 중심으로", 『사회과학 담론과 정책』, 3(1):91–121, 경북대학교 사회과학연구원; 유영주(2006). "한국의 여성 및 가족정책의 변화-문제와 전망", 『여성가족생활연구』, 10:51–75, 명지대학교 여성가족생활연구소.

12 조명희·공미혜(2014). "여성친화도시 사례분석: 안전도시, 지역공동체활성화", 『젠더와 사회』, 25:19–47; 박태원·천현숙(2012). "여성친화도시의 개념과 도시계획 구성요소", 『국토』: 29–40.

여성친화도시 사업

앞서 언급한 바와 같이 우리나라에서는 1990년대 후반 성 주류화(gender mainstreaming)[13]가 여성정책의 핵심전략으로 채택되면서 정책 전반에 걸쳐 양성에 미치는 영향을 고려하게 되었으며, 2000년대 중반부터 성평등 관점을 반영한 도시정책들이 시행되기 시작했다.[14] 2006년에는 김포신도시개발계획에 대한 성별영향평가[15]가 실시되었으며, 2007년에는 서울시 '여행프로젝트'[16]가 추진되었고, 2008년에는 세종행정중심복합도시와 광교신도시 등 신도시 개발과 관련하여 여성친화도시 조성에 대한 논의가 이루어졌다.[17] 이러한 다양한 시도를 거쳐 2009년에는 여성가족부가 중앙정부차

13 UN ECOSOC(Economic and Social Council)는 성 주류화를 "모든 영역과 모든 수준에서 입법, 정책 또는 프로그램을 포함하여 계획된 행동이 여성과 남성에게 미치는 영향을 평가하는 과정이며, 여성과 남성이 평등하게 혜택을 받고 불평등이 영속되지 않도록 모든 정치·경제·사회 영역에서 정책·프로그램의 설계·시행·모니터링·평가에 있어 여성뿐 아니라 남성들의 고민과 경험이 집약되도록 하는 전략이다. 궁극적인 목표는 양성평등을 이루는 것"이라고 정의하고 있다. (UN WOMENT 홈페이지, https://www.unwomen.org/ en/how-we-work/un-system-coordination/gender-mainstreaming)

14 안숙영(2011). "젠더와 공간의 만남을 위한 시론-젠더평등의 관점에서", 『여성학연구』, 21: 7-37, 한국여성학회.

15 성별영향평가는 "중앙행정기관의 장 및 지방자치단체의 장이 정책을 수립하거나 시행하는 과정에서 그 정책이 성평등에 미칠 영향을 평가하여 정책이 성평등의 실현에 기여할 수 있도록 하는 것"을 말한다(성별영향평가법 제2조 1항).

16 서울시의 '여행프로젝트'는 '여성이 행복한 도시 프로젝트'의 줄임말로 2007년에 도입된 서울시의 여성정책이며, 돌봄, 일자리, 안전, 편리, 넉넉함 등 5개 분야의 90개 사업을 시행하고 있다.

17 여성가족부(2017). 『여성친화도시 조성 매뉴얼』, 한국여성정책연구원.

원에서 지자체 협력사업으로 여성친화도시 프로젝트를 전국적으로 추진하였다. 여성가족부에서는 여성친화도시를 양성평등기본법에 따라 "지역정책에 여성과 남성이 평등하게 참여하고 여성의 역량강화, 돌봄 및 안전이 구현되도록 정책을 운영하는 지역"으로 정의하고, 익산시와 여수시에서 처음으로 시행하였으며, 매년 지속적으로 확대하여 2020년까지 96개 지자체가 선정되었다.[18]

여성친화도시사업은 "일상적 삶에서 여성이 체감할 수 있는 지역 여성정책 추진을 위한 '여성친화도시' 지정 및 조성·확산을 위한 지원체계 구축"[19]하는 것을 골자로 하며, 사업의 법적 근거가 되는 양성평등기본법에서는 여성친화도시를 "지역정책과 발전과정에 여성과 남성이 평등하게 참여하고 여성의 역량강화, 돌봄 및 안전이 구현되도록 정책을 운영하는 지역"으로 명시하였다.

4대 기본가치[20]로 형평성, 참여, 돌봄, 소통을 추구하며, 성평등 정책의 추진기반 구축, 여성의 경제·사회적 평등 실현, 안전하고 편리한 도시 조성, 자연과 공존하는 도시환경 조성, 여성의 지역사회 활동 역량 강화를 5대 목표로 설정하였다. 사업영역은 여성 일자리 창출, 돌봄 및 교육 지원, 여가문화 프로그램 개발, 법제도 및 추진체계 구축과 같은 여성정책 영역과 기반시설에 대한 접근성과 이용

---

18 여성가족부 양성평등 정책자료 홈페이지. http://www.mogef.go.kr/mp/pcd/mp_pcd_s001d.do?mid=plc500

19 여성가족부 홈페이지(http://www.mogef.go.kr/sp/geq/sp_geq_f008.do)

20 초기 여성친화도시사업의 4대 기본가치였던 형평성, 돌봄, 친환경, 소통 중 2016년 친환경 대신 참여가 새로이 포함되었다(조선주·이선민·이동선·권도연, 2017, 『여성친화도시 시행단계별 발전방안 연구』, 한국여성정책연구원).

〈표 3-2〉 여성친화도시 조성계획의 범위

정책영역	도시기반시설	공공시설	주거단지	일	돌봄/교육	여가문화	건강	법/제도/추진체계
대상정책	도로 하천 공원 녹지 교통체계	청사 주민자치센터 사회복지관 보건소 학교, 어린이집 지역아동센터 생활체육시설 문화회관	공공디자인 아파트단지 놀이터 생활편의시설	직업훈련 취/창업 지원 작업장 환경 작업장 고충 직장가정양립	보육 방과후 교육 사회교육 청소년 활동 노인 돌봄 환자 돌봄 장애인 돌봄	문화예술활동 체육활동 자원활동 사회단체활동	영양 식품 안전 환경 안전 폭력, 범죄 질병 예방 질병 관리	조례 기본계획 담당조직/인력 성별영향평가 성인지 예산 민관협의체 관련 위원회 사업네트워크
관련조직	수자원공사 도로교통공사	시설관리공단	주택공사	여성인력개발기관들, 기업, 지방노동청	어린이집 학교, 복지시설 건강가정지원센터 등	여성회관 사회복지관 생활체육시설 문화회관 등	보건소 경찰서 등	행정부서 의회

자료: 한국여성정책연구원(2012). "여성친화도시 안내서", 한국여성정책연구원. p.31

여건 개선과 같은 도시공간정책 영역을 모두 포함하고 있다. 그러나 구체적인 조성계획의 범위에 있어서는 여성정책 영역의 사업을 위한 공간 확보와 관련된 사업범위를 제외하면 물리적 공간계획보다 비물리적 프로그램 계획이 많은 비중을 차지하고 있음을 알 수 있다(〈표 3-2〉 참고).

여성친화도시사업은 각 5개의 기초과제(〈표 3-3〉 참고)와 심화과제(〈표 3-4〉 참고)를 10대 사업으로 제시하고 있다. 기초과제는 조성계획 수립, 협의체 운영, 쿼터제를 통한 여성 참여 확대, 관련 부서

〈표 3-3〉 여성친화도시사업의 5대 기초과제

기초과제	내용	성과점검
여성친화 도시 조성 계획 수립	• 여성발전기본법에 의해 수립된 중앙정부, 광역지자 체 여성정책 기본계획과의 사업방향 및 목표 연계 • 성 주류화 계획, 일, 돌봄의 사회화, 건강증진, 여성 인적자원 개발 관련 사업 및 도시정책에 대한 성인 지적 접근의 내용 포함	사업내용 충실성
여성친화 도시 협의체 운영	• 일상 생활의 문제와 요구를 전달하고 지역사회의 성 주류화를 달성할 수 있는 사업을 발굴하는 지역 여 성 통합 조직 • 참여 범위: 여성의원, 전문가(위원회 위원), 안전도 시 모니터링단, 여성관련기관 센터장, 여성공무원, 여성단체장 등	참여자 수, 회의 개최, 과제 발굴 현황
정책결정 과정에 여성 참여 확대	• 자치단체 각종 위원회에 여성위원 위촉 40% 이상 (당연직 제외) • 관리직 여성 공무원 목표제 이행 • 핵심부서 6급 이상 여성 공무원 배치	여성위원비율 5급 이상, 직급별 여성공무원 비율 기획예산 등 핵심 부서 6급 이상 여 성 배치 현황
정책의 성 주류화 제도 정착	• 기초자치단체는 여성정책담당부서 설치 • 자치단체 발간 통계자료의 성별분리통계 작성 • 여성통계집 발간(경제활동, 가족생활, 건강/복지, 인적자원개발 등 관련 통계 수록) • 모든 부서에서 성별영향평가 1개 과제 이상 실시 • 자치단체 예산 사업에 대한 성인지 예산 분석	여성정책부서 설치 현황 분리통계 작성 현황 성별영향평가참 여 부서 및 과제 성인지 예산 분석 사례
공무원 성인지 교육	• 여성친화도시 사업 담당 시·군·구 공무원 성인지 교육 이수 • 관리직 공무원 성인지 교육 우선 이수 • 성인지 교육 1일 7시간 이상 실시 • 공무원 양성평등 전문가 또는 여성친화도시 컨설팅 단에 의한 실시	전체 교육 대비 성인지 교육 시간 비율 성인지 교육 이수자 비율

자료: 한국여성정책연구원(2012). "여성친화도시 안내서", 한국여성정책연구원. p.52

신설 및 예산 확보, 성인지 교육 의무화 등의 정책 추진 기반에 대한 내용을 주로 하고 있고, 심화과제는 범죄안전 시스템 구축, 일자리 직업교육 및 취·창업 지원프로그램 운영, 마을공동체 활성화

〈표 3-4〉 여성친화도시사업의 5대 심화과제

심화과제	내용	성과점검
여성·아동 안전 시스템 구축 및 운영	• 아동.여성보호 지역연대 구축 : 지역내 유관기관(교육기관, 경찰·사법기관, 의료기관, 아동 및 여성폭력 관련시설 등)간 공조체계 • 모니터링단은 마을의 안전한 환경(물리적, 사회적 환경) 지킴이로, 공공시설(학교, 보육시설 포함), 주택단지, 정류장 주변 등 생활기반 시설에 대한 CPTED 및 친환경 모니터링을 실시하고 개선방안을 제언하는 활동 수행 • 모니터링단은 거주지역을 중심으로 활동하며, 각종 폭력 및 성폭력 유발 지역을 우선 활동지역으로 선정함. CPTED 매뉴얼에 의한 교육 훈련 제공 • 안전도시 모니터링단에 의한 개선방안은 여성친화도시 사업에 환류되어야 함 (CCTV 설치 등의 사각지대 개선, 놀이터 개선사업, 거리 환경정비 사업 등)	• 아동. 여성보호 지역연대 운영 현황, 운영실적(제안건수, 개선건수, 개선비율), • 지역의 가정폭력/성폭력
여성 센터 연계 통한 여성능력 개발 효율화	• 지역내 여성의 능력개발 프로그램의 총괄 조정 위한 컨트롤 타워 구축 • 각 센터 기관장 및 담당부서 공무원으로 구성된 여성 인력개발협의체 운영 • 생활문화권 단위별로 다양한 프로그램 개설 및 운영 내실화	여성센터별 고유의 성과지표(예: 취업률, 고객만족도 등), 협의체 운영실적 등
여성의 취·창업 활성화	• 직업 교육, 취업지원 프로그램의 연계운영 지원, 경력개발 관련 프로그램 운영 • 여성의 창업인큐베이션 및 컨설팅 제공 • 여성 중심의 그린 사회적기업 육성 지원 • 도시농장 조성 등 녹색사업과 여성 일자리사업 결합	교육생 여성 취·창업률, 신규 취업기관 발굴건수, 취·창업지속률, 프로그램 질평가 등
가족 친화 마을 조성	• 지역 현안에 대한 관심 있는 그룹 육성 및 공동체 만들기 워크샵 지원 • 성평등한 직장 문화 및 일·가정양립 관련 제도 운영 • 여성친화 마을 환경 조성과 주민의 자발적 돌봄 인프라 참여 • 그린 스쿨, 그린 육아지원 사업 운영 • 공동체 조성 사례집 등의 활동 자원과 홍보 지원	가족친화 공동체 네트워크 운영 활동 여부 등
생애 주기별 건강관리 증진	• 지역 내 보건의료분야 전문가 네트워크 구성 • 보건소 여성건강교육 및 건강관리능력 향상 프로그램, 돌보는 역할에 대한 심리사회적 스트레스 관리, 폭행 후 심리적 외상 후 스트레스 장애 치료 프로그램 • 공공주택단지, 학교, 어린이 집 등에 아토피 프리 지역 선정 및 관리	프로그램 수, 참여자 수, 만족도 등

자료: 한국여성정책연구원(2012). "여성친화도시 안내서", 한국여성정책연구원. p.53

<그림 3-1> 여성친화도시 신청 및 지정 절차

프로그램 등 사업 목표 달성을 위한 구체적 운영사업과 관련된 내용들을 담고 있다. 앞서 조성계획의 범위(표 3-2 참고)와 마찬가지로 도시공간의 계획 및 관리에 직접 관련된 내용은 기본과제에서는 거의 포함되어 있지 않으며, 여성 중심의 협의체 운영이나 정책결정 과정에의 여성 참여 확대와 같은 내용들이 주를 이루고 있다.

심화과제에도 물리적 공간계획과 관련된 내용보다는 안전, 일자리, 교육, 공동체 활성화 등의 여러 분야에서의 여성 참여와 역량 강화에 대한 내용들을 담고 있어, 여성친화도시사업이 물리적 도시계획보다는 '지역정책의 성 주류화'가 우선인 사업임을 알 수 있다.[21]

여성친화도시는 다음 〈그림 1〉의 단계를 걸쳐 지정되며,[22] 지정 후 5년이 경과할 시 재지정을 받도록 하고 있다.

지정 현황을 살펴보면 2009년 익산시와 여수시 2개 지자체로 시작하여 2021년에는 96개 지자체로 전체 지자체의 절반에 가까운 지자체를 여성친화도시로 지정하였다. 지역적 분포에서는 여성친화 측면에서 더 열악하다고 볼 수 있는 비도시 지역보다 수도권과

---

21 여성가족부(2017). 『여성친화도시 조성 매뉴얼』, 한국여성정책연구원.

22 여성가족부 홈페이지(http://www.mogef.go.kr/sp/geq/sp_geq_f008.do)

〈표 3-5〉 여성친화도시 지정 현황(2021년 1월 기준)

지역	계	지정도시
계	96	
서울	13	도봉구, 서대문구, 마포구, 강동구, 서초구, 송파구, 양천구, 영등포구, 관악구, 금천구, 동대문구, 동작구, 종로구
부산	6	사상구, 연제구, 남구, 금정구, 사하구, 동구
대구	2	수성구, 달성군
인천	4	부평구, 연수구, 미추홀구, 남동구
광주	5	동구, 서구, 남구, 북구, 광산구
대전	4	서구, 대덕구, 유성구, 중구
울산	1	중구
경기	14	안산시, 안양시, 의정부시, 광명시, 용인시, 고양시, 부천시, 성남시, 화성시, 양주시, 의왕시, 이천시, 파주시, 하남시
강원	7	동해시, 영월군, 원주시, 횡성군, 정선군, 삼척시, 춘천시
충북	6	제천시, 충주시, 증평군, 음성군, 괴산군, 진천군
충남	11	아산시, 당진시, 보령시, 홍성군, 서산시, 금산군, 부여군, 서천군, 공주시, 예산군, 천안시
전북	3	김제시, 남원시, 고창군
전남	8	장흥군, 강진군, 순천시, 광양시, 장성군, 나주시, 영암군, 화순군
경북	5	포항시, 구미시, 경산시, 칠곡군, 김천시
경남	5	양산시, 김해시, 창원시, 고성군, 진주시
제주	1	제주특별자치도
세종	1	세종특별자치시

자료: 여성가족부 홈페이지(http://www.mogef.go.kr/sp/geq/sp_geq_f008.do)

대전, 광주, 대구, 부산과 같은 광역 대도시에 좀 더 집중된 양상을 보이고 있다(〈표 3-5〉 참고).

<표 3-6> 여성친화도시 시행계획 주요 사업(2009~2014년)

	사업 분야	사업명	지정도시
추진 기반	성평등 정책 증진 및 여성친화도시 추진체계	조례 및 규칙의 성평등적 정비, 위원회 여성비율 확대, 관리직여성 공 무원 비율 확대, 공무원 교육 활성화, 시민참여단 운영 등	공통
일 또는 경제	취업 또는 고용 지원 인프라	창업·취업기관 네트워크, 여성고용 지원 인프라 구축 등	대구달서구, 구미 시 등 10개
	취·창업 박람회	여성취업박람회, 구인·구직 개척단 등	광주북구, 남구 등 7개
	직업훈련 및 취· 창업 지원	지역맞춤형 일자리, 여성, 베이비 부 머, 노인, 장애인 지원	광주동구, 대구중 구 등 16개
	여성농업인	농업인 전문성 강화 및 소득창출, 소규 모 생산공동체 지원 등	거창군, 창원시 등 7개
	여성(가족)친화 사업	여성친화기업인증제, 가족친화환경 조성 및 확대 등	고양시, 원주시 등 15개
	사회적기업 (사회적 경제)	협동조합, 사회적 또는 공동체 기업, 마을기업 발굴 및 육성	서울마포구, 아산 시 등 22개
안전	안전지킴이	안전지킴이, 바이크 순찰대, 주부 순 찰단 등	부산금정구, 부산 남구 등 13개
	안심귀가서비스	안심허브, 안심귀가동행 등	영주시, 광명시 등 5개
	안심교통수단	안전택시 및 버스 승강장, 택시 및 버 스 안심귀가 서비스	서울도봉구, 안양 시 등 11개
	CCTV 및 통합관제센터	생활안전·방범·어린이 보호구역 등 의 설치와 WHO 안전도시	구미시, 경산시 등 23개
	안전교실	취학전, 초등학생, 보행약자, 여성 등 의 교통 및 재난 안전교육	창원시, 김해시 등 14개
	아동안전지도	제작 및 안전한 통학로 확보	부산북구, 시흥시 등 13개
	아동·여성 보호 (인권)지역연대	지역연대 구축, 운영, 활성화	용인시, 서울마포 구 등 19개
	CPTED활용	CPTED 설계 적용 각종 시범 사업, 및 관련 조례 제정	대구중구, 거창군 등 12개

공간	개별 건축물, 공원	공원조성 및 정비, 생활안전을 위한 도시환경 조성 등	양산시, 청주시 등 9개
	마을 만들기	여성친화마을, 안심마을, 행복마을 등	부산연제구, 수원 시 등 17개
	거리 조성	거리 디자인 개선 사업, 안전 또는 안심 거리, 특화거리 등	부산사상구, 광주 광산구 등 9개
문화		각종 축제 및 어울림마당	대구수성구, 영주 시 등 6개

자료: 최유진·김양희·오미란·이미원·장미현·이동선·문희영(2015). "2015년 여성친화도시 사업
성과 분석 및 개선방안 연구", 한국여성정책연구원. pp.19-20

〈표 3-6〉은 2009년부터 2014년까지 5년간 각 지자체에서 추진한 시행계획에 포함된 주요사업을 정리한 내용이다. 일자리와 범죄안전 관련 사업이 많은 비중을 차지하고 있으며, 공간계획 관련 내용은 제한적이며, 역시 범죄안전과 관련된 사업들이 대부분임을 알 수 있다.

여성친화도시사업에 대한 평가는 두 가지 차원에서 접근할 수 있다. 첫 번째는 여성친화도시사업이 사업의 명시된 구체적 목표를 달성하고 있는가 하는 실무적 차원과 두 번째는 좀 더 근본적으로 양성평등이라는 가치를 제대로 지향하고 있는가 하는 본질적 차원의 접근이다.

우선 실무적 차원에 대해서는 일단 지정도시가 90여개로 늘어나면 양적 성장을 이루었으며, 2015년 양성평등기본법에 의해 법률적 근거도 마련하였다는 점에서 외양적인 면에서는 어느 정도 진전을 이루고 있다고 볼 수 있다. 하지만 내용적인 측면에서 보면 정책결정과정에의 여성 진출 외의 공간적인 측면에서는 범죄안전과 일상

〈표 3-7〉 1회 게임 VS 반복 게임

	영역	사업(안)
시설 단위	신규공간 설치	00종합센터, 도서관, 체험학습관(자연체험, 웰빙, 향토음식, 다문화체험 등), 여성센터, 범죄예방형 원룸주택 등
	출산 양육지원	탈의실, 샤워실, 수유실 등 여성편의시설, 임산부 전용 관람구역 지정, 공공시설 (체육) 유모차 대여 서비스 등
	시장	전통시장 고객 안심쉼터, 수유 및 놀이시설, 여성고객 편의시설 설치 등
	공원	여성편의시설과 가족시설 등 공원정비사업, 숲길 조성, 소공원 및 생태공원
	주차장 및 화장실	여성배려·여성친화 등 공공 주차장 구획선 폭과 넓이 확장, 화장실 시설 개선
구역 단위	마을 만들기	지역아동센터, 도서관, 운동시설, 휴게공간 등의 셉티드 디자인 적용, 공동 밥상이나 마을돌봄센터 만들기
	도심재생	공공디자인 및 주거환경 개선사업, 농촌마을정비 및 종합개발사업
	지구단위 계획	신도시 지구단위계획에 보육중심거리, 여성특화거리 조성계획
이동	이동 안전	골목 지킴이 집, 안심택시 및 안심귀가 알림이, 어린이 안심구역 확대, 보행환경 개선(보도 단차제거, 조도개선, 보차도 분리 등), 공·폐가 정리
	특화거리 조성	'걷고 싶은 길' 사업에서 경관 개선 및 보행여건 개선, 근대여성역사 거리 조성

자료: 여성가족부(2017). "여성친화도시 조성 매뉴얼", 한국여성정책연구원. p20

적 편의시설 조성 등이 주를 이루고 있다(표 3-7).

　이러한 접근에 대해 일부 연구에서는 젠더문제를 여성문제로 인식하였으며 여성의 공공시설 이용 편의성에 치우치고, 대상이 임산부나 아이 있는 중산층 여성에 한정되어 여성친화도시가 아닌 어머니친화도시라는 비판과 공적 공간에서의 여성에 대한 고려가 더 필요하다는 주장이 있다.[23] 다른 연구에서는 좀 더 실제 사업시행과 관련된 문제들로 여성가족부 및 지자체 등 주체 간 여성친화도시의 개념에 대한 이해의 차이, 성 주류화를 위한 기관 내 협력체계 구축의 어려움, 재지정 후 사업운영에 대한 제도 미비 등의 문제들을 지적하고 있다.[24]

두 번째로 좀 더 근본적인 차원에서 여성친화도시가 목표로 하고 있는 양성평등을 제대로 지향하고 있는가에 대해서는 좀 더 회의적이다. 단적인 예로 여성가족부 홈페이지의 여성친화도시를 소개하기 위해 포함된 일러스트레이션은 여성친화도시 개념의 모호함으로 인한 사업의 한계를 여실히 보여주고 있다. 2010년 정책뉴스 "8개 지자체, 여성친화도시를 향한 출발선에 서다"의 일러스트레이션에서는 쇼핑백, 여성 화장품 광고, 아기 신발, 공원, 카페 등의 이미지로 소비, 육아, 휴식 등을 여성친화도시의 핵심적 관심사를 표현하고 있다. 이를 통해 과연 여성의 도시권과 성평등권을 향상할 수 있을까? 명칭 자체부터 성평등친화도시가 아닌 여성에 한정되어 양성평등기본법에 명시된 사업의 목표처럼 양성평등에 최우선가치를 두고 있는지 의심스럽다.[25] 앞서 논의한 실무적 차원에서의 목표와 실제사업의 괴리 역시 이러한 근본적인 지향의 문제에

---

23 안숙영(2011). "젠더와 공간의 만남을 위한 시론—젠더평등의 관점에서", 『여성학연구』, 21: 7-37, 한국여성학회.

24 조선주·이선민·이동선·권도연(2017). "여성친화도시 시행단계별 발전방안 연구", 한국여성정책연구원.

25 유영주(2006). "한국의 여성 및 가족정책의 변화—문제와 전망", 『여성가족생활연구』, 10: 51-75, 명지대학교 여성가족생활연구소.

기인한 바가 크다고 할 수 있다.

기존의 남성 중심 사회구조가 견고하여 이를 변화시키기 위해서는 적어도 지금은 여성 중심으로 접근해야 한다는 주장도 있지만, 우리나라의 성 불평등은 얼마나 심각하다고 보아야 하고 또 어느 수준에 다다를 때까지 그러한 방식의 접근을 유지해야 할까? 이 질문에 답을 하려면 우리나라의 성 불평등이 어느 정도인지에 대해 사회적 합의가 필요하지만, 중요하게 보는 관점에 따라 인식의 차이가 크다. 예를 들어 성평등 수준은 해마다 여러 국제기구에서 다양한 방법으로 평가하고 있다. 대표적인 성평등지수에는 세계경제포럼(WEF)에서 집계하는 성격차지수(Gender Gap Index: GGI)와 UNDP에서 집계하는 성불평등지수(Gender Inequality Index: GII)를 들 수 있는데 이 두 지표에서 우리나라는 극과 극의 결과를 보이고 있다. 예를 들어 2020년 성격차지수(GGI) 순위에서 우리나라는 108위에 그쳐 필리핀, 태국, 캄보디아, 베트남 등 대부분 아시아 국가들보다 뒤쳐진 것으로 나온 반면(〈표 3-8〉 참고), 성불평등지수(GII) 순위에서는 11위로 상위권에 속하며, 프랑스와 북유럽국가들만이 우리나라보다 상위를 점하고 있다(〈표 3-9〉 참고).

두 지표가 이러한 차이를 보이는 이유는 그 평가방식에 있다. 즉 GGI는 남성과 여성 간의 격차만을 보는 반면, GII는 지표에 따라 상대적 격차와 절대적 수준을 혼용하고 있다. 따라서 차이만을 보는 GGI에서는 절대적 수준이 우리나라보다 월등히 낮은 나라들도 차이만 크지 않으면 더 상위에 위치하게 된다. 두 지표 중 어느 한쪽이 옳다고 주장하기는 어려우며 가치관에 따라 여러 가지 입장이 있을 수 있다.

〈표 3-8〉 2020년 성격차지수(GGI) 순위

국가	순위		점수
(동아시아 및 태평양 지역)	지역	전 세계	
뉴질랜드	1	6	0.799
필리핀	2	16	0.781
라오스	3	43	0.731
호주	4	44	0.731
싱가포르	5	54	0.724
태국	6	75	0.708
몽고	7	79	0.706
인도네시아	8	85	0.700
베트남	9	87	0.700
캄보디아	10	89	0.694
부르나이	11	95	0.686
피지	12	103	0.678
말레이시아	13	104	0.677
중국	14	106	0.676
대한민국	15	108	0.672
미얀마	16	114	0.665
동티모르	17	117	0.662
일본	18	121	0.652
바누아투	19	126	0.638
파푸아 뉴기니	20	127	0.635

자료: World Economic Forum(2019). *Global Gender Gap Report* 2020

〈표 3-9〉 성불평등지수(GII) 순위

국가	점수	순위
스위스	0.025	1
덴마크	0.038	2
스웨덴	0.039	3
네덜란드	0.043	4
벨기에	0.043	4
노르웨이	0.045	6
핀란드	0.047	7
프랑스	0.049	8
아이슬란드	0.058	9
슬로베니아	0.063	10
대한민국	0.064	11
싱가포르	0.065	12
룩셈부르크	0.065	12
오스트리아	0.069	14
이탈리아	0.069	14
스페인	0.070	16
포르투칼	0.075	17
아랍에미리트	0.079	18
캐나다	0.080	19
독일	0.084	20

자료: UNDP 홈페이지(http://hdr.undp.org/en/content/gender-inequality-index-gii)

다른 사례로 성별 도시공간 이용패턴을 비교한 국내 연구에서는 여성의 사회진출에 따라 남녀의 공간이용 패턴이 유사하게 나타나지만, 공간이용의 차이를 보면 업무기능이 밀집한 공적 영역에서는 남성의 이용이 더 우세한 반면 근린시설이 밀집한 사적 영역에서는 여성의 이용이 우세한 것으로 나타났다.[26]

위에서 다룬 성평등 지수나 연구결과에 대해 현재의 여성 중심의 성평등 정책을 지지하는 입장에서는 과거보다 많은 발전을 이루었다고 하지만 여전히 차별이 존재하며 이를 극복하기 위해 여성의 입장을 더 반영한 정책을 지속적으로 추진해야 한다고 주장하는 한편, 반대하는 입장에서는 사회 전반에 걸쳐 성 불평등은 많이 해소되었으므로, 현시점에는 일방적으로 어느 한쪽의 입장만을 반영한 정책보다는 사안에 따라 많은 논의를 거쳐 공정하게 접근하는 것이 필요하다고 주장하고 있다. 어느 쪽이든 보다 많은 사회구성원의 합의를 전제로 하는 정책의 추진이 필요하다.

사회적 패러다임 변화와 여성친화도시의 발전방향

(1) 여성친화도시에서 진정한 양성평등도시로

남성 중심의 도시계획 및 개발의 문제점을 드러내기 위한 안티테제로서의 태생적 속성을 지니고 있는 여성친화도시 정책[27]은 양성

---

26 Jo, A.; Lee, S. and Kim, J. (2020). "Gender gaps in the use of urban space in Seoul: Analyzing spatial patterns of temporary populations using mobile phone data", *Sustainability*, 12, 6481.

27 문재원(2017). "혐오와 친화 사이에서, 도시와 마주친 여성들", 『동북아 문화연

평등을 지향하지만 지금까지의 남성 중심의 사회구조를 기울어진 운동장으로 보고 이를 바로잡기 위해 여성 중심의 정책으로 추진되어왔다. 하지만 이제는 정반합의 반이 아닌 합을 이루는 상생을 위한 지속가능한 통합모델이 필요한 시점이다. 현재의 많은 정책들은 특히 젊은 남성들에게 역차별로 인식되면서 성 갈등을 심화시키는 경우가 많다. 2010년대부터는 여아선호가 남아선호보다 두드러지고, 여성의 대학진학률이 남성을 앞지르는 등[28] 남성 중심 사회의 특권을 온전히 누려왔다고 얘기하기 어려운 지금의 20~30대들은 상대적으로 남성 기득권을 누렸다고 볼 수 있는 기성세대만큼 성평등 정책 추진의 필요성에 동의하기 어려울 수 있다. 1999년 군가산점 폐지를 둘러싼 성 갈등을 이러한 젊은 남성들의 박탈감과 반감을 대표하는 사건 중 하나이다.[29] 아직 사회적으로, 경제적으로 불안정한 지위에 있는 젊은 세대일수록 상대적 박탈감을 크게 느끼고, 정책에 공감하기보다 반감을 키우기도 한다.

물론 여전히 남성보다 낮은 경제활동 참여율과 같이 개선이 필요한 지표들도 있지만 적어도 과거와 같이 모든 정책에 여성 우선으로 정책을 추진하는 것이 바람직하지 않은 시점이 되었다고 본다. 특히 일자리 정책, 전용공간, 성인지 감수성 관련 정책들과 같이 경제적 기회 관련된 정책이나 배타적 정책 또는 사회적 합의가 무

구』, 50: 205-223, 동북아시아문화학회.

28 통계청(2010). "통계로 보는 서울여성의 삶(2010년)". http://stat.seoul.go.kr/jsp/WWS8/webjin_view.jsp?wj_id=36

29 배은경(2016). "젠더 관점과 여성정책 패러다임: 해방 이후 한국 여성정책의 역사에 대한 이론적 검토", 『한국여성학』, 32(1): 1-45, 한국여성학회.

르익지 않은 정책들을 둘러싼 갈등이 두드러진다.

이와 같이 갈등이 첨예한 정책분야들일수록 좀 더 섬세하고 균형 있는 정책 추진이 필요하다. 예를 들어 공무원 채용시험에서 여성채용목표제를 양성평등목표제로 개정한 것과 마찬가지로 여성친화도시사업 내용 중 각종 위원회에 대한 여성비율 할당제 같은 경우도 여성 비율만을 할당하기보다 여성이든 남성이든 일정 수준 이상이 되도록 변경하는 방안을 생각해볼 수 있다. 또한 서로 다른 젠더그룹 간의 소통을 강화하는 방안들을 도입하는 것도 필요하다. 현재 여성친화도시사업은 중요한 항목 중 하나로 성인지 교육을 포함하고 있다. 성인지에 대한 공감대가 과연 소통과 논의가 아닌 일방적 교육에 의해 형성될 수 있는 것인가 의문스럽다. 교육 프로그램 의무화 이전에 올바른 양성평등의 방향에 대해 다양한 젠더그룹들이 참여할 수 있는 소통의 장이 제도적으로 만들어져야 한다. 같은 맥락에서 '여성친화'도시를 '성평등'도시로 변경하는 방안도 검토할 필요가 있다. 사업 추진 당시의 정책적 홍보의 용이성 측면에서 정해진 이유도 있겠지만, 과거보다 국민 전반의 성평등 정책에 대한 이해도 높아진 점을 고려하여 원래의 취지를 충분히 반영하는 것이 필요하다.

(2) 여성전용보다는 양성조화와 약자배려

앞서 얘기한 성 갈등이 첨예한 정책 분야들 중 여성전용공간 도입은 여성친화도시사업의 대표적인 공간정책이다. 여성전용 주차장, 여성안심택배, 여성전용 임대아파트, 지하철 여성전용칸, 여성전용 흡연구역, 여성전용 자전거주차장 등과 같은 수많은 정책들이 여성을 배려하기 위해서 또는 여성의 범죄로부터 보호하기 위해서 등의 이유로 지속적으로 추진되어왔으나 이에 대한 반응은 극명하게 갈리고 있다.[30] 여성 배려 차원의 추진에 대해서는 여성을 남자보다 운전 및 주차능력이 떨어진다고 보는 것이 편견이 아니냐에 대한 문제 제기가 있다. 범죄로부터의 보호 차원의 추진에 대해서도 남녀의 분리를 통한 해결이 바람직한가에 대한 비판이 있다.

성평등도시는 여성만을 위한 도시가 아닌 모두가 편한 도시가 되어야 한다. 이와 같은 시각에서 보면 최근 마포구의 시도는 주목할 만하다. 마포구 여성정책과에서는 배타적인 여성우선주차장의 대안으로 성별 관계없이 유아동반자, 임신부, 노약자들이 주차할 수 있는 배려주차장(Broad Parking Area: BPA)라는 새로운 개념을 도입하였다.[31] 배려주차장은 여성을 제외한 다른 젠더그룹을 배척하는 기존 여성친화도시사업의 여성전용시설 도입 정책과는 달리 돌봄의 탈 젠더화를 통해 모든 젠더그룹이 동의할 수 있는 안을 제시한, 작지만 중요한 성평등 도시정책 사례로 볼 수 있다.

(3) 생물학적 성 구분보다 포용적 성평등 지향 도시로

앞서 여성 우선 정책보다는 양성평등 및 양성조화의 방향으로 나아가야함을 주장했지만, 진정한 성평등도시의 구현을 위해서는 양성평등의 개념에서 한 걸음 더 나아가 성평등의 개념에 대한 깊은 고민이 필요하다. 한국에서 양성평등과 성평등 두 가지로 혼용

30 오세라비·김소연·나연준(2020). 『페미니즘은 어떻게 괴물이 되었나?』, 글통.
31 KBS 뉴스(2020.10.11). "'여성 우선' 주차장 필요한가요? 서울 마포구의 실험".

하여 표현하고 있는 'Gender Equality'에서의 'Gender'는 단순히 생물학적 '여성'과 '남성'을 의미하는 'Sex'와는 달리 이와 연관되어 사회문화적으로 형성된 '여성성'과 '남성성'을 의미한다.[32] 여성친화도시를 비롯하여 많은 국내 성평등 정책들 및 페미니스트들의 주장들은 생물학적 '여성'을 대상으로 하는 경우가 많다. 예를 들어 앞서 논의한 여성전용시설 및 서비스의 대상이 이에 해당한다. 또 강남역 여성 살인사건 이후 치열하게 전개된 급진 페미니즘 그룹의 일부 세력 역시 생물학적 여성을 연대의 기초로 하고, 이성애자 남성과 더불어 게이와 같은 성소수자 그룹에 대한 혐오를 강화하고 있다.[33]

이러한 생물학적 성 구분에 기초를 둔 성평등 정책이나 페미니즘 운동은 성별에 따른 이분법적 접근으로 남성과 여성 간의 성 갈등을 부추길 수 있으며, 또한 여성에 대한 차별을 주장하면서 도시공간에서 여성보다 더 억압받는 성소수자의 인권을 존중하지 않는 모순을 갖는다.[34] 성평등도시는 단순히 생물학적 여성뿐만 아니라 성소수자를 포함한 모든 사회적 약자가 포용하는 도시여야 한다.

---

32 UN Women 홈페이지(https://www.un.org/womenwatch/osagi/conceptsandefinitions. htm)

33 정승화(2018). "급진 페미니즘을 퀴어혐오로부터 구해내기", 『문화과학』, 95: 50-73, 문화과학사.

34 한겨레(2020.04.25). "'생물학적 구분'이 연대의 토대? 페미니즘은 왜 '여성'의 범주를 묻는가".

(4) 교차성 페미니즘적 접근

사회적 성 불평등 문제는 본질적으로 계급, 나이, 인종, 성정체성 등 다른 층위와 결합하여 각기 다른 양상을 띤다. 같은 여성이라고 하여도 소득 수준이나 나이에 따라 천차만별의 불평등 수준을 경험할 수 있다. 즉 다른 측면에서의 사회약자가 여성인 경우 기본적 생존권을 더 심각하게 위협받게 된다. 즉 아동, 경제취약계층, 고령자 등 사회적 약자는 그가 여성 또는 성소수자일 때 더 심각한 위험에 직면하게 된다. 이와 관련하여 서울대 배은경 교수는 "젠더와 계급뿐 아니라 여타의 사회적 범주들이 중첩적으로 작동하여 해당 여성 집단의 삶을 제약"한다고 주장하였다.[35] 예를 들어 같은 노숙자라 하더라도 여성노숙자의 경우 남성 노숙자보다 생리적 여건으로 더 위생적으로 열악한 상황에 놓이게 된다.[36] 따라서 성평등 도시정책 역시 이러한 교차성 페미니즘적 시각에서 접근하여야 한다.

(5) 사회 변화의 반영

여러 가지 사회적·경제적·기술적 변화와 그로 인한 사람들의 일상의 변화 역시 성평등 도시정책에 고려되어야 한다. 우선 더 이상 핵가족, 결혼, 재산권 등에 기초를 둔 기존의 사회관계망을 전제로 한 정책은 유효하지 않다. 정부에서는 여성친화도시정책을 통해 여성의 가사 및 육아 부담을 완화하고 저출산 문제에 대응하려고 하

---

35 배은경(2016). "젠더 관점과 여성정책 패러다임: 해방 이후 한국 여성정책의 역사에 대한 이론적 검토", 『한국여성학』, 32(1): 1–45, 한국여성학회.

36 Kern, L.(2020). Feminist city: Claiming Space in a Man-made world, Brooklyn, NY, USA : Verso.

고 있지만, 이성 간의 혼인과 출산을 통한 가족 형성이 디폴트가 아닌 사회 전반적 흐름을 고려할 때 적절한 접근인가에 대한 근본적인 제고가 필요하다. 젊은 세대들은 과거와 같은 혼인관계나 혈연을 통한 긴밀한 관계망보다는 개인 중심의 느슨한 사회적 관계망 형성에 더 익숙할 수 있다. 비혼주의자, 동거가구, 지인공동체 등 다양한 형태의 가족 형태들이 등장하고 있는 요즘[37] 성평등 정책도 이러한 사회 변화를 반영하여 돌봄 및 육아 서비스의 대상을 다양한 형태의 가족으로 확대하는 방안을 검토해볼 수 있다. 또한 AI와 로봇의 발달로 가사노동은 점점 더 줄어들고 있어 과거보다 사적 영역의 비중이 감소하고 있으며, ICT의 발전으로 재택근무 또한 증가하고 있는 추세로, 점차 공적 영역과 사적 영역의 경계가 모호해지고 있다. 이러한 공적 영역과 사적 영역에서의 변화는 성평등 공간 정책에서 매우 중요한 이슈이며, 이러한 기술적 변화 역시 고려 대상이 되어야 한다.

(6) 현실적 접근과 전략적 접근의 조화

마지막으로, 앞서 샌더콕과 포사이스(Sandercock and Forsyth)의 성평등 도시정책의 실천적 접근과 전략적 접근에 대한 논의[38]에서 언급된 바와 같이 성평등 도시정책은 '같음(sameness)'으로서 평등과

---

37 매일경제(2020.9.23). "탈가족 시대 정책 어떻게…'물보다 피' 옛말, 혈연 중심 제도 바꿔야 1인 가구에 주택청약·소득공제 지원을".

38 Sandercock, L. and Forsyth, A.(1992). "A gender agenda: New directions for planning theory", Journal of the American Planning Association, 58(1):49−59.

'다름(difference)'로서 평등 간의 딜레마가 있다. 즉 전자는 불평등한 구조 내 여성의 위치를 간과하게 되고, 후자는 단기적이고 직접적인 여성의 욕구를 충족시킬 수는 있지만, 가부장제 질서 내 여성의 주변화된 지위를 재생산하게 된다.[39] 따라서 현실의 불평등 문제를 해결하면서 근본적인 성평등 도시를 실현하기 위해서는 현실적 접근과 전략적 접근을 균형 있게 수행해야 한다.

---

39 마경희. (2007). 성 주류화 (gender mainstreaming) 에 대한 비판적 성찰: 여성정책의 새로운 패러다임인가? 함정인가? 『한국여성학』, 23(1): 39-67, 한국여성학회.

03
....

공공개발이익 국민환원제 도입

이상경(가천대학교 교수)

1. 공공개발이익 국민환원제 개념화

1) 개발이익 환원

개발사업에서 공공은 토지 수용권 부여, 용도지역 변경, 기반시설 지원 등을 통해 사업성 개선에 기여한다. 공공에 의한 개발이익의 환수는 사업성 개선에 대한 이 같은 공공의 기여에 근거하고 있다. 개발이익 환수에 대한 전통적 관심은 환수방법과 규모 등에 집중되는 경향이 있었다. 그러나 최근 들어 불평등 문제가 부각되면서 개발이익 분배에 대한 사회적 관심이 커지고 있고 이를 대표하는 개념으로 개발이익 환원이 대두되고 있다. 개발이익 환원은

2018년 경기도지사 선거에서 이재명 후보의 공약인 '공공개발이익 도민환원제'를 통해 정책 어젠다의 모습으로 처음 등장하였다. 학술적 접근에 앞서 정책화가 이루어졌다는 점에서 개발이익 환원에 대한 학술적 차원의 개념화 작업이 필요한 상태라고 할 수 있다.

개발이익 환원 개념화의 시작으로 먼저 '개발(開發)'이라는 말에 대해 살펴보자. 개발은 토지개발, 경제개발, 사회개발, 인적자원개발 등에서 볼 수 있듯이 다양한 분야에서 널리 사용되고 있다. 특히 도시·건축 분야의 경우 도시개발, 건축개발, 주택개발처럼 목적물에 개발을 붙여서 일반적으로 사용하고 있다. '개발'이 일상에서 사용되는 말이고 또한 '개발'로 인한 법적 다툼도 많지만 '개발'을 명확하게 규정하고 있는 법률은 없다.

'개발'의 법적 의미는 「국토의 계획 및 이용에 관한 법률」에서 정의하고 있는 '개발행위'를 통해 이해될 수 있다. 같은 법 제56조에서는 '개발행위허가'와 관련하여 허가 대상이 되는 '개발행위'를 ① 건축물의 건축 또는 공작물의 설치, ② 토지의 형질 변경, ③ 토석의 채취, ④ 토지 분할, ⑤ 녹지지역·관리지역 또는 자연환경보전지역에 물건을 1개월 이상 쌓아놓는 행위로 규정하고 있다. 이를 통해 볼 때 '개발'은 토지의 개발 및 건축행위를 의미하는 것으로 이해될 수 있다.[40]

학술적으로 개발이익을 다룰 때에는 토지개발과 건축행위로 인해 발생하는 개발이익(development gain) 외에도 공공투자로 인한 편

---

40 서울시정개발연구원(2011), "사전협상제도를 통한 도시개발의 공공성 증진방안 연구용역", 서울연구원.

익증진(betterment), 인·허가 과정에 따른 계획이익(planning gain), 기타 사회경제적 환경 변화에 따른 자본이득(capital gain) 및 우발이익(windfall)까지를 포함한다.[41] '개발이익'의 법적 정의는 「개발이익 환수에 관한 법률」에 나와 있는데, '개발이익'은 "개발사업의 시행이나 토지이용계획의 변경, 그 밖에 사회적·경제적 요인에 따라 정상지가상승분을 초과하여 개발사업을 시행하는 자나 토지 소유자에게 귀속되는 토지 가액의 증가분"으로 규정되어 있다(개발이익환수에 관한 법률 제2조).

개발이익을 환수하는 수단으로는 조세, 부담금, 기부채납 등이 활용되고 있다. 조세는 양도차익에 부과되는 양도소득세가 대표적이며, 부담금은 개발사업 시행자가 부담하는 것이 일반적인데, 시설부담형, 대체제 부담형, 수익환수형으로 구분된다. 시설부담형은 학교용지부담금, 광역교통시설부담금과 같이 사업 시행자에게 시설설치 비용을 부담시키며, 대체제 부담형은 농지보전부담금, 대체산림자원조성비처럼 사업 시행자에게 대체제 확보비용을 부담시킨다. 수익환수형은 개발부담금, 재건축부담금 같이 개발이익을 환수하기 위해 부담금을 징수하는 경우를 말한다. 기부채납에는 기반시설 기부채납과 환지방식 도시개발사업의 감보 등이 대표적인데, 기반시설 설치를 목적으로 하지만 실제로는 개발이익 환수기능을 갖는다.

개발이익 환수는 사유재산권 침해라는 비판을 받는 경우가 많

---

41 서순탁(2016). "저성장기의 개발이익환수제도 개편방향과 정책과제", 『토지공법연구』, 73(2): 65–81, 한국토지공법학회.

기 때문에 법적 근거에 대한 이해가 필요하다. 「헌법」 제122조를 보면, 국토의 효율적이고 균형 있는 이용·개발과 보전을 위해 법률이 정하는 바에 의해 그에 관한 필요한 제한과 의무를 부과할 수 있는 것으로 되어 있다. 이는 법률에 근거할 경우 개발이익 환수가 가능하다는 것을 의미하며, 개발부담금의 경우 「개발이익 환수에 관한 법률」이라는 법률에 근거하기 때문에 헌법에 부합한다고 할 수 있다.

개발이익 환원이라는 말은 개발이익 환수라는 말보다 한 걸음 더 나아간 개념이라고 할 수 있다. 네이버 국어사전[42]에서는 환수(還收)를 "도로 거두어들임"으로, 환원(還元)을 "본디의 상태로 다시 돌아감 또는 그렇게 되게 함"으로 정의하고 있다. 일상에서 사용하는 경우를 보면, 환수는 '재건축 초과이익 환수'에서처럼 보통 환수대상(여기서는 재건축 초과이익)과 같이 사용되며, 환원은 '주주환원정책'에서처럼 환원대상(여기서는 주주)과 같이 사용된다. 개발이익 환원도 예외가 될 수 없다고 볼 때 경기도의 공공개발이익 도민환원제 같은 정책은 공공개발이익을 도민에게 환원하는 정책으로 이해할 수 있다. 개발이익 환원이 어법상 환원대상과 같이 사용되기 때문에 분배의 문제는 개발이익 환원 개념의 핵심 구성요소가 된다고 볼 수 있다.

---

42 네이버 국어사전, https://ko.dict.naver.com/#/main

2) 공공개발이익 국민환원제

경기도에서는 '공공개발이익 도민환원제'를 인·허가 등 공공의 행정조치로 발생하는 개발이익을 환수하여 도민에게 환원하는 것으로 정의하고 있다.[43] 이상경·김진엽은 '공공개발이익 도민환원제'를 대규모 개발사업을 통해 개발이익 발생이 예상될 경우 공공의 직간접 투자 또는 공공의 인허가권을 활용해 개발이익을 환수한 뒤 이를 기반시설 확충과 도민 복지혜택에 활용하는 것으로 정의하고 있다.[44] 실용적 관점에서 제도화를 논하기 위해서는 정책 대상을 규정하는 것이 필요하다. 공공개발이익 도민환원제는 이상경·김진엽의 정의에서 볼 수 있듯이 중소규모 사업보다는 어느 정도 규모를 가진 대형 사업을 주요 대상으로 한다고 볼 수 있다.

이 같은 논의에 입각하여, 이 글에서는 '공공개발이익 국민환원제'를 인허가 등 공공의 행정조치로 발생하는 개발이익을 환수하여 국민에게 환원하는 것으로 정의한다. 중소규모 개발사업보다는 대형 사업을 주요 정책 대상으로 하며, 운영방식은 공공이 직간접 투자나 인허가 조치를 통해 개발이익을 환수한 뒤 이를 기반시설 확충, 균형개발사업, 국민복리 증진 등에 사용하는 것으로 한다.

개발이익의 제도화 검토 시 개발이익 환수지역과 환원지역이 어떤 관계에 있는 지 파악하는 것은 매우 중요하다. 개발이익 환수지

---

43 경기도 민선7기 공약실천계획서 https://governor.gg.go.kr/wp-content/uploads/2020/09/commitment.pdf

44 이상경·김진엽(2019). "개발이익 도민환원제: 대장동 개발사업의 특징과 시사점", 『GRI 정책브리프』, 2019-1, 경기연구원.

역과 환원지역의 관계에 따라 이는 다음의 3가지 경우로 구분된다. ① 환수지역과 환원지역이 일치하는 경우, ② 환수지역과 환원지역이 일치하지 않는 경우, ③ 환수지역과 환원지역이 일부만 겹치는 경우가 여기에 해당한다. 환수지역과 환원지역이 일치하지 않는 경우는 낙후지역 지원과 같은 정책 사업에 개발이익을 재투자하는 것으로 환수지역 주민들의 반발을 불러일으킬 소지가 있다. 반면 환수지역과 환원지역이 일치할 경우 갈등 요인은 줄어들겠지만 지역 균형개발 효과를 기대하기는 어렵게 된다. 공공개발이익 국민환원제 도입 시 환수지역과 환원지역의 관계만큼이나 수혜 대상자에 대한 인식도 중요하다. 가령 정비사업을 통해 임대주택을 기부채납 받는다는 것은 정비사업에서 발생하는 개발이익을 저소득층에게 환원한다는 의미를 가지고 있다. 이런 점에서 공공개발이익 국민환원제는 공간적 불평등을 완화하는 수단인 동시에 사회적 불평등 완화수단이라 할 수 있다.

2. 성남시 대장동 개발사업 사례

1) 대장동 개발사업의 개요

대장동 개발사업은 성남시 분당구 대장동 일대 92만 ㎡에 시행된 사업으로 사업 시행자는 성남도시개발공사와 하나은행 등의 금융기관들이 출자한 성남의뜰㈜이다. 경과를 보면 2015년 성남도시개발공사는 민간사업자 공모를 실시하였는데, 하나은행 등 금

〈표 3-10〉 대장동 개발사업 개요

구분	개요
사업명	성남 판교대장 도시개발사업
위치	성남시 분당구 대장동 210번지 일원
면적	920,467m^2
사업기간	2014.5~2020.12
계획인구(세대)	15,938인 (5,904세대)

자료: 이상경 외(2019). "개발이익 공공환원 사례 심층연구", 경기연구원.

융사들이 중심이 된 성남의뜰 콘소시움이 우선사업자로 선정되었
다. 이어서 성남도시개발공사를 대주주로 하는 성남의뜰 주식회사
가 설립되었고 성남의뜰㈜이 대장동 개발사업의 사업 시행자로 지
정되었다. 성남의뜰㈜은 2017년에 주택사업자들과 조성 토지에 대
한 공급계약을 체결하였으며, 현재 단지조성공사와 함께 북쪽 터널
공사, 제1공단 근린공원 조성공사 등을 하고 있다. 아파트 분양은
2018년도에 있었고, 2021년 현재는 아파트 건축공사가 진행되고
있다.

성남의뜰㈜은 PFV(Project Financing Vehicle)로 설립되었는데, PFV
는 배당 시 법인세 면제 혜택이 주어지기 때문에 이중과세 문제에
서 벗어날 수 있다는 장점이 있다. 성남의뜰㈜의 대주주는 성남
도시개발공사이며(지분율: 50%+1주) 하나은행 등의 금융사들이 주요
주주로 참여하였다. 이 같은 출자구조로 인해 개발이익의 성남시
환원은 매우 강한 보호를 받게 되었다. 성남도시개발공사는 성남시
의 100% 자회사이며 성남도시개발공사가 성남의뜰㈜의 50% 이상

〈표 3-11〉 PFV 성남의뜰(주) 출자 현황

구분	출자자	출자금(천원)	지분율(%)	비고
공공	성남도시개발공사	2,500,005	50%+1주	1종 우선주
민간	하나은행 등 4개 금융사	1,900,000	38%	2종 우선주
	하나자산신탁	250,000	5%	2종 우선주
	(주)화천대유자산관리	49,995	1%-1주	보통주
	특정금전신탁 등	300,000	6%	보통주
계		5,000,000	100%	

자료: 이상경 외(2019). "개발이익 공공환원 사례 심층연구", 경기연구원.

의 지분율을 갖는다. 이로써 성남시로부터 성남도시개발공사, 성남의뜰(주)로 이어지는 지배구조가 만들어지게 되었다.

PFV 성남의뜰(주) 설립은 사업 추진과 관련하여 다음과 같은 장점을 가진 것으로 평가되고 있다. 첫째, PFV가 사업 시행자가 됨으로써 성남시와 성남도시개발공사는 사업비 조달 부담에서 벗어날 수 있었다. 협약에 의해 성남도시개발공사는 대주주이지만 재원조달에 대한 책임을 지지 않는 것으로 되었다. 둘째, 건설회사가 배제된 금융사 위주의 PFV가 설립됨으로써 출자 금융사들을 통해 저리로 자금을 조달할 수 있었으며, 경쟁입찰을 통해 공사비를 낮출 수 있게 되었다. 셋째, 성남도시개발공사는 대주주로서 책임감을 갖고 인허가 업무를 지원하여 사업이 빠르게 추진될 수 있도록 하였다. 넷째, PFV인 성남의뜰(주)이 사업 시행자가 되면서 공공택지가 아닌 민간택지로 인정되었고, 공동주택 분양 시 분양가상한제의 적용을 받지 않게 되었다. 이는 미분양 없이 공동주택용지를 모두 분양할 수 있게 하였다.

2) 개발이익 성남시 환원

성남의뜰㈜ 설립 전에 성남도시개발공사는 우선사업자로 선정된 하나은행 콘소시움과 사전협약을 체결하여 성남시로 환원시킬 금액을 확정하였다. 성남시로 환원되는 시설 및 용지 등을 금전으로 환가할 경우 5,503억 원 정도가 된다.

개발이익의 성남시 환원은 구시가지 주민, 대장동 주민, 그리고 성남시민을 대상으로 서로 다른 방식으로 추진되고 있다. 첫째, 낙후된 구시가지 주민들에 대한 개발이익의 환원은 제1공단 근린공원 및 지하주차장 조성을 통해 이루어졌으며 결합개발 방식이 활용되었다. 제1공단은 대장동 사업부지로부터 7km 정도 떨어진 원

〈표 3-12〉 대장동 개발이익의 성남시 환원 내역 (단위: 억 원)

구분	공공기여	금액
제1공단 지역	근린공원 조성	2,561
	지하주차장(400면) 설치	200
	소계	2,761
대장동 지역	북측 터널공사	600
	남측 진입로(대장IC) 확장	260
	배수지 신설	60
	임대아파트 용지(A10블록) 배당	1,822
	소계	2,742
합계		5,503

자료: 이상경 외(2019). "개발이익 공공환원 사례 심층연구", 경기연구원.

도심 지역 신흥동에 위치한 공장 이전적지로 도시계획시설로 지정되었음에도 불구하고 적정 보상을 요구하는 토지 소유자와의 갈등과 예산 부족으로 인해 근린공원이 조성되지 못하고 있었다. 성남시는 대장동 부지와 제1공단 부지를 결합하는 방식을 통해 제1공단을 공원으로 조성하기로 하였다. 결합개발은 도시개발법에 규정되어 있지만 시도된 적이 없는 방법이었다. 결합개발은 2015년에 고시된 결합도시개발구역 개발계획을 통해 실체를 갖게 되었다. 그러나 제1공단 토지 소유자가 성남시를 상대한 낸 행정소송의 결과가 지체되면서 사업지연을 우려한 성남의뜰㈜이 성남시에 결합도시개발구역 해제를 요청하였다. 성남시는 2018년 결합도시개발구역을 해제하고 대장동 부지만 도시개발구역으로 다시 지정하였다. 그 결과 제1공단 공원조성사업은 도시개발사업이 아닌 도시계획시설사업으로 추진되었다. 비록 도시계획시설사업으로 시행되었지만 실시계획 인가 조건을 부가하는 방식을 통해 성남의뜰㈜이 비용을 부담하게 되었다. 제1공단 공원 조성은 도시개발사업의 결합개발로 추진되지는 않았지만 유사한 결과를 보였다고 할 수 있다.

둘째, 대장동 지역주민에 대한 환원은 대장동 북측 터널 신설과 남측 진입로(대장IC) 확장과 배수지 신설을 통해 이루어졌으며 주로 기부채납이 활용되었다. 도시개발구역 밖의 시설인 북측 터널은 도시계획시설사업을 통해 조성되어 기부채납되었으며, 남측 진입로(대장IC) 확장과 배수지 신설은 도시개발사업의 기반시설로 조성되어 기부채납되었다. 대장동 일대는 항아리 형태의 부지로 교통 접근성이 좋지 않았는데 북측 터널 신설과 남측 대장IC 확장을 통해 교통 접근성이 개선될 것으로 기대되고 있다.

셋째, 성남시민 전체에 대한 환원은 개발이익의 시민배당을 통해 하는 것으로 계획되었다. 성남도시개발공사는 성남의뜰㈜의 주식을 1종 우선주로 보유하고 있었는데, 주주협약에 따라 1,822억 원의 가치를 가진 임대주택용지를 배당받을 권리를 가지고 있었다. 성남시는 임대주택용지가 필요한 LH공사에 이 용지를 매각한 후 이를 지역화폐로 성남시민들에게 배당하는 방안을 발표하였다. 그러나 이 아이디어는 2018년 지방선거에서 이재명 시장이 경기도지사로 선출되어 성남시를 떠나게 되면서 실행으로 이어지지는 않게 되었다.

개발이익 환원은 아니지만 대장동 개발을 통해 성남시가 얻는 큰 성과 중의 하나는 대장동 일원에 대단위 주거지가 신규로 조성된다는 사실 그 자체이다. 대장동 개발에는 약 1조 5,000억 원의 사업비가 투입되었는데, 이를 통해 성남시는 약 43만 ㎡의 공원, 도로 등의 공공시설을 기부채납을 통해 확보하게 된다. 대장동 개발이 완료될 경우 5,094세대의 대규모 주택단지가 들어서게 되고 1만 5,938인이 거주하게 되는데, 이는 특례시 지정 요건인 인구 100만 명을 시정 목표로 하고 있는 성남시에게는 큰 힘이 될 수 있다. 참고로 현재 성남시는 구시가지 지역 재개발로 인한 인구 유출로 인해 주민등록인구가 97만여 명 수준에서 정체되고 있는 실정이다.

3. 경기도 공공개발이익 도민환원제 사례

1) 기부채납 기준 개선

(1) 용도지역 변경사업의 기부채납 기준 강화

용도지역 변경을 수반하는 주거용지 조성사업과 공공지원 민간임대주택 공급촉진지구 조성사업의 경우 경기도 도시계획위원회 심의를 거쳐 승인된다. 경기도 도시계획위원회에서는 「주거용지 조성사업 추진에 따른 용도지역 변경 및 공공기여시설 기부채납 검토」 기준을 적용하여 기부채납 비율을 정하게 되는데, 기존에는 공공기여시설 기부채납 부담량을 용도지역 변경 후 용적률 대비 용적률 증가분의 45%에 해당하는 토지면적을 기준으로 적용하였다. 도시계획위원회 심의자료를 보면, 자연녹지를 아파트가 가능한 2종 일반주거지역으로 변경하는 경우가 대부분이며 이 경우 용적률을 100%에서 200%로 상향해주는 것을 기본으로 한다. 이를 기존의 공공기여시설 기부채납 부담기준 산식에 적용하면, 기부채납 토지면적은 구역면적의 22.5%가 된다.[45] 이는 경기도의 도시개발사업의 평균 기부채납 비율이 구역면적의 48% 정도인 것과 비교하여 현저히 낮은 수준이라고 할 수 있다.[46] 이는 공정성 차원에서 비판을 야기했고 이에 경기도에서는 새로운 기부채납 부담기준 산식을 개발

---

45 (200%-100%)/200%×45%=22.5%
46 이상경(2018). "원가 공개를 통한 개발이익 국민환원제 도입". 『아파트 분양원가 공개 국회토론회(2018.12.19) 자료집』.

하여 적용하게 되었다. 새로운 산식을 보면, 공공기여시설 기부채
납 부담량은 용도지역 변경 전 용적률 대비 용적률 증가분의 35%
에 해당하는 토지면적이 기준이 된다. 용도지역 변경 후 용적률 기
준을 용도지역 변경 전 용적률 기준으로 변경하고 여기에 35%를
적용함으로써 더 많은 개발이익을 환수할 수 있게 되었다. 이 경우
용적률 100%인 자연녹지를 용적률 200%인 2종일반주거지역으로
변경할 경우 사업 시행자는 기존의 22.5%보다 더 많은 35%를 기부
채납하게 된다.[47]

(2) 공공택지지구 생활 SOC 시설 기부채납 개선

공공택지개발사업의 경우 공공시설용지는 조성원가 수준으로 지
방자치단체에 공급되지만 시설설치비용은 해당 지방자치단체가 부
담하는 것으로 되어 있다. 이는 재정이 빈약한 지방자치단체에게
많은 부담이 되고 있다. 경기도의 공공택지개발사업은 LH공사에
서 시행하는 경우가 많은데,[48] 지자체의 재정 부담으로 인해 생활
SOC 시설이 제대로 공급되지 않는 경우가 많다. 이로 인해 LH공사
와 지자체 간에 갈등이 발생하는 경우가 많아 지자체들로부터 관
련 법률에 대한 개정 요구가 많았다.

생활 SOC 시설의 기부채납과 관련하여 관련된 공공주택특별법
의 규정을 보면, 사업 시행자가 설치하는 공공시설은 관리청인 지

---

47 (200%−100%)/100%×35%=35.0%

48 2019년 기준으로 LH공사 택지개발사업의 46%, 공공주택사업의 47%가 경기도
에서 시행되고 있음.

방자치단체로 무상 귀속되지만 학교·공공청사·문화시설 등의 공공·문화시설과 주차장·운동장은 무상 귀속 대상이 아닌 것으로 되어 있다.[49]

이 같은 문제점을 개선하기 위해 경기도는 관할 지자체에 귀속되는 공공시설 대상에 '공공·문화시설'과 '주차장, 운동장'이 포함되는 것을 주요 내용으로 하는 '공공주택특별법 일부 개정 법률안'과 '택지개발촉진법 일부 개정 법률안'을 의원발의로 제안하였다. 비록 20대 국회에서 개정안이 통과되지는 않았지만 공공개발이익의 지역 재투자 차원에서 21대 국회에서는 개정을 기대해 본다.

2) 결합개발 제도 개선을 통한 산업단지 개발

경기도 산업단지들은 주로 남부지역에 입지하고 있으며 북·동부 지역은 상대적으로 저조한 편이라고 할 수 있다.[50] 이는 경기도 북·동부 지역이 군사시설보호구역과 상수원보호구역 등의 규제로 입지에 제약을 받고 있기 때문이다. 경기도는 북·동부 지역의 낙후 상황을 특별한 희생으로 보고 보상 차원에서 경기도형 지역균형개발 산업단지를 시범사업으로 추진하고 있다. 지역균형개발 산업단

---

49 공공주택특별법 제29조, 국토의 계획 및 이용에 관한 법률 제2조 및 같은 법 시행령 제4조.

50 경기도 산업단지 분포 현황을 보면 전체 178개소 중 북동부지역에는 64개소 36%가 입지하고 있다. 면적 기준을 적용하면 136,714,000㎡ 중 20,540,000㎡, 15%로 더 낮아지게 된다(김군수 외(2019). "경기도형 지역균형개발 산업단지 도입 방안", 경기연구원).

지 사업은 기존의 산업단지 개발 패러다임을 전환하여 개발수요가 풍부한 지역의 산업단지 개발이익을 상대적으로 열악한 낙후지역의 산업단지 개발에 투자하여 사업성을 보완하는 상호 윈-윈할 수 있는 일종의 결합개발 방식의 사업이다.

산업단지 결합개발은 「산업입지 및 개발에 관한 법률 시행령」 제40조 제10항의 조성원가 이하로 분양하는 경우 다른 산업단지의 산업시설용지의 매각수익으로 그 손실을 보전할 수 있다는 규정에 근거하고 있다. 그러나 이 같은 규정에도 불구하고 「산업입지의 개발에 관한 통합지침」에 관련 규정이 없어 산업단지 개발 시 이를 활용할 수 없었던 것을 경기도에서 국토교통부에 건의하여 관련 규정을 신설하여 산업단지 결합개발이 가능하게 되었다.[51] 경기도는 현재 시범사업을 추진 중인데 남부 평택시의 산업단지와 북부 파주시의 산업단지를 결합개발하려고 하고 있다. 이 경우 파주시 산업단지의 산업시설용지를 조성원가 이하로 분양할 수 있기 때문에 기업유치를 효과적으로 할 수 있을 것으로 기대하고 있다. 경기도형 지역균형개발 산업단지에서는 지역균형발전 촉진이라는 정책목표를 달성하기 위해 결합개발방식을 원용했는데 이는 산업단지 개발에서 처음으로 시도되는 것으로 상징적 의미를 가진다고 할 수 있다.

---

51 「산업입지의 개발에 관한 통합지침」 제26조의18에 따르면, 결합개발 대상 산업단지들은 사업 시행자가 동일해야 된다. 경기도가 추진하고 있는 시범사업의 경우도 사업 시행자가 GH공사로 동일하다.

3) 개발부담금 제도 개선

개발부담금은 환수, 환원 측면에서 여러 문제점을 노출하고 있기 때문에 상당한 수준의 개선이 필요하다. 첫째, 개발이익환수법상의 감면, 면제 조항으로 인해 개발사업의 상당수가 부담금을 감면받거나 면제받고 있어 실제 징수 실적이 저조하다. 둘째, 개발이익 산식에 적용되는 부담률이 20/100~25/100로 낮아 개발이익이 제대로 환수되지 못하고 있다. 셋째, 개발이익 산식의 개선이 필요하다. 개발이익은 종료시점지가에서 개시시점지가와 정상지가상승분, 개발비용을 뺀 금액으로 정의된다. 산식에서 이용되는 공시지가의 경우 실거래가에 비해 낮게 평가되는 경우가 많으며, 개발비용이 부풀려지거나 허위로 작성되는 경우가 많다. 또한 지가상승분에서 정상지가상승분을 빼기 때문에 사업 시행자가 실제로 얻게 되는 이익보다는 훨씬 적게 산정될 소지가 많다. 이와 같은 개발이익 환수 측면에서의 문제점은 개발이익환수법 전반에 대한 개정을 해야만 개선이 이루어질 수 있다. 이 같은 이유로 경기도는 환수 측면에서의 법률안 개선은 시도하지 않았다. 다만 환원 측면에서는 법률 개정을 시도하였다. 경기도가 시도한 법률 개정안의 핵심은 개발부담금의 배분과 관련되어 있다.

개발사업 시행 시 광역자치단체가 인허가 행정에서 상당한 역할을 함에도 불구하고 개발부담금은 광역자치단체를 뺀 중앙정부의 '국가균형발전특별회계'와 기초자치단체에게만 배분하도록 되어 있다. 이는 광역자치단체가 역내 지역격차를 해소하기 위해 개발부담금을 활용할 수 없다는 것을 의미한다. 이를 개선하기 위해 경기도

<표 3-13> 경기도 개발부담금 부과 및 징수 현황

구분	부과액		징수액		징수율 (%)
	건수(건)	금액(백만 원)	건수(건)	금액(백만 원)	
2015년	2,488	159,895	2,640	105,492	66.0
2016년	3,399	154,567	3,601	109,450	70.8
2017년	3,954	183,161	3,454	136,336	74.4
2018년	3,681	239,574	3,176	160,861	67.1
2019년	4,457	272,330	3,342	165,743	60.9

주: 이성룡 외(2020). "기본소득형 개발이익 환원방안 연구", 경기연구원 참조

는 개발부담금의 국가귀속분 50% 중에서 50%를 광역자치단체에 배분할 것을 요구하는 「개발이익환수에 관한 법률」 개정안을 의원 발의하였다.

4) 지역 재투자 개선

지역 재투자는 GH공사가 주도하는 사업과 GH공사가 지분 참여하는 사업으로 구분하여 살펴보면 다음과 같다. GH공사가 주도하는 사업의 경우 공사는 지구지정 단계에서 공동사업 시행자인 지자체와 선언적 의미의 기본협약서를 먼저 체결하여 지자체와의 신뢰관계를 형성한 후 시행자회의 등을 통해 개발이익에 대한 구체적 수치 및 요구사항이 명기된 협약을 별도로 체결하는 방식으로 지역 재투자를 실행하고 있다. 이 같은 방식으로 광교신도시의 경우 GH공사는 개발이익 7,323억 원을 도서관, 문화복지시설, 주민센터 부지, 도로개설비용 등으로 지원을 했으며, 다산신도시의 경

우 2,630여 억 원을 도서관, 복합커뮤니티센터, 도로개설, 철도복개 등에 지원하는 것을 계획하고 있다.

GH공사가 지분참여하는 경우는 LH공사 주도 사업에서 주로 볼 수 있다. GH공사는 과거에는 15~20% 정도의 지분비율로 사업 참여를 했다. 지분비율이 크지 않은데, 이는 GH공사가 지방공기업으로 부채비율에 제약을 받는 것과 관계된다. 지분비율이 낮을 경우 부채를 통한 사업비 조달 부담이 줄어든다는 점에서 장점이 있지만 그 만큼 개발이익 환수 규모도 줄어든다는 점에서 한계를 가진다. 경기도는 공공개발이익 도민환원제 차원에서 지역 재투자를 확대한다는 목표를 설정하고 실행방안으로 GH공사의 지분비율을 높이는 것을 방침으로 정하였다. 이를 지원하기 위해 경기도의회는 GH공사의 지분율을 과천지구 50%, 하남교산지구 40%까지 확대하는 것에 대한 추진 동의안을 의결했다. 3기 신도시에서 GH공사의 지분비율이 확대될 경우 지역 재투자 규모는 이전보다 훨씬 더 클 것으로 기대된다.

4. 공공개발이익 국민환원제 제도화 방향

1) 관점의 전환

성남시 대장동 사업과 경기도 공공개발이익 도민환원제는 개발사업과 개발이익에 대한 관점의 전환을 요구한다. 개발사업이 부의 불평등을 심화시키는 측면도 있지만 사회발전에 필요한 각종 기반시설을 제공하는 역할도 하고 있다는 것은 주지의 사실이라고 할 수 있다. 개발이익을 불로소득이라기보다는 사업 시행자의 노력과 공공의 인허가에 의해 만들어진 결과물로 바라볼 필요가 있다. 이 같은 관점에서 본다면 공공에게 귀속되는 개발이익은 공공의 인허가 기여에 대한 일종의 이익배분으로 볼 수 있다. 공공은 국민으로부터 권한을 위임받은 대리인으로 공공에게 확보된 개발이익을 국민에게 환원시키는 것은 회사의 이익을 주주에게 배당하는 것과 같은 맥락이라고 볼 수 있다.[52]

공공개발이익 국민환원제를 도입하기 위해서는 권리를 가진 국민에 대한 세분화된 이해가 필요하다. 실용적 관점에서 사업시행 주체를 보고 그 권리 대상자를 식별해보면 기초 지자체의 지방공기업이라면 기초 지자체 주민들이 개발이익에 대한 권리를 가지게 되며, 광역 지자체 지방공기업이라면 광역 지자체 주민들이 권리자가된다. 국가공기업이라면 전 국민이 권리자가 된다.

공공개발이익 국민환원제를 시행하기 위해서는 권리를 가진 국민에 대한 식별과 함께 누구에게 이익을 배분할 것인가 하는 문제를 검토해야 한다. 권리자 모두에게 이익을 배분할 수도 있고 정책 대상이 되는 특정 집단에게만 이익을 배분할 수도 있다. 이는 정답이 정해져 있는 문제는 아니며 사업여건에 따라 달라질 수 있다. 공공개발 국민환원제는 다양한 분야에 적용될 수 있지만 여기서는 관심도가 높은 사안들인 지역균형개발사업, 공공임대주택, 기본소

---

52 개발이익 국민환원제 도입 주장은 이상경(2018). "원가 공개를 통한 개발이익 국민환원제 도입". 『아파트 분양원가 공개 국회토론회(2018.12.19.)』에서 처음 찾아볼 수 있다.

득을 대상으로 공공개발이익 국민환원제 도입 방향을 제시하고자
한다.

2) 지역균형개발사업: 공간적 불평등 완화

(1) 사업주체별 차등화된 정책목표 설정

공공개발이익 도민환원제는 사업 대상지가 속한 기초 지자체 주
민들로부터 개발이익의 역외유출이라는 비판을 불러일으킬 수 있
다. 대장동 개발사업의 경우 신개발이었기 때문에 입주민이 없는
상태에서 사업이 진행되었고 개발이익을 낙후된 원도심 근린공원
조성사업에 쉽게 투입할 수 있었다. 그러나 대장동 지역에 주민들
이 있었다면 이는 쉽지 않은 일이 되었을 것이다. 이는 서울시 강남
구에 위치한 한전부지에 대한 용도변경 사례에서도 확인된다. 서울
시가 한전부지 용도지역 변경 공공기여를 이용하여 인근의 송파구
잠실종합운동장 정비를 시도했을 때 부지가 속한 강남구 주민들의
강한 반발을 불러일으켰다. 경기도의 도민환원제는 LH공사를 상
대로 개발이익의 경기도 환원을 주장할 때는 매우 효과적이다. 반
대로 GH공사가 사업을 할 경우에 시군들이 동일한 논리로 환원을
주장할 수 있다는 점에서 약점을 지닌다.

개발이익을 낙후지역 지원사업에 투입할 경우에 역외유출 논란
을 줄이려면 사업주체에 따라 차등화된 정책목표를 설정하는 것이
필요하다. 기초 지자체 또는 산하 공기업(가령, 성남도시개발공사)이 사
업을 시행할 경우에는 해당 기초 지자체의 지역균형발전을 정책목
표로 설정할 필요가 있다. 광역지자체 또는 산하 공기업(가령, GH공

사)이 사업 시행자라면 해당 기초지자체의 지역균형발전과 함께 광역지자체의 지역균형발전(경기도의 경우 한강 남부와 북부 지역의 격차 완화)을 정책목표로 설정하는 것이 필요하다. 국가 또는 국가공기업(가령, LH 공사)이 사업 시행자라면 기초 지자체, 광역 지자체의 균형발전과 함께 국가균형발전을 정책목표로 설정하는 것이 필요하다.

(2) 구분회계 활용

LH공사와 같은 국가공기업의 경우 「공공기관의 운영에 관한 법률」상의 경영지침에 따라 구분회계를 해야 한다(공공기관의 운영에 관한 법률 제50조 제1항). 구분회계는 자산, 부채와 수익, 비용을 독립적으로 식별할 수 있는 사업단위별로 재무상태 및 경영성과에 대한 재무제표를 작성하는 것을 말한다(공공기관 구분회계 운영지침 제2조). 구분회계를 따를 경우 사업단위별로 개발이익 산정이 가능하기 때문에 정책목표에 따른 개발이익의 환원을 효과적으로 할 수 있다. 구분회계의 효과는 GH공사가 광교신도시 사업과 다산신도시 사업의 개발이익을 지역 환원한 경우에서 그 가능성을 확인할 수 있다.

(3) 결합개발 활용

낙후지역으로 개발이익을 환원하는 방법으로 결합개발이 활용될 수 있다. 결합개발 방식은 대장동 개발에서도 이미 시도되었는데, 대장동 사업의 개발이익을 구시가지의 제1공단 공원조성 사업에 투입하는 것으로 추진되었다. 또한 경기도형 지역균형개발 산업단지 조성사업에서도 활용되고 있는데, 이는 GH공사가 시행하는 2개의 산업단지를 결합개발하는 것으로 수익성이 높은 남·서부 지역 산업단지의 개발이익을 북부 지역 산업단지의 손실보전에 이용하게 된다. 공공개발이익의 국민환원은 국가공기업과 지방공기업이 하는 사업 모두에 활용될 수 있다. 한국수자원공사, 한국산업관리공단 같은 국가 공기업의 경우 수도권과 비수도권 산업단지 개발에 결합개발을 시도할 수 있으며, LH공사의 경우 수도권 신도시 개발시 원도심의 도시재생사업을 결합하여 시행할 수 있다. SH공사의 경우 서울시 강남지역 사업과 강북지역 사업을 결합개발로 추진할수 있다.

(4) 제도 개선

공공개발이익 국민환원이 효과적으로 시행되기 위해서는 개발부담금, 지역 재투자, 결합개발, 기부채납 등과 관련된 제도를 개선할 필요가 있다. 「개발이익환수에 관한 법률」상의 개발부담금의 경우 현재는 중앙정부와 기초지자체에만 징수금을 배분하고 있는데, 광역지자체 차원의 균형개발사업의 재원으로 활용될 수 있도록 광역지자체에도 징수금의 일부를 배분하는 것이 필요하다.

「지역개발 및 지원에 관한 법률」, 「도시개발법」, 「산업단지 입지 및 개발에 관한 법률」 등의 법령에서 지역 재투자와 결합개발이 규정되어 있지만 「공공주택특별법」과 「택지개발촉진법」에는 이와 관련된 규정이 없다. LH공사의 개발사업 대부분이 이들 법률에 근거하여 시행되는 관계로 이들 법령에 대한 개선이 반드시 있어야 한다. 특히 도시재생 활성화를 위해 「도시재생 특별법」에 도시재생사업과 신개발사업을 결합할 수 있도록 하여 신개발사업의 개발이익을 도시재생사업에 투입할 수 있게 하는 것이 필요하다.

도시계획 변경에 따른 기부채납 제도 운영과 관련하여 서울시의 사전협상제도를 확산시키는 것이 필요하다. 최근 기부채납 제도가 개선되어 지구단위계획구역 내 시설이 아니더라도 기부채납의 대상이 될 수 있게 되었으며 공공기여 시설에 임대주택도 포함되게 되었다. 이런 점에서 사전협상제도는 공공개발이익 국민환원제의 유효한 수단이 될 수 있다.

3) 공공임대주택으로 환원: 사회적 불평등 완화

개발이익을 공공임대주택으로 환원하는 경우는 '정비사업'과 '공공지원민간임대주택 공급촉진지구 조성사업' 등에서 찾아볼 수 있다.[53] 공공임대주택은 '공공개발이익 국민환원제'에서도 유용한 환원 대상이 될 수 있다. 경기도 공공개발이익 도민환원제에도 공공지원 민간임대주택 공급촉진지구사업이 제도 개선 대상에 포함되었으며, 실제로 경기도에서는 기부채납 비율을 높여 개발이익 환수를 강화하였다. 다만 공공개발이익 도민환원제에서는 정비사업을 제도 개선 대상에 포함하지는 않았다.

공공임대주택 기부채납 실태를 보면, 별도의 동으로 건축되는 경우도 있고 소셜 믹스 차원에서 분양주택과 같은 동에 위치시키는

---

[53] 경기도는 '공공지원민간임대주택 공급촉진지구 조성사업'의 공공기여시설로 도로, 공원 등의 필수기반시설과 함께 공공임대주택용지와 공공임대주택이 가능하도록 하고 있다. 정비사업의 경우 법적상한용적률에서 정비계획 용적률을 뺀 초과용적률에 대해 60㎡ 이하의 소규모 소형주택을 건설하여 공급하도록 하고 있으며, 이 경우 부속토지는 기부채납하는 것으로 본다(도시 및 주거환경정비법 제54조, 제55조).

경우도 있다. 공공임대주택을 별도의 동으로 건축할 경우 좋지 않은 인식이 강화될 수 있다는 점에서 분양 동과 같은 동에 위치시키는 소셜 믹스 기부채납을 강화하는 것이 필요하다. 공공임대주택으로의 환원은 지역 내 저소득 계층에게 필요한 주거를 공급하는 것으로 삶의 질을 개선하고 부의 불평등을 완화하는 효과를 가진다. 이는 지역균형개발사업에서의 환원이 지역격차 완화, 공간적 불평등 완화를 기대하는 것과 비교된다.

4) 기본소득으로 환원: 공공개발이익의 전국민 공유

기본소득은 국가 또는 지방자치단체가 모든 구성원 개개인에게 아무런 조건없이 정기적으로 지급하는 소득을 의미한다.[54] 재원으로는 소득세, 토지세, 탄소세, 데이터세 등이 거론되고 있는데, 이 글에서는 개발이익도 재원으로 활용될 수 있다고 본다. 개발이익을 기본소득의 재원으로 활용하는 것은 대장동 개발에서 시도되었던 시민배당에서 그 가능성을 찾아볼 수 있다. 성남시에서는 대장동 개발사업의 개발이익 일부를 성남시민들에게 환원하는 것을 목표로 1인당 약 18만 원의 금액을 지역화폐로 지급하는 것을 계획하였다.

개발이익을 기본소득으로 환원하기 위해서는 재원관리 창구로서 특별회계나 기금의 설치가 필요하다. 특별회계는 국가에서 특정

---

54 기본소득한국네트워크 홈페이지(https://basicincomekorea.org/all-about-bi_
definition/)

한 사업을 운영하고자 할 때, 특정한 자금을 보유하여 운용하고자 할 때, 특정한 세입으로 특정한 세출에 충당함으로써 일반회계와 구분하여 회계처리할 필요가 있을 때에 법률로써 설치한다(국가재정법 제4조). 기금은 국가가 특정한 목적을 위해 특정한 자금을 신축적으로 운용할 필요가 있을 때에 한정하여 법률로써 설치한다(국가재정법 제5조). 특별회계와 기금은 지방자치단체에서도 설치가 가능하다(지방재정법 제9조, 제142조).

지역균형개발사업으로 환원하는 경우에는 결합개발 등의 방법이 활용될 수 있지만 기본소득으로 환원할 경우에는 환수단계에서 현금으로 환수를 해야 한다. 개발이익을 현금으로 환수하는 방안으로는 공기업이 사업 시행자일 경우에는 배당으로 확보하는 방안이 우선적으로 고려될 수 있다. 이를 위해서는 공기업의 회계 운영을 개선하는 것이 필요하다. GH공사의 경우 최근 5년간 내부유보금을 증가시키는 추세를 보이고 있으며,[55] LH공사도 마찬가지로 자기자본 형태로 내부 유보를 증가시키고 있다. 개발이익을 기본소득으로 환원시키기 위해서는 내부유보 대신 배당을 하도록 해야 한다. 기본소득 특별회계나 기금이 설치되면 배당금을 특별회계나 기금으로 보낼 수 있고 이것이 기본소득의 재원이 될 수 있다.

---

55 GH공사의 경우 차입금 의존도가 개선되고 있음에도 불구하고 감채기금적립금의 과도한 적립으로 내부유보금이 증가하는 추세를 보이고 있다(이성룡 외(2020). "기본소득형 개발이익 환원방안 연구", 경기연구원.)

5. 공공개발이익 국민환원제의 정책적 함의

공공개발이익 국민환원제는 상생을 기본으로 한다. 개발사업이 잘 되어야 개발이익이 발생하고 개발이익이 있어야 개발이익 환원도 가능하기 때문이다. 협조게임(Cooperative Game) 이론에 따르면, 개발사업 참여자가 여러 명일 경우 공정한 이익분배 규칙이 사업 성공의 중요한 열쇠가 된다.[56] 이는 공공개발이익 국민환원제가 도입되기 위해서는 개발이익 분배에 대한 사회적 합의가 필요하다는 것을 의미한다.

공공개발이익 국민환원제는 경기도의 공공개발이익 도민환원제 경험을 국가 차원으로 상향시킨 제도라고 할 수 있다. 이 제도는 공간적 불평등과 사회적 불평등을 완화할 수 있는 정책 수단이며 결합개발, 지역 재투자, 사전협상 등을 통해 지역균형개발사업의 시행, 공공임대주택의 공급, 기본소득의 재원 등에 활용될 수 있다. 공공개발이익 국민환원제는 개발사업의 패러다임을 변화시켜 이윤 추구 중심의 개발을 사회 문제 해결에 기여하는 개발로 전환시킬 것으로 기대된다.

---

56 이상경(1996). 상업지역 공동개발에서 지주간 권리조정을 위한 이윤분배 분석, 서울대학교 박사학위논문.

제4장
·
지역 및 국토정책

01

....

지방분권과 지역균형발전

임동근(한국교원대학교 전임연구원)

1. 지방자치와 지방분권

1) 지방자치제도 재개 30년

1987년 민주화운동은 지방자치제도를 부활시켰다. 1948년 정부
수립 직후인 1949년부터 시행된 '지방자치법'은 한 번도 폐지된 적
이 없지만, 1961년 5·16 군사쿠데타 이후 국가재건최고회의는 같
은 해 9월 1일 '지방자치에 관한 임시조치법'을 시행하여 지방자치
를 무력화시켰었다. 지방자치단체는 도·서울특별시와 시·군으로
2개의 층을 가졌음에도, 도·서울특별시는 정부 직할로, 시·군은
도의 관할이 되며, 자치단체의 장은 대통령이 임명했다(지방자치에 관

한 임시조치법 제9조). 시의회, 도의회 등 의회 또한 정부의 지휘를 받아, 도·서울특별시는 지방의회 의결사항을 내무부장관의 승인을 받고, 시·군은 도지사의 승인을 얻어 시행해야 했다.

이런 임시조치법을 폐지시킨 1988년 5월 전면 개정된 '지방자치법'은 민주화운동의 상징과도 같은 것으로, 이후 '지방자치'는 군사독재와 반대되는 우리가 지켜야 하는 절대적인 가치가 되었다. 1991년 기초 및 광역의회 의원 선거가 열리고, 1995년 자치단체장을 직접 선거를 통해 선출하며 처음으로 단체장과 의회를 함께 구성하는 전국동시지방선거가 자리를 잡는다. 2021년은 군사정권 몰락 이후 지방의회선거를 다시 치른 지 30년이 되는 해이기도 하다.

서울의 대도시화는 지방자치제도가 부활할 무렵인 1980년대 말부터 급속히 진행되었다. 1960~1970년대부터 수도권 인구집중 방지가 국토계획의 주요 대상이었지만 인구집중으로 인한 문제는 주로 서울시가 담당할 도시문제였다. 중앙정부가 주도했던 1977년 '수도권 인구 재배치계획'이 나오기 전까지 정부는 여전히 수도권의 수자원과 공업시설, 특히 노동력 저수지를 활용하고자 했다. 인구 재배치계획 또한 도시 노동자의 양적 확대와 사회문제, 수도 이전과 도심의 공업지역 이전의 문제와 얽혀있을 뿐이고, 여전히 국가 경제 차원에서 수도권은 대한민국의 경제를 성장시킬 주요 동력이었다. 물론 1982년의 제2차 국토종합개발계획은 지방별로 종합적인 계획 및 발전을 도모하고 있고, 수도권 인구 및 산업 집중을 막는 것을 국토계획의 목표 중 하나로 제시하고 있다. 그러나 상경인구를 막을 수 있는 환경을 지방에 구축하겠다는 선언과 이를 위한 지방거점 개발에 머물렀고, 서울의 공공기관을 지방으로 이전하는

〈표 4-1〉 지방선거 변천과정

회수	선거일		선거구분		비고
			지방의원	단체장	
제1차	1952	04.25.	시·읍·면의원	(기초: 간선제)	서울, 경기, 강원 제외
		05.10.	도의원	(광역: 임명제)	
제2차	1956	08.08.	시·읍·면의원	시·읍·면장	이승만 정부
		08.13.	시도의원	(광역: 임명제)	
제3차	1960	12.12.	시도의원	-	장면정부
		12.19.	시·읍·면의원	-	
		12.26.	-	시·읍·면장	
		12.29.	-	시·도지사	
제4차	1991	03.26.	기초의원		노태우 정부
		06.20.	광역의원		
제5차	1995	06.27.	기초/광역의원	기초/광역단체장	김영삼 정부 (제1차 동시선거)
제6차	1998	06.04.			김대중 정부 (제2, 3차 동시선거)
제7차	2002	06.13.			
제8차	2006	05.31.			노무현 정부 (제4차 동시선거)
제9차	2010	06.02.			이명박 정부 (제5차 동시선거)
제10차	2014	07.04.			박근혜 정부 (제6차 동시선거)
제11차	2018	06.13.			문재인 정부 (제7차 동시선거)

자료: 국가기록원, "기록으로 보는 지방자치의 발자취"(https://theme.archives.go.kr//next/localSelf/vote.do)

것과 같은 정책은 언급하지 않았다.

반면 지방자치제가 재개된 후의 제3차 국토종합개발계획은 '균형발전'이란 목표가 전면에 부각되고, '지방분산형 국토'를 만들겠다고 선언한다. 특히 지방의 육성과 수도권 집중의 억제, 고속철도 등의 지방 교통망의 발전, 새만금과 같은 거대 국책 개발사업 등이 중요한 주제로 등장한다. 우리는 여기서 지방선거가 유무형으로 국토종합개발계획에 영향을 끼쳤음을 알 수 있다. 1990년대 지방자치시대가 열리면서 국토의 균형발전이 지역정치의 중요한 이슈가 되었고, 중앙정부의 국책 사업은 보다 더 지방을 고려하는 상황이었다. 하지만 그 이후 역설적으로 수도권의 영향은 점점 더 커져갔다.

2) 지방자치시대의 수도권 팽창

1987년 이후 1995년 제1차 전국동시지방선거가 있던 시기까지 사회는 큰 폭으로 변했다. 민주화, 노동운동, 올림픽 등, 소위 '87년체제'라 불릴 만큼 새로운 사회제도가 탄생했다. 정치, 사회, 문화 등 사회 전반에 걸친 변화와 함께 수도권 또한 이전 시기와는 비교할 수 없을 만큼 새로운 공간으로 바뀌어갔다. 지방자치 시대의 수도권 변화를 보기 위해선 몇 가지 사실을 확인할 필요가 있다.

첫째, 인구수로 보았을 때 〈그림 4-1〉에서 보듯이 비수도권의 인구는 총량면에서 약 2,500만 수준으로 일정하게 유지되고 있으며, 수도권 인구는 1970년 890만에서 2010년 2,346만 명으로 2.6배 증가하였고, 전국 인구 대비 수도권 비중은 28%에서 49%로 늘어났다. 대한민국의 인구증가와 수도권의 인구증가가 엇비슷한 셈이다.

〈그림 4-1〉 수도권 인구 증가 1970-2010

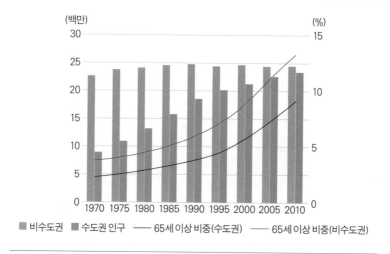

자료: 통계청, 『인구총조사』. 각년도

수도권 인구는 젊고, 비수도권은 늙어간다고 생각하기 쉬우나, 아래 그래프에서 보듯이 정도의 차이가 있을 뿐 수도권과 비수도권 모두 고령화가 빠르게 진행되고 있다.

우리가 여기서 주목할 부분은 수도권 인구 집중 추이가 지방자치와 무관하게 꾸준히 진행되었고, 1990년대부터는 그 속도가 완화되고 있다는 점이다. 1990년 이미 수도권 인구 비중은 전국의 43%인 1,857만 명이었고, 20년 동안 연평균 24만 4,000명이 늘었다. 오히려 비수도권에서 수도권으로 이동하는 인구는 2015년까지 지속적으로 감소했다. 지방자치시대 수도권의 영향력이 커졌다는 것은 인구의 증가폭이라기보다는 경제활동인구의 2분의 1이 수도권에 있다는 총량의 문제에서 비롯된다. 즉 지금 상황에서 수도권의 인구가 정체된다고 하더라도 국민의 '반'이 수도권에 산다는 문제는

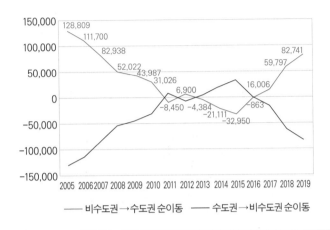

자료: 김태환 외 5인(2020). "인구의 지역별 격차와 불균형", 『균형발전 모니터링 & 이슈 Brief』,
제1호, p.7

해결되지 않으며, 더 심각하게도 오늘날 다시 수도권으로 인구가 집중하고 있다.

두 번째로 수도권 제1기 신도시가 건설되는 1990년을 전후로 수도권의 기반시설은 비약적으로 발전한다. 1980년대 내내 서울은 과밀과 혼잡의 대명사였다. 교통혼잡 및 무허가주택지의 증가, 전세대란 및 주택가격 급등, 도시공해와 위생문제, 화재와 수해 및 범죄 증가 등 서울과 관련해 끊임없이 사회문제가 제기되었고, 민주화운동과 서울 올림픽이 열렸던 1980년대 말은 이런 사회 전반에 걸쳐 많은 정책적 개입이 있었던 시기이기도 하다. 도시 차원에서 서울은 교외지역까지 영향력을 확대하는 대도시화가 진행되었고, 1988~1989년 부동산 가격급등으로 인한 주택시장을 해결하고자 했던 신도시 주택공급은 이 흐름을 주도한 결정적인 사건이었다.

수도권 신도시건설은 여러 면에서 생각할 거리를 던져준다. 지방자치제도의 부활이 결정된 1988년에서 지방의회 선거가 있었던 1991년 사이에 건설된 수도권 제1기 신도시는 당시 지방자치라는 시대정신과 달리 철저하게 중앙정부 주도로 진행된 정책이었다. 청와대에서 신도시건설계획을 입안하고 이를 위한 건설부장관을 위원장으로 하는 범부처 종합추진대책위원회가 꾸려졌다.[1] 1980년대 택지개발사업과 법적으로는 같은 방식으로 신도시를 건설했지만 정책의 집행과정은 중앙정부가 적극적으로 집행하는 유례없는 도시건설이었던 셈이다. 특히 신도시에서는 주택건설사업의 승인권을 기존 지방자치단체장인 시장과 군수에서 건설부장관으로 이전하였고, 건설부 내에 한시적으로 '신도시건설기획실'을 신설하는 등 도시건설과 주택분양까지 모두 중앙정부가 책임졌다.

　두 번째로 신도시건설은 기존 정책의 방향을 뒤바꾼 사업이었다. 1977년 '수도권 인구재배치계획'이 정부의 모든 역량을 동원해 수도권 인구집중을 막으려 했었고, 정부는 수도권에 성장을 억제하는 촘촘한 공간적 사회적 규제를 만들었다. 10여년 뒤의 1989년 신도시 건설계획도 수많은 국가기관들이 참여했지만, 정책의 방향은 이전과 반대로 수도권에 품질 좋은 광역 도시기반시설을 공급하는 일이었다. 이는 기존 수도권 정책과 정면으로 맞서는 것이었다. 1983년 수도권정비계획법이 시행되어 대규모 택지개발을 규제하는

1　종합추진대책위원회는 내무부, 국방부, 교육부, 동력자원부, 체신부, 교통부의 차관, 철도청과 환경청 청장, 서울시 부시장, 경기도 지사, 서울시와 경기도의 교육위원회 교육감, 한국전기통신공사, 대한주택공사, 한국수자원공사, 한국토지개발공사 사장이 참여할 만큼 국가사업이었다.

1984년 기본계획과 1986년 시행계획을 발표한지 채 3년도 지나지 않았었고, 정책이 발표될 당시에도 수도권 집중을 촉진할 것이라는 비판이 있었다. 불과 10여 년이 지난 뒤에 기존 정책을 바꾸고 지난 20여 년간 균형발전으로 지방을 발전시키겠다던 정부 정책방향을 뒤엎을 만큼, 신도시 건설은 당시 서울의 부동산 가격 급등이란 사회문제 해결을 위한 실질적인 효과를 바라본 절박한 사업이었기 때문이었다.

1960~1980년대 서울로 몰려드는 사람을 수용하기 위한 기반시설이 부족한 상황과 1988년 올림픽을 계기로 팽창했던 경제발전과 임금상승 등으로, 신도시 건설을 발표할 당시 정부는 수도권의 변화에 대응하는 정책을 내놓지 않을 수 없었다. 그렇기에 정부는 기존 택지개발로 진행되던 안양, 군포, 부천의 택지개발사업에 신규로 분당, 일산 사업을 추가하여 보다 거대한 사업으로 신도시건설을 발표하고, 서울의 주택수요를 대체할 만큼 서울의 공간환경보다 훌륭하게 신도시를 만들고자 했고, 무엇보다도 서울의 부동산 수요를 낮출 만큼 상징적인 사업이자 현실적으로 빠르게 건설해야만 했다.

이렇게 중앙정부가 온 힘을 기울여 건설한 신도시는 기존 도시계획의 패러다임을 바꾸게 된다. 신도시 건설은 토지구획정리사업, 택지개발사업 같은 단일한 기능을 수행하는 사업이 아니라, 도시의 각종 시설들과 도시를 연계하는 광역시설들을 한꺼번에 조성하는 종합적인 지역발전 계획이었다. 그 결과 서울에서 사람들이 이주하고 싶은 욕망이 들 만큼 뛰어난 환경을 만들기 위해 정부는 수도권 전철이 연장된 광역대중교통망 체계가 틀을 갖추고, 광역상하수도

네트워크가 만들어지며, 도시고속도로 네트워크 등 광역교통망을 개선하였다.

지방자치제도가 출범하기 직전, 수도권에 중앙정부의 공간구조 개편 사업이 있었다는 것은 매우 중요한 의미를 가진다. 지방자치 제도가 출범하며 도시계획의 많은 권한이 지방자치단체에 위임되고, 이후 자치단체들이 연합해서 지역의 광역계획을 세우고 집행하는 것은 힘들었기 때문이다. 수도권의 지방자치단체, 특히 서울시와 경기도의 주요 도시는 신도시를 계기로 갖춰진 많은 광역 기반시설을 통해 사회변화에 대응할 수 있는 여건을 갖추고 지방자치제를 시작했고, 반면 다른 지방의 대도시권은 여전히 지방자치단체의 의지가 아닌 중앙정부의 계획에 따른 국가사업을 바랄 수밖에 없는 상황이 계속되었다.

3) 균형발전과 지방분권의 등장

균형발전은 지방자치가 재개되기 이전부터 정책의 주요 의제로 제기되었다. 1970년대의 국토종합개발계획에 따라 고속도로, 항만, 산업단지 등 국가주도의 집중적인 기반시설 건설이 진행되었으나, 특정 지역에 개발이 편중된다는 논란이 계속되었고, 특히 농촌을 떠나 도시로 인구가 집중하며 새롭게 산업시설이 배치되는 공업도시들이 성장했다. 이에 따라 1980년대 제2차 국토종합개발계획은 "모든 산업, 계층, 지역의 균형적 발전에 전 국토가 활용됨으로써 방방곡곡이 튼튼한 '복지의 국가'가 되도록" 하겠다고, "인구와 산업이 수도 서울을 비롯한 대도시에 과도하게 집중되는 현상을 근원적으로 해결"하겠다고 밝힌다.[2] 하지만 이 계획은 서울 및 대도시로의 인구 및 산업시설이 집중되는 것을 극복하는 방식을 '지방자치'가 아니라 전국이 고루 잘 사는 '복지'에서 찾았다.

1980년대에도 수도권에 인구집중이 계속되는 상황에서 1980년대 후반의 민주화운동은 균형발전과 지방자치의 새로운 관계를 만들어갔다. 기존 수도권의 팽창은 정치사회적으로 수도에 중앙집중적인 권력이 있기 때문이고, 권력이 공간적으로 한곳에 집중되는 한 균형발전을 이룰 수 없다는 문제의식이 생겼다. 따라서 지방자치는 서울이라는 일극의 권력 중심지를 다원화시키고 전국이 고루 잘 사는 균형발전의 핵심이고, 1980년대 후반의 지방자치제도 부활은 그 희망을 고무시켰다. 1992년에 시작한 제3차 국토종합개발계획 또한 기대와 우려를 동시에 표명하며 지방자치로 달라진 상황을 기술하고 있다.

(가) 지방자치 실시로 국토개발에 대한 지방정부의 역할이 증대되고 지역 간에 개발경쟁 분위기가 확산되며 민주화의 진전으로 국토개발에 있어서 민간의 창의와 활력을 이용한 개발 확대

(나) 반면 지역할거주의로 인해 원자력발전소, 핵폐기물 처리장, 쓰레기 매립장, 하수처리장 등 주민기피시설의 입지가 어려워지고 국토개발에 있어서의 국가적 통합성과 투자의 효율성 저해 우려[3]

2   대한민국정부(1982). "제2차 국토종합개발계획". 대통령 서문.

3   대한만국정부(1992). "제3차 국토종합개발계획". p.27.

제3차 국토종합개발계획은 '지방분산형 국토골격의 형성'이란 목표로 지방거점도시 인근에 지자체 주도의 '첨단산업단지' 건설 등을 계획하는 등 '지역산업정책'을 추진하고자 했다. 이를 위해 '국토계획'은 중앙부처의 관련계획이자 지방이 계획할 수 있는 지침이 되는 계획임을 밝힌다.[4] 계획의 집행에 있어서도, '지방정부의 계획능력이 취약하고, 지방자치 도입에 따라 지역개발에서의 국가적 통합성 저하'가 우려된다고 하면서도, 국가와 지방정부 및 지방정부 상호간의 계획권한을 배분할 것임을 명시하고, 지방정부의 계획능력 제고 및 제도적 장치를 강구한다고 밝혔다.[5]

지방자치와 균형발전의 논의가 결합되면서 '지방분권'이 주요 개념으로 등장하였다. 학계에서 이미 1980년대부터 중앙–지방행정체계의 조정 등의 주제로 등장했던 '지방분권' 논의는 1987년 민주화 이후 본격화되어 유럽과 일본의 지방분권 논의를 검토하고 있었다. 특히 1991년 지방의회 선거 이후 행정학계를 중심으로 지방분권은 균형발전뿐만 아니라 현재의 정치사회문제를 해결 할 수 있는 필수적인 요소로 부각되었다.[6]

1995년 지방자치단체장 선거 이후 이전 체제로의 회귀는 상상할 수 없는 일이 된 채, 지방자치와 분권은 그 효과와 정책에서의 우

---

4 대한만국정부(1992). "제3차 국토종합개발계획". 추진경위.

5 "제3차 국토종합개발계획" 제6장 집행 및 추진전략.

6 안성호는 지방분권화가 ① 민주주의의 학교, ② 정치적 안정에의 기여, ③ 갈등해결 능력의 제고, ④ 행정대응성의 제고, ⑤ 정책쇄신의 고무, ⑥ 능률성의 제고, ⑦ 국토의 균형발전에의 기여, ⑧ 통일에의 기여"한다고 보았다(안성호(1993). "우리나라 지방분권화의 논거", 『한국행정학보』, 27(3): 825–846, 한국행정학회).

선순위 차원에서 논란이 있을 뿐이었다. 특히 노무현 정부에서 '국가균형발전특별법'이 2004년 시행되었고, 법적으로 '균형발전'을 "지역 간 발전의 기회균등을 촉진하고 지역의 발전역량을 증진함으로써 삶의 질을 향상하고 지속가능한 개발을 도모하여 국가경쟁력을 강화"하는 것으로 정의했다.[7] 2009년 1월 30일 개정법에서 균형발전은 그 목표를 '국가경쟁력을 강화'하는 것이 아니라 '전국이 개성 있게 골고루 잘 사는 사회를 구현'하는 것으로 바뀌며, 보다 지방이 주체가 되는 개념이 되었다.[8] 하지만 같은 해 '지역경쟁력'은 다시 '국가경쟁력'이 되고, "자율과 창의를 기반으로 지역별 특성화 발전과 지역 간의 상호협력 증진을 통해 지역경제를 활성화하고, 국민의 삶의 질을 향상함으로써 지역경쟁력을 강화하는 것"으로 정의한다. 이명박, 박근혜 정부의 지역정책의 기조가 되는 이 정의는 문재인 정부 출범이후 또 다시 '균형발전'의 정의로 돌아간 2017년 12월 26일 법률 제15309호 개정 때까지 지속된다. 현재의 정의는 2009년 균형발전의 정의를 따르고 있다.

국가균형발전특별법과 함께 2004년 '지방분권특별법'이 제정되며 '지방분권'이 정부 어젠다로 등장한다. 이 법은 2008년 '지방분권 촉진에 관한 특별법', 2013년 '지방분권 및 지방행정체제개편에 관한 특별법'으로 이어졌고, 현재는 '지방분권'은 '지방자치분권'이란 명칭으로 바뀌었다. 이렇듯 지방분권, 지방자치, 균형발전 개념이 서로 맞물린 채 우리나라 지역정책의 큰 틀을 규정하고 있다.

---

7 법률 제7061호 "국가균형발전특별법", 2004년 1월 16일 제정.
8 법률 제9346호 "국가균형발전특별법", 2009년 1월 30일 타법개정.

2. 지방자치 시대의 국토발전 전략

1) 국토계획과 균형발전정책

1999년 7월 국토연구원은 '제4차 국토종합계획안'을 발표했다. 국토계획의 목표연도가 10년 후였기 때문에 2000년대의 정책집행과 2010년의 미래상을 그리고 있었다. 하지만 2003년 '국토건설종합계획법'을 대신하는 '국토기본법'이 시행되고, 국토계획의 주기는 20년이 됨에 따라 이 계획은 2020년까지 연장되었다. '국토기본법'은 기존의 행정위계별로 있던 건설종합계획을 지방자치제도에 따라 국가—광역—기초지방자치단체의 종합계획으로 정리하고, 여러 자치단체를 포괄하는 지역계획, 부문별 계획을 두어 기존 국토계획 체계에서 진행되는 계획들을 이어가고자 했다.

'국토기본법'(2003년 1월 1일 시행, 법률 제6654호) 제6조 국토계획의 정의 및 구분 ②항

1. 국토종합계획: 국토 전역을 대상으로 하여 국토의 장기적인 발전방향을 제시하는 종합계획

2. 도종합계획: 도의 관할구역을 대상으로 하여 당해 지역의 장기적인 발전방향을 제시하는 종합계획

3. 시군종합계획: 특별시·광역시·시 또는 군의 관할구역을 대상으로 하여 당해 지역의 기본적인 공간구조와 장기발전을 제시하고, 토지이용·교통·환경·안전·산업·정보통신·보건·후생·문화 등에 관하여 수립하는 계획으로서 국토의 계획 및 이용에 관한 법

률에 의하여 수립되는 도시계획

4. 지역계획: 특정한 지역을 대상으로 특별한 정책목적을 달성하기 위하여 수립하는 계획[9]

5. 부문별계획: 국토 전역을 대상으로 하여 특정 부문에 대한 장기적인 발전방향을 제시하는 계획

또한 '국토기본법'과 함께 출발한 '국토의 계획 및 이용에 관한 법률'은 건설교통부장관이 지방자치단체 2개 이상을 포괄하는 광역계획권을 지정할 수 있도록 하고, 이를 위한 '광역도시계획'을 시도지사가 수립해야만 하며, 광역계획권 지정 후 3년까지 시도지사의 계획을 제출하지 않으면 건설교통부장관이 이를 수립하는 규정을 넣었다.[10]

국토종합계획은 20년의 장기간의 비전을 제시하고, 이에 따라 지방자치단체 위계별로, 때로는 복수의 지방자치단체를 포괄하는 광역계획 및 부문별 계획을 통해 일관성을 유지하려는 법적 노력을 보였으나, 현실은 그렇지 않았다. 대통령 선거의 주기에 맞춰 국토종합계획은 2006년 제1차 수정이, 2011년 제2차 수정이 있었고, 상위비전인 국토종합계획의 수정은 위 다이어그램에서 얽혀 있는 여러 계획들을 연쇄적으로 수정하게 만들었다. 여기에 국가균형발

---

9   국토기본법 제16조에서 지역계획은 ① 수도권발전계획, ② 광역권개발계획, ③ 특정지역개발계획, ④ 개발촉진지구개발계획, ⑤ 그 밖에 다른 법률에 의하여 수립하는 지역계획으로 나누고 있다.

10 국토의 계획 및 이용에 관한 법률, 2003년 1월 1일 시행, 법률 제6655호, 제10~11조.

<그림 4-3> 국토계획의 체계

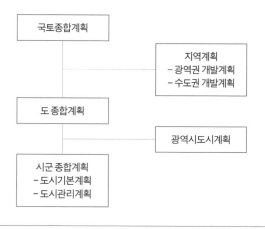

전 5개년 계획이 추가되는 등 국토를 대상으로 하는 법들의 주기와 위계는 깨져나간다.

예를 들어 1983년에 시행된 수도권정비계획법은 1994년, 2008년 전면 개정되었고, 법이 계획주기를 결정하지는 않았지만 '수도권정비계획'은 대략 15년의 주기로 제1차(1982~1996), 제2차(1997~2011) 계획이 발표된다. 하지만 이 또한 2006년 2020년까지를 목표로 하는 제3차 정비계획이 발표되고, 2019년 5년에 한 번씩 조정한다는 법 조항이 추가되며, 2020년 12월 2021~2040년까지 국토계획의 주기에 맞춘 제4차 수도권정비계획이 확정되었다.

산업통산부가 주축으로 시작한 2004년 국가균형발전특별법에 따른 제1차 국가균형발전 5개년 계획(2004~2008)은 제2차(2009~2013), 제3차(2014~2018)에서 지역발전계획으로 명칭이 달라졌다. 이 계획은 정권이 바뀐 제4차(2018~2022)에서 다시 국가균형발전계획으로 돌아왔고, 5년의 계획주기를 유지하였지만 국토부가 주관하는 국토계획의 계획주기와는 어긋난 채 유지되고 있다. 또한 지방선거의 주기에 따라 지방자치단체는 서로 다른 주기를 갖는 계획들을 생산하며 국토를 대상으로 하는 정부 각 기관들의 계획이 생산되고 있으며, 국토계획은 더 이상 이를 종합하는 역할을 수행하지 못한다. 2006년, 2011년의 국토계획 수정과 같이, 중앙과 지방정부의 교체주기에 따라, 혹은 정책변화에 따라 계획에 없던 새로운 국토정책이 제안되고 이를 반영토록 국토계획이 수정되기도 하며, 광역도시계획과 같이 시도별로 서로 다른 목표연도를 가진 광역계획이 수립되기도 한다.

결국 지방자치시대는 개발연대시대의 경제개발 5개년 계획−국토종합개발 10개년 계획의 틀에서 집행되던 계획중심의 국토건설 환경과는 다른 환경이며, 국토건설의 상위 비전을 제시하는 국토종합계획은 형해화되었다. 균형발전 정책 또한 국토계획−수도권계획−균형발전계획 안에서 일관성을 결여한 채 여러 선거의 주기에 따라 급변하는 혼란상을 보여주었다. 수도권 집중을 막기 위해 비수도권 지역의 발전을 도모하면서 수도권의 국제경쟁력을 위한 개발을 논하고, 각 지방자치단체 저마다 IT, BT 등 유사한 산업발전 전략을 내세웠다. 국토 전체에 대한 큰 그림인 제4차 국토종합계획은 인구고령화, 기후변화 대처 등 상징적인 선언을 했지만, 지방자치단체의 권한과 국가의 권한이 무엇인지, 이를 어떻게 집행할 것인지에 대해서는 모호할 수밖에 없었으며, 철도 등 국가기반시설 공급, 남북교류 및 국제교류 등의 이야기는 같은 수준으로 논할 수 있는 위계가 아니었기에 국토계획의 성격을 알 수없게 만들었다. 이는 지방자치,

〈표 4-2〉 기존 지역균형발전정책의 한계

구분		내용
정책 설계	정책철학 실종	• 특별법 제정, 특별회계 편성 근본 취지인 헌법이 규 정한 지역균형발전 가치, 철학 반영 부족 • 우리사회의 민주적 가치인 지방분권에 대한 인식 반영 부족
	중앙주도 정책설계	• 정책설계에 지방참여, 지역주도보다 중앙주도의 정책설계 관행의 지속 · 지자체는 중앙정책의 대리 집행인, 공모사업 참여자적 성격이 아직도 강함
	분권보다는 분산적 추진	• 노무현 정부도 권한과 재정의 지방이양보다 기능의 지방분산 위주 시책 설계
시책 기획	개발 · 성장시대의 인프라 중심	• 이명박, 박근혜 정부를 포함하여 대부분의 시책 내 용이 도로, SOC 등 인프라 공급 중심으로 구성 • 인구감소, 고령화, 저출산 등 인구 정체 및 축소 시 대 고려 부재 • 노무현 정부를 제외한 지자체 자율편성사업보다 인프라 중심의 부처편성사업 비중 높음
	불균형 정책으로 회귀	• 노무현 정부가 설계한 지역균형발전정책이 이명박 정부를 거치면서 불균형정책으로 회귀되고, 이것 이 박근혜 정부에서도 여전히 지속됨
공간 계획	지자체 소외	• 정책시행의 주체인 지자체를 벗어나 광역경제권, 지역생활권 등의 추진으로 그림 상의 계획으로 머 무는 문제
추진 방식	하향적 추진방식	• 중앙부처가 사업을 기획하고 점검 · 평가하는 방식 으로 거의 대부분 정부에서 중앙부처–시 · 도–시 · 군 · 구로 이어지는 중앙집권적 정책체계 형성(분권 보다 분산)
	중앙주도 정책추진	• 지자체의 특별회계 재원 사용 지침 및 용도, 지역까 지를 중앙이 제시 · 감독 • 부처 공모방식의 확대로 지자체의 자율성 제약
	낮은 수준의 정책 지방화	• 사업기획, 입안, 추진, 평가, 재원 사용 등에서 지방 의 권한 결여 • 주민의 참여는커녕 지역 거버넌스 부재
재원 지원	재원사용 자율성 부족	• 이명박 · 박근혜 정부를 거치면서 중앙부처 편성사 업의 비중이 증가, 중앙부처가 재원사용 용도, 지 역, 규모를 지정할뿐 아니라 사후 통제를 통해 지역 재원투자 자율성 여지 부족 • 특별회계 포괄보조를 도입했으나 사업군확대, 포 괄보조사업의 내역사업 온전

재원지원	부처 일반회계 국고 보조사업과 중복	• 지역균형발전정책의 지방화, 분권화의 핵심인 지 방의 자체 재원 부족

자료: 양진홍·이미영·정우성(2020). "지역균형발전을 위한 통합적 지역발전체계 구축", 『국토정책
브리프』, 792, 국토연구원. p.3; 김현호 김도형(2018). "지방분권형 지역균형발전정책의 설계", 한
국지방행정연구원.

지방분권, 균형발전의 서로 다른 수준의 말이 뒤엉키고, 국가-지방
자치단체의 역할과 관계의 혼동이 만든 '국가적'인 계획의 실종으로
도 읽힌다.

2) 지방자치, 지방분권, 균형발전

문재인 정부는 지방자치와 지방분권을 결합한 '자치분권'을 표
명하였다. 2017년 10월 행정안전부가 '자치분권 로드맵(안)'을 만들
었고, '연방제에 버금가는 강력한 지방분권'을 추구하며 5대 분야
30대 추진과제를 발표했다. 2013년 참여정부 때 제정되었던 '지방
분권 및 지방행정체제개편에 관한 특별법'을 2018년 3월 '지방자치'
와 '지방분권' 단어 모두 '지방자치분권'으로 바꾼 '지방자치분권 및
지방행정체제개편에 관한 특별법'이 시행되었다. 이 법에 따라 대통
령 소속으로 설치한 '자치분권위원회'에서 기존 로드맵을 발전시켜
2018년 9월 '자치분권 종합계획(안)'을 발표하고, 6대 전략 33개 과제
를 제시하였다. 현재 2019년에 이어 두 번째 실행계획인 '2020년 자
치분권 시행계획'이 진행 중이다.

2003년의 '균형발전', 2009년의 '지역발전'에 이어 2018년의 '지방
자치분권'을 키워드로 하는 지역정책은 지방자치제도를 발전시킨다

는 방향성을 따른다. 이 담론 지형에서는 자치와 분권이 서로 뗄 수 없는 동일한 힘을 가진 것으로, 균형발전은 '자치—분권'이 성숙하면 이루어지는 종속변수로 여겨진다. 이렇듯 행정학 등 기존 학문의 울타리 속에서는 자치와 분권을 하나의 틀에서, 더 나아가 균형발전까지 포함하는 단일한 장에서 이 단어들을 혼용하지만, 각각의 개념은 서로 다른 사회의 물적 기반과 조건들을 갖는다.

우선, 우리나라 1980년대의 균형발전 논의에서 보듯이 균형발전은 지방자치를 반드시 요구하지 않는다. 역사적으로 1930년대 소비에트도 국토균형발전을 이야기했고, 전후 산업시설의 재배치 과정에서 국토의 기능적인 공간분할을 통한 균등발전을 논의했다. 철도, 도로 등의 국토기반시설의 지역배분 논의는 그보다 더 올라가서, 국가도로의 균등한 건설은 19세기 말까지 그 역사가 올라간다. 국토를 지역별로 균등하고 조화롭게 조성하려는 노력은 지방권력의 연합정치에서도, 중앙집중의 권위적인 정권에서도 발견할 수 있다. 1990년대 우리의 지방자치제도 재개는 중앙의 권력집중을 극복하는 의회민주주의의 부활이라는 한 측면과 중앙—지방정부의 다층 구조로 권력을 분산시키는 일이었지만, 이런 분산이 발전의 공간적 치우침을 개선해주지 않았다.

지방자치와 지방분권이 동일한 맥락이 아님은 더욱 명확하다. 유럽에서 지방분권이 본격적으로 논의된 것은 1980년대이다. 왜 이 시기에 등장했는지를 생각해보자. 전후 여러 국가에서 국가 중심의 재건 계획을 수립했고 우리와 같은 국토계획을 만들었다. 하지만 유럽이 경제개발계획을 추진한 지 20여 년이 지난 후인 1970년대는 동아시아가 성장하며 유럽의 경제위기를 불러왔고, 그 속에서 다국적기업이 국경을 넘나들며 발전하기 시작했다. 이로 인해 국가의 경제계획은 힘을 잃고, 경제문제뿐만 아니라 산업시설의 이전 및 대도시 중심의 경쟁구도 속에서 도시 낙후지역의 문제, 사회 양극화 문제 등에 직면했다. 지방분권은 이런 사회문제와 얽혀 있었다. 즉 국가의 계획경제가 더 이상 작동하지 않을 때, 국가경제 전체가 위기에 처할 때, 계획공간을 지역화하여 돌파구를 찾고자 했던 흐름 중 하나가 지방분권이다. 그렇기에 지방자치와 달리 지방분권은 중앙정부의 주도권 하에 추진되었고, 대부분 국가의 국토계획을 멈추며 본격화되었다. 즉 지방분권은 지방의 문제가 아니라 '중앙'의 의지에 따라 결정되며, 그 핵심은 경제위기다.

마지막으로, 지방분권과 균형발전이란 개념은 국가를 넘는 사람과 자본의 이동이란 측면에서 보아야 한다. 지방분권과 균형발전을 접목시킨 유럽연합에서 그 맥락을 살펴보자. 1950년대 유럽 연합의 토대가 되는 국가 간 협력이 있었고 1957년 CEE가 만들어지지만, 경제협력이 본격화된 것은 1980년대 경제위기를 겪었던 1986년의 '단일유럽의정서'였다. 이 의정서는 1992년까지 국경을 초월한 단일시장 경제권을 형성하고자 했고, 기존의 유럽기금들은 세분화되어 낙후지역을 위한 사회발전 기금을 국가 내부의 지역단위로 삼았다. 한편으로는 유럽이라는 단일 시장을 만들며, 다른 한편으로는 단일시장의 사회적 통합을 위한 지역단위의 균형발전기금을 운영한 것이다. 유럽의 지역기금은 1980년대 프랑스 등 유럽 내에서 운영하던 계획협약제도를 유럽차원으로 확장시키고, 협약의 대상은 규모의 편차가 심했던 국가 단위가 아니라 국가를 구성하는 '지역'이 된 것이다. 큰 국가와 작은 국가를 서로 비교가능한 단위로 만드는 것이 유럽의 지역권의 강화와 연결되고, 이들의 권한을 강화시키는 방식이 지방분권의 틀 안에서 진행되었다.

우리의 지방분권 또한 크게 다르지 않다. 1980년대 유럽, 일본 등의 논의가 지방행정학계를 중심으로 등장했지만 지방자치와 다르게 1997년 금융위기 이후 '지방분권'은 정치권으로 확장된다. 계획경제의 상징인 '경제기획원'이 지방자치제도 이후인 1994년 해체되었지만 여전히 경제개발 5개년 계획은 진행되었고, 제7차 계획의 종료연도였던 1997년 금융위기가 나오며 폐기된다. 국가경제의 위기 속에 중앙정부는 광역지방자치단체를 주요 경제주체로 등장시켰고, 기존 국토종합개발계획의 하위계획이었던 광역지방자치단체의 개발계획을 강조했다. 또한 지방자치단체를 중심으로 하는 권력의 블록화를 시도하고, 이미 작동하던 지방자치의 권역에 따라 중앙정치를 지방화시켰다. 즉 지방분권은 중앙이 강하지만 위기에 처할 때 등장하고 힘을 얻으며, 분권의 화두는 지방이 아니라 중앙에서 나온다.

따라서 학계의 논의처럼 지방자치-지방분권-균형발전을 단일하게 볼 수 없다. 지방분권은 지방자치를 발전시킬 수도 있고, 혹은 지역 권력의 공고화로 인해 지방자치가 저해될 수도 있다. 지방자치는 강력한 중앙권력을 통제하면서 분권을 촉진시킬 수도 있고 분권이 아닌 지역갈등을 촉진할 수도 있다. 아울러 균형발전이 지방자치와 연결되는 지점과 지방분권과 만나는 지점은 상이하다. 특히 균형발전을 이끌 만큼 지역에 공간적으로 불균등하게 투하되는 공공자본은 지방분권에서 도출되기 힘들며, 더 큰 스케일을 상상하고 통제할 수 있는 강력한 권력기반이 필요하다. 지방자치-지방분

〈표 4-3〉 자치분권 6대 전략 및 33개 과제 (2018)

추진전략	내용
1. 주민주권 구현	• 주민참여권 보장 • 숙의 기반의 주민참여 방식 도입 • 주민자치회 대표성 제고 및 활성화 • 조례 제개정의 주민직접발안제도 도입 • 주민소환 및 주민감사청구 요건의 합리적 완화 • 주민투표 청구대상 확대 • 주민참여예산제도 확대
2. 중앙권한의 획기적인 지방이양	• 중앙-자치단체 사무 재배분 • 중앙권한의 기능 중심 포괄 이양 • 자치분권 법령 사전협의제 도입 • 특별지방행정기관 정비 • 대도시 특례 확대 • 광역단위 자치경찰제 도입 • 교육자치 강화 및 지방자치와의 연계, 협력 활성화
3. 재정분권의 강력한 추진	• 국세, 지방세 구조 개선 • 지방세입 확충 기반 강화 • 고향사랑 기부제 도입 • 국고보조사업 개편 • 지방교부세 형평 기능 강화 • 지역상생발전기금 확대 및 합리적 개편
4. 중앙-지방 및 자치단체 간의 협력 강화	• 중앙-지방 협력기구 설치, 운영 • 자치단체 간 협력 활성화 지원 • 제주, 세종형 자치분권 모델 구현
5. 자치단체의 자율성과 책임성 확대	• 지방의회 인사권 독립 및 의정활동정보 공개 • 자치조직권 강화 및 책임성 확보 • 지방인사제도 자율성 및 투명성 확보 • 지방공무원 전문성 강화 • 지방재정 운영의 자율성 제고 • 지방재정정보 공개 및 접근성 확대 • 자치분권형 평가체제 구축 • 자치단체 형태 다양화
6. 지방행정체제 개편과 지방선거제도 개선	• 지방행정체제 개편방안 모색 • 지방선거제도 개선방안 모색

자료: 자치분권위원회(2018). "자치분권 종합계획(안)"

권-균형발전은 상호 보완과 상승효과만을 고려할 수 없으며, 정치
사회에서 하나로 표현되는 '균형발전'과 '지방자치분권'은 내부적으

로 서로 다른 모순되는 힘들이 충돌한다. 그렇기에 지방자치, 분권, 균형발전의 성과를 논할 때면 실제 정책들을 진단하기보다는 '제대로 된', '바람직한', '의지를 가진', 등의 수사들과 함께 보다 중앙집중적인, 보다 국가적인 결정에 호소하게 되는 역설을 보인다.

현 정부의 자치분권 정책 또한 서로 얽힌 담론의 난맥을 보여준다. 6대 전략의 첫 번째인 주민주권 구현은 지역민주주의의 힘을 강화시켜 지방의회의 힘을 보완할 수도 있으나, 감시와 공론장이 분절되어 지역이기주의라는 작은 공간들을 탄생시켜며 특정 지역의 유지의 힘으로 의회정치를 약화시킬 수도 있다. 중앙권한을 지방정부에 이양하지만 대도시 특례를 확대하고 교육자치를 강화하면서 지역의 양극화를 더욱 심화시킬 수도 있다. 무수히 많은 논문이 나오는 재정분권, 자치단체 간 협력 또한 지역 A에서 지역 B로 재화를 이동시킬 수 있는 게임의 규칙을 정하고 심판 역할을 해야 하는 중앙정부의 역할은 더욱 강화된다. 민주주의와 분권이라는 가치를 지향하지만, 기존의 담론과 여러 전문가들의 의견들이 하나의 표에 같이 있는 것 이상의 가치를 갖는 '자치분권'이란 개념은 존재하지 않는 것이다.

3) 민주주의와 국토발전

권위주의 정권 하에 민주주의의 기본가치도 부정되던 우리 역사에서 선진국의 민주주의 풍토는 우리가 따라가야 할 모범이었다. 하지만 지방자치 30년이 지나며 우리가 보여준 민주주의의 역량은 오히려 다른 국가들의 선망의 대상이다. 특히 중앙정부의 정권교체를 민주적인 제도를 통해, 때론 집단적인 국민의 의사를 통해 이루는 모습은 다른 국가에서 흔히 볼 수 없는 정치적인 풍경이다. 그럼에도 수도권으로의 사람과 돈의 집중, 경제적 양극화와 불균등한 발전은 더욱 가속화되었다. 이를 지방자치란 가치를 더욱 확대하는 지방분권이 해결해줄 것인가? 근본적으로 지방분권은 지방자치를 발전시키는 요소인가? 정치적인 영역으로 한정하면 의문의 여지가 없이 긍정적인 답변 일색이지만, 우리가 처한 사회의 현실은 그렇지 않다. 각종 사례연구에 등장하는 지방분권을 먼저 행한 국가들의 현재 모습을 보더라도, 지방분권은 민주주의와도 국토발전과도 동의어가 아닌 별개의 토대 위를 움직였다. 따라서 우리에겐 다음과 같은 문제설정이 필요하다.

첫째, 지방분권을 목적이 아닌 민주주의라는 가치를 지키는 수단으로 인식하는 것이 중요하다. 지방분권을 논하는 많은 글들이 '분권'을 '자치'의 연장으로 생각하고, '분권'은 언제나 긍정적인 효과를 가져온다고 가정한다. 하지만 '분권'은 국가를 통치하는 권력의 또다른 구조조정이지 민주적인 '자치'를 뜻하는 말이 아니다. 민주주의에 해가 되는 분권 또한 존재함을 인식하고, 이를 극복하는 '지방분권'을 이야기하는 공론장이 필요하다. 즉 우리에게 필요한 것은 지방분권의 '추진'이 아니라 어떻게, 어떤 가치를 위해 지방분권을 추진해야 하는가의 질문이다. 예를 들어 풀뿌리 민주주의로 대표되던 지방자치의 연장에서, 주민참여가 활성화 되면서 지방의회의 직접민주주의적인 성격을 강화한다는 목표가 있다면, '지방분권'의 틀을 결정하는 '중앙정부'는 어떤 제도를 만들고, 어떻게 이를 평가할 것인가? 현 정부의 '자치분권' 전략에서도 나오듯이 이는 지방의회의 성격을 바꾸고 주민이 직접 감시할 수 있는 제도를 만드는 등 지방의 대의민주주의제도를 견제하는 방식이 될 것이다. 그렇다면 결국 지방분권은 지방의 직접민주주의적인 성격강화라는 조건하에서 민주주의의 장점을 살릴 수 있는 권한이 무엇인지를 특정하고, 이를 이양하는 틀을 잡아야 한다.

둘째, 지방분권은 통치의 다원화를 수반하기 때문에 정부와 국민이 만나는 지점들이 복잡해진다. 정부 내에서 중앙정부와 지방정부의 사무가 명확히 분리되기 힘든 상황에서 국민이 느끼는 정부의 모습은 더욱 혼란스러울 수밖에 없다. 청와대의 국민청원부터 일선 행정기관의 민원까지 국민들이 제기하는 의견들을 보면, 국민의 입장에서 중앙과 지방정부의 사무를 명확히 구별하는 것은 불가능하다. 일반적으로 '통치권력의 일원화', 혹은 통치사무의 '보충성의 원칙'이라 말하는 것들은 모두 이 문제와 얽혀 있다. 공간의 위계에 따라, 혹은 정책분야에 따라 국민을 대상으로 하는 정부는 하나여야 하고, 이 정부가 재정, 권한, 책임을 가져야 한다. 하나의 정책에 국가, 광역, 기초가 모두 개입하고, 대통령, 국회의원, 광역단체장, 광역의회의원 등의 모든 선거에서 유사한 지역공약이 나오는 우리의 현실에서, 지방분권을 추진한다고 해도 명확한 권한의 블록이 없을 경우 통치권력의 복잡화 및 중앙정치의 과잉과 정치담론의 무관심화를 촉진할 뿐이다.

셋째, 국토의 일원성, 지역간의 상호연관성에 대한 고찰이 필요하다. 지방분권은 행정구역 단위로 국토를 나누고 있지만, 국토는 이 단위들이 상호작용하는 일원적인 존재이다. 핵발전소가 경북에 있다고 경북도민이 의사결정을 독점할 수 없고, 공항이 인천에 있다고 인천광역시가 입지를 결정한 것도 아니다. 또한 특정 지역의 낙후문제, 산업재조정 등의 경제사회 위기 또한 해당 지역이 해결할 수 있는 범위를 넘어선다. 대다수의 국토문제, 국토정책은 분절된 특정 지방이 아닌 국가의 업무이고, 그 정책효과 또한 지역에 한정되지 않는다. 따라서 지방분권과 국토발전 간의 관계는 단순히 권한을 주고받는 문제가 아니라, 국토발전의 원칙과 가치지향이 우선되어야 한다. 특히 수출의존도가 높은 우리나라의 상황에서 대기업의 몇몇 산업시설들의 국가경제소득의 큰 비중을 차지하기 때문에 이 문제는 더 중요하다. 국토발전의 가치지향이 없을 경우 대규모 산업단지의 공간적 분배, 나눠 갖기 그 이상의 정책을 기대하기 힘들고, 이렇게 분산된 국가산업시설들의 입지에서 오는 부정적인 효과 또한 작지 않다. 그렇기에 지방분권이 국토발전에 기여할 수 있는 부분들을 명확히 해야 한다. 국민이 필요한 교육 보건 등의 시설들에 대한 균등한 접근권, 이를 관리 운영할 수 있는 자치권한의 확대 등이 그런 예 중 하나일 것이다.

마지막으로 지방분권이 기존 국가 중심의 국토계획을 수정하면서 추진되었음을 인식하고, 이를 고려해 국가와 국토발전을 새롭게 짜는 틀로서 지방분권을 고려해야 한다. 구체적으로 중앙정부와 지방정부 간의 새로운 역할분담이 필요하다. 지방분권이 지방자치시대에 맞게 중앙집중적인 국가계획이 잘 작동하지 않으며, 지방계획의 권한을 강화하는 것이라면, 중앙정부는 무슨 역할을 수행할 것인가? 국가 차원에서 동원할 수 있는 많은 사람과 자본으로도 달라진 세계환경, 복잡해진 사회문화 속에서 국토계획은 실패하곤 하는데, 이를 한정된 자원과 인력을 가진 지방에서 책임지고 생산하라는 것은 어불성설이다. 따라서 사람, 돈, 책임을 지방정부에 이양해야 한다고 말하는 지방분권은 국가적인 자원들을 여러 지방으로 분할하여 현실을 더욱 악화시킬 수 있다. 오히려 역으로 국가적으로 모든 자원을 모아 각 지역의 발전에 도움이 되는 기능들을 더욱 국가화할 필요가 있다.

　우리가 겪어온 지방자치, 지방분권, 균형발전의 흐름은 정권에 따라 부침은 있어왔지만 아무도 부정할 수 없는 사회적인 가치를 획득해왔다. 하지만 이를 구현하는 정책의 기획 및 방향성의 설정은 부족했으며, 현실을 직시하고 개념의 효용을 따지는 분석적인 논의는 최근에야 등장하기 시작했다. 특히 지방자치-지방분권-균형발전을 하나의 가치지향으로 묶어서 단순하게 생각하고, 무조건 따라야 할 절대선으로 주장한다면, 개념들이 주는 지금의 혼란들은 계속될 것이다. 우리는 지방분권 시대에서도 오히려 분권화되지 않는 중앙정부의 역할들도 상상해야 한다. 지방분권을 통해 권한과 인력이 확보된다고 하더라도 경제변화에 대응하는 지식을 지방의 인력만으로는 생산하지 못하기 때문에, 중앙정부는 현 상황에 대한 정보 수집, 분석, 해석 등의 지식통치의 토대들을 제공하며, 지방정부의 경제발전을 가능하게 만드는 다양한 대안들을 제시해야 한다. 긴 시간 동안 지속적인 재정투입이 필요한 조사와 진단은 지방정부의 계획역량을 높이고 성공을 보장하는 수단임에도, 지방정부가 이를 수행하기는 불가능하다. 더욱이 지방의 계획집행이 미칠 영향들을 예측하고 추정할 수 있는 지식기반 평가는 지방정부의 역량을 벗어나는 일이다. 먼저 지방분권을 추진한 나라들의 사례에서도 중앙정부의 지식기반 사무들, 현 상황들을 모니터링하는 각종 지표와 미래예측 기능들은 더욱 증가하고 있다. 역설적으로 지방분권이 진행되면 될 수록 중앙정부 업무의 비대화로 불릴 만큼 중앙정부의 새로운 사무와 기관들이 나오고 있는 것 또한 사실이다.

이런 상황에서 지방자치, 지방분권의 가치를 지키기 위해 "중앙은 절차(과정)를, 지방은 실체를 책임진다"라는 계획 패러다임의 변화를 제시할 수 있다. 새로운 도시를 만들고, 새로운 철도를 기획하고, 새로운 산업계획을 수립하는 것 모두 지방이 실체를 만들어 갈 일이다. 중앙정부는 지방이 이를 만들어가는 전 과정을 지식으로, 재정으로 뒷받침하는 역할과, 지방정부가 안정적이고 장기적인 계획 및 건설이 가능하도록 게임의 법칙을 지키는 일을 수행해야만 한다. 우리의 역사는 이와 반대였다. 지역의 상황을 모니터링하고 진단하는 역할은 지방정부에 맡기고, 혁신도시, 기업도시, 등 지방의 국토발전을 좌지우지 하는 시설들의 구체적인 입지들, 실체들은 중앙정부가 결정했다. 우리는 지방분권과 균형발전이란 가치에 동의한다면 지금까지의 학계 논의들뿐만 아니라 정부 실천들까지 새롭게 검토할 필요가 있다.

02
....

일자리 창출과 지역경제 리질리언스

강명구(서울시립대학교 교수)

1. 서론: 일자리의 붕괴 가속화

통계청의 "한국의 사회동향 2020"에 따르면 도소매업, 음식숙박업, 교육서비스업의 취업자가 전년 동월 대비 5.9만 명, 21.2만명, 13만 명 각각 감소하여(2020년 4월 기준), 외환위기 시기에 버금가는 심각한 위기상황이다. 외환위기 당시(1998년 8월 기준) 도소매업은 16.4만 명, 음식숙박업은 20.2만 명 감소했던 것과 유사하다. 외환위기 당시 교육서비스업은 감소한 것이 아니라 오히려 2.3만 명 증가하였다는 점과 비교하면, 최근의 일자리 상황 악화는 IMF 외환위기보다 더 심각하다.

통계청의 "2020년 12월 및 연간 고용동향"에 따르면, 고용률은 낮아지고 실업률은 증가하여 국민들의 일자리 문제는 크게 악화되었다. 15~64세 고용률은 65.3%로 전년 동월 대비 1.8%p 하락했고, 청년층(15~29세) 고용률은 41.3%로 전년 동월 대비 2.5%p 하락하였다. 실업률은 4.1%로 전년 동월 대비 0.7%p 상승했고, 청년층(15~29세) 실업률은 8.1%로 전년 동월 대비 0.8%p 상승하였다. 취업자 또한 2,652.6만 명으로 전년 동월 대비 62.8만 명 감소하였다. 2020년 전체 취업자는 2,690.4만 명으로 전년 대비 21.8만 명 감소하였다.

연간 취업자가 전년보다 감소한 경우는, 1984년 오일쇼크로 인한 내수 침체로 7.6만 명 감소, 1998년 IMF 외환위기로 127.6만 명 감소, 2003년 카드 사태로 인한 1만 명 감소, 그리고 2009년 글로벌 금융위기 때 8.7만 명 등 4번이 있었다. 2020년 취업자수 21.8만 명 감소는 외환위기 때였던 1998년 이래 가장 큰 폭의 하락이다. 15세가 넘는 인구 가운데 실업자도 취업자도 아닌 비경제활동인구는 1,677.3만 명으로, 전년 대비 45만 5,000명(2.8%) 증가했다. 이 중 학업이나 가사 등의 다른 이유 없이 경제활동을 안 하는 '쉬었음' 인구가 13.5%로서 28.2만 명에 이르렀다.

일자리 현황을 연령대별로 살펴보면, 공공정책에 의한 인위적이고 단기적인 60세 이상 고령자들의 취업자만 늘어났을 뿐, 다른 연령층의 취업자는 모두 감소하였다. 60세 이상 취업자는 37.5만 명 증가했으며, 이 중 65세 이상이 23.6만 명, 70세 이상이 12.4만 명이었다. 이와 반대로 20대 취업자는 14.6만 명이 감소하여 IMF 외환위기였던 1998년 56.3만 명 감소 이후 22년 만에 가장 큰 취업자수 감소였다. 취업자 감소는 청년층(15~29세)에서 18.3만 명으로,

1998년 61.6만 명 감소 다음으로 가장 많았다. 30대에서 1.6.5만 명, 40대에서 15.8만 명, 50대에서 8.8만 명의 취업자가 감소하였다.

청년 일자리 문제는 상황이 더욱 심각하다. 15~64세 고용률은 65.9%로 전년 대비 0.9%p 하락했는데, 청년층(15~29세) 고용률은 42.2%로 전년 대비 1.3%p 하락하였다. 15~64세 실업률은 4.0%로 전년 대비 0.2%p 상승한 반면, 청년층(15~29세) 실업률은 전년 대비 0.1%p 상승하여 9.0%가 되었다. 청년층(15~29세) 취업자수는 376.3만 명으로 전년보다 18.3만 명 감소했다. 감소폭은 외환위기를 겪은 1998년 이후 22년 만에 최악이다. 일자리를 구하지 못해 구직을 포기한 구직단념자도 60.5만 명으로 역대 최대에 이르렀고, 이 중 청년 구직단념자가 42만 명에 이른다. 청년층(15~29세)의 체감 실업률[11]은 25.1%로 역대 최고였다.

이러한 문제를 풀기위한 대응 정책은 대실패다. 정부가 2020년 일자리 예산으로 25조 원을 투입하고, 94만 개의 공공 일자리를 공급하는 등의 정책을 시행하였지만, 대부분이 단기직이거나 노인일자리에 치중해 일자리 문제의 근본적 해결에 도움이 되지 못했다. 특히 심각한 청년층 취업난을 해결하기엔 효과가 크지 않았다. 임시방편이 아닌 실질적이고 발전가능한 새로운 일자리를 창출하지 못했기 때문이다.

석병훈 외(2021)에 따르면, 우리나라의 성장잠재력은 1990년대부터 현재까지 지속적으로 하락하고 있다. 우리나라의 1인당 실질

---

11 실업자, 더 일하고 싶어 하는 취업자, 그리고 잠재 구직자를 모두 포함한 것으로 확장실업률이라고 한다.

GDP의 연평균 성장률은 1980년대 7.5% 수준이었으나 1990년대 5.5%, 2000년대 3.7%, 2010년대 2.3% 수준으로 계속 하락하고 있다. 1990년대에 총요소생산성이 둔화되는 와중에도 비교적 높은 성장률을 달성하였는데 그 이유는 빠른 자본축적이 있었기 때문에 가능하였다. 하지만 자본의 한계생산성이 빠르게 감소하고 있었다. 즉 1990년대의 높은 성장은 대대적인 양적 생산요소 투입의 결과였다. 1990년대의 1인당 실질 GDP의 연평균 성장률 하락은 총요소생산성의 둔화가 가장 큰 요인이고, 2000년대 이후의 하락은 총요소생산성의 둔화와 함께 부진한 투자가 원인이다. 우리나라 경제의 저성장 고착화, 그리고 이에 따른 일자리 문제의 심화에 대한 우려가 커지고 있다.

본 장에서는 일자리 정책의 목적과 중점에 대해 다시 한 번 짚어보고, 새롭게 다가온 뉴노멀 시대의 일자리 창출과 지역경제 리질리언스(resilience)에 대해 살펴볼 것이다. 구체적으로 산업정책을 넘어 도시정책의 필요성에 대해 살펴볼 것이다. 이를 통해 우리나라 일자리 문제 해결을 위한 도시·지역정책에 대한 제언을 제시하고자 한다.

2. 일자리 정책의 목적과 중점 재정립 필요

일자리를 늘리고 개선하고자 하는 '일자리 정책'은 성장정책으로서, 일자리 창출을 선도하고 이를 통해 전체 일자리를 추가로 만들어내는 선도산업과 새로운 산업 창출에 중점을 두어야 한다. 제대로 된 일자리 정책은 그 목적과 중점을 명확히 하는 것에서부터 시작해야 한다.

모레티(Moretti)[12]에 의하면, 첨단기술 일자리가 1개 늘어날 때마다 장기적으로 5개의 추가적인 일자리가 첨단기술 바깥에서 창출되는 것으로 나타났다. 이 5개의 일자리는 다양한 근로자들에게 이득을 준다. 5개 중 2개는 의사와 변호사와 같은 전문직이고, 나머지 3개는 웨이터와 점원 등 비전문직 일자리다. 예를 들어 애플을 보자. 이 회사는 쿠퍼티노에서 근로자 3만 3,000명을 고용하고 있다. 승수효과를 고려하면 애플은 이 도시에 17만 1,000개 이상의 추가적인 서비스 일자리를 창출하는데, 이 가운데 10만 2,000개는 미숙련 일자리이며 6만 9,000개는 숙련 일자리다. 중요한 사실은 애플이 그 지역의 고용에 미치는 주된 영향은 첨단기술이 아닌 분야에서 훨씬 더 많은 일자리를 창출한다는 점이다.

기반산업은 모두 승수효과가 있지만, 전통적 제조업에 1개의 일자리가 생길 때 지역서비스 분야에 생기는 일자리는 1.6개이다. 혁신부문의 효과에 비해서는 작다. 오늘날 전통적 제조업 또한 과거 그 산업이 등장하였을 당시에는 첨단산업이었다. 다만 많은 시간을 거치며, 표준화되고 정형화되면서 그 경제적 파급효과가 줄어들었기 때문이다. 일부는 자동화로 인해 대체되기도 하였다. 핸드폰의 등장으로 유선전화기 수요가 급감하듯이 기존 산업이 새로운 첨단산업의 등장으로 경쟁력을 잃었기 때문이기도 하다. 도시의 경제적 기반이 약화되거나 경쟁력을 잃으면 일감이 줄고 일자리가 줄고 사

---

12 모레티(2014). 『직업의 지리학: 소득을 결정하는 일자리의 새로운 지형』, 김영사.

<표 4-4> 중소기업의 비중, 전 산업 기준(1인 이상)　　　　　　(단위: 천 개, 천 명, %)

		2015년	2016년	2017년	2018년
사업체수	전체	5,893.8	6,085.4	6,301.0	6,643.8
	중소기업 (비중)	5,889.6 99.9%	6,080.9 99.9%	6,296.2 99.9%	6,638.7 99.9%
	대기업 (비중)	4.2 0.1%	4.5 0.1%	4.8 0.1%	5.1 0.1%
종사자수	전체	19,259.8	19,635.1	20,094.9	20,591.6
	중소기업 (비중)	16,032.4 83.2%	16,361.6 83.3%	16,689.5 83.1%	17,103.9 83.1%
	대기업 (비중)	3,227.4 16.8%	3,273.5 16.7%	3,405.4 16.9%	3,487.7 16.9%

주: 2015년부터 중소기업 구분이 종사자 기준에서 매출액 기준으로 변경되었음.
자료: 통계청 전국사업체조사(경제총조사)
표 자료: 중소벤처기업부 홈페이지(www.mss.go.kr).

람이 떠난다. 즉 취약해지는 경제기반은 도시 쇠퇴의 원인이 된다. 도시의 풍요를 유지 또는 발전시키기 위해서는 신산업의 생성이 중요하다. 새로운 산업이 생성될 수 있는 물적 비물적 기반을 갖추었느냐가 지속가능한 발전에 중요한 것이다.

　우리나라 사업체의 규모별로 나누어보면 사업체수 기준으로 99.9%가 중소기업이고, 0.1%만이 대기업이다. 종사자수 기준으로는 83.1%가 중소기업이고, 16.7%만이 대기업이다. 즉 5명 중 4명 이상은 중소기업 종사자이고, 대기업 종사자는 1명 정도 되는 것이다.

　산업을 선도하는 산업(예, 지식집약제조업)과 따라가는 산업(예, 소상공인과 같은 로컬서비스업)으로 구분해서 보아도 비슷하다. 지식집약

〈표 4-5〉 전국 산업 고용구조　　　　　　　　　　　　　　　　　　　　　　(단위: 천 명, %)

		1995		2000		2005		2010	
		종사자수	비중	종사자수	비중	종사자수	비중	종사자수	비중
제조업	지식집약 제조업	583	4.3	613	4.5	690	4.6	652	3.7
	주력 제조업	1,180	8.7	1,068	7.9	1,231	8.1	1,391	7.9
	노동집약 제조업	1,026	7.5	823	6.1	658	4.3	505	2.9
	자원기반 제조업	920	6.8	828	6.1	872	5.8	870	4.9
	소계	3,709	27.2	3,333	24.5	3,451	22.8	3,418	19.4
서비스업	비즈니스 서비스	1,533	11.2	1,616	11.9	2,127	14	3,111	17.6
	로컬 서비스	5,472	40.1	5,792	42.6	6,111	40.3	6,481	36.7
	의료·교육· 공공 서비스	1,695	12.4	1,930	14.2	2,380	15.7	3,169	18.0
	인프라 서비스	1,131	8.3	857	6.3	1,027	6.8	1,421	8.1
	소계	9,831	72.1	10,194	74.9	11,645	76.9	14,183	80.4
농림어업		95	0.7	78	0.6	52	0.3	47	0.3
전산업		13,634	100	13,604	100	15,147	100	17,647	100

자료: 김영수(2013). "지역산업의 고용구조 변화와 일자리 창출 전략", 산업연구원. p.61.

제조업과 주력제조업, 그리고 비즈니스서비스 산업의 종사자수는 24.2% 수준을 보인다(2010년 기준). 즉 선도하는 기업의 종사자수에 비해 따라가는 산업의 종사자수가 4배 정도 많다.

선도하는 산업이 아닌 따라가는 산업의 사업체수와 종사자수가 4배나 많기 때문에 이에 대한 정책적 관심을 높게 갖는 것은 중요하다. 하지만 소상공인 중심의 정책이 일자리 창출을 하는 것은 아니므로, 소상공인 중심의 정책은 일자리 창출 전략의 중심이 될 수는 없다.

종사자수가 많다는 이유로, 다수를 차지하고 있는 중소기업이나 로컬서비스산업에 일자리 정책의 중점을 두는 것은 당연하게 보인다. 이런 접근은 다수에 대한 상황개선은 일부 가져오는 듯 착각이 들게 하지만, 중장기적으로는 로컬서비스산업의 일자리들도 줄이고 경제 전반적인 상황을 악화시킨다.

일자리 창출을 위한 정책은 선도하는 산업들에 중점을 두어야 하고, 새로운 경제활동을 창출하는 데 중점을 두어야 한다. 새로운 경제활동의 창출이 결국 로컬서비스를 포함한 다수가 속한 일자리를 확대시키고 질적으로도 개선하기 때문이다. '일자리 정책'이라고 부르는 것은 분명히 성장정책이어야 한다. 다수가 속한 중소기업이나 로컬서비스산업을 중점으로 두고 이를 돌보는 정책은 '노동자보호정책' 또는 '형평성정책'의 연장선에서 살펴보는 것이 타당하다.

일자리 정책은 '다수'를 지향하는 정치적 표 셈법으로 다루어지면 안 되는 정책이다. 일자리 정책이 다수를 지향하는 정치적 인기영합주의에 빠질 경우 오히려 일자리 상황을 개선하기보다는 자원의 효율적 사용을 왜곡하고, 제한된 인재의 적절한 활용을 저해하고 방해할 뿐이다. 결국 그 피해는 다수의 일자리까지 끼친다.

3. 일자리 정책
: 뉴노멀의 시대, 산업정책을 넘어 도시·지역정책의 필요성

일자리는 직접적으로 기업이나 산업과 연관되어 있다 보니, 산업정책적 관점에서 주로 다루어져 왔다. 하지만 오늘날 새로운 뉴노멀의 시대에는 이것만으로 충분하지 않다. 도시정책과 함께 이루어져야만 한다.

'뉴노멀'은 과거의 기존 체계와 다른 새로운 상황을 말한다. 협의로는 경제위기를 겪으면서 등장한 저성장, 저금리, 저물가가 지속되는 현상을 일컫지만, 광의적으로는 새로운 일상으로 뜻하는 것으로 이전에는 비정상적으로 보였던 현상들이나 또는 보지 못했던 현상들이 점차 당연시되고 보편화되어가는 현상을 의미한다. 새로운 기술이 등장하고 기술적 혁신이 나타나는 주기가 점차 짧아지며, 그 영향력은 더욱 커지고 있다.

과거와 다른 모습으로서의 뉴노멀에는 여러 특징이 있지만, 그중에서 중요한 특징 중 하나가 변동성의 진폭이 커지고 주기가 짧아진다는 것이다. 현대사회로 진입할수록 새로운 기술과 기술적 혁신이 나타나는 주기가 극단적으로 빨라졌으며, 기술의 파급속도도 급격하게 빨라지고 있다. 1876년 벨(Bell)이 발명한 유선전화기의 보급률이 10%에서 90%로 도달하는 데 걸린 기간이 73년이었으나, 1990년대에 상용화된 인터넷이 확산되는 데 걸린 시간은 20년에 불과했고, 휴대전화가 대중화되는 기간이 14년이라는 점은 기술발전의 속도와 더불어 기술의 파급력이 매우 빨라지고 있음을 보여준다.

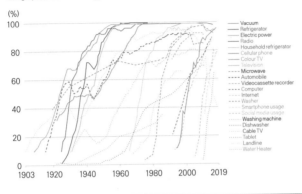

Technology adoption in US households, 1903 to 2019

Technology adoption rates, measured as the percentage of households in the United States using a particular technology.

자료: Ritchie, Hannah(2017). Technology Adoption. Published online at OurWorldInData. org. Retrieved from: 'https://ourworldindata.org/technology-adoption' [Online Resource]

　　과거처럼 변화의 속도가 느릴 때는 한 사람이 한 가지 지식과 기술을 기반으로 평생을 살아갈 수 있었다. 지식과 기술이 수 세대에 걸쳐서 보편적으로 적용될 수 있었다. 하지만 변화의 속도가 빨라진 오늘날에는 한 사람이 살아가면서도 새로운 기술과 지식을 접하게 된다. 세대를 넘어 보편적으로 공유하는 지식과 기술도 존재하기 어렵다. 10년이 지나면 강산도 변한다는 말이 현실이 된 것이다.

　　뉴노멀의 또 다른 특징은 일자리에 있어 국가 간 경쟁이 심화되고 있다는 것이며, 이 변화의 속도 또한 빨라지고 있다는 것이다. 조선산업의 예를 살펴보자. 100여 년 전인 20세기 초 조선(造船)시장은 유럽이 지배하였고 세계시장점유율(CGT6 기준)은 약 80%였다. 특히 이 당시 조선산업은 영국이 지배적인 위치를 점하고 있었다.

하지만 유럽의 조선산업은 투자 부족, 열악한 노사관계, 그리고 생산성 수준 향상의 한계 등의 이유로 그 시장지배력이 점차 약화되었다.

1950년대에 일본의 조선산업 급부상의 영향으로 유럽의 조선산업은 꺾이게 되었다. 일본은 새로운 조선 기술을 도입하였고, 조선의 생산성을 높이는 데 성공하였다. 일본 경제의 급속한 성장과 적극적인 산업정책으로 1970년대에는 일본이 세계시장점유율을 50% 이상 차지하며 조선산업의 독보적인 세계 최강국이 되었다.

1970년대 초반 이웃나라인 우리나라가 조선산업에 뛰어들었다. 일본의 인건비는 상승하고 있었고, 한국은 낮은 인건비와 국가적인 산업정책을 결합하여 조선산업에 도전하였다. 세심하게 계획된 산업정책이 시행되었다. 유럽이나 일본은 자체적인 해운물류의 필요성과 자체 선박 수요에서 시작하였다면, 이와 다르게 한국은 처음부터 우리나라 자체의 수요보다는 외국의 수요에 맞춘 수출에 집중했다. 1990년대 중반에 한국의 점유율은 25%로 증가하였고, 2005년에는 일본을 추월하여 세계 제일의 조선산업 국가가 되었다.

최근 세계 조선산업 시장에서 급부상하고 있는 국가는 중국이다. 중국은 경제호황에 따른 자국의 선박수요 급증과 함께 산업확장 전략의 일환으로 조선산업의 대규모 확장이 이루어졌다. 중국 조선산업은 발주기준으로 2006 년 일본을 제치고 조선산업 2위 국가가 되었고, 2008년에는 중국의 세계시장점유율은 20%(CGT 기준) 이상으로 빠르게 증가하고 있다.

조선산업의 사례를 보면 영국이 세계 시장의 지배적인 국가였던 시절이 100년 이상 되었다면, 일본은 약 50년, 한국은 30년이 채

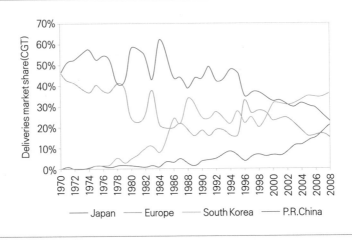

〈그림 4-5〉 조선업 세계시장점유율: 유럽, 일본, 한국, 그리고 중국

자료: ECORYS.(2009). *Study on the Competitiveness of the European Shipbuilding Industry.*

못 될 것으로 보인다. 최근 중국이 급부상하고 있고 베트남, 인도, 필리핀, 브라질 등도 조선산업에서 성장잠재력을 보여주고 있다. 산업의 국제적 지형 변화는 점점 더 가속화될 수 있다.

산업의 변화가 급속화되면서, 산업의 주기가 사람의 세대보다 짧아지고 있다. 사람의 한 세대를 30~40년 정도라고 볼 때, 과거에는 산업이 변화하는 데 걸리는 시간이 세대 길이보다 길었다고 할 수 있다. 따라서 이때는 한 사람이 태어나서 자라면서 하나의 교육을 받고 하나의 산업분야에서 평생 동안 일하는 것이 가능하였다. 하지만 산업의 변화에 걸리는 시간이 세대의 길이보다 짧아지게 된 오늘날은, 한 사람이 하나의 분야에서 하나의 지식과 기술로 평생을 살아가는 것이 불가능한 사회가 되었다.

산업정책 또한 시시각각으로 급변하는 산업지형 때문에 과거와 달라져야 한다. 과거의 산업정책은 '특정 산업'을 선택하거나 유치하여 집중하는 방식이었다. 이러한 과정은 과거 한국의 기적적인 발전경험에 비추어보아도 수십 년이 걸리는 일이다.

하지만 이런 과거의 성공방식은 오늘날 성공할 수 없다. 전 세계의 산업경제 지형은 시시각각으로 변하고 있어, 오늘날 유망해 보이는 방식이 수년 뒤 의미 없어지는 일도 있고, 수년 뒤의 유망한 일자리는 오늘날에는 전혀 상상하지 못했던 것일 수도 있다. 미래를 준비하는 방식이, 지금의 시각으로 특정 산업을 선정하고, 이렇게 선정된 산업에 자원을 집중하는 관습적 접근에서 탈피하여야 한다.

특정 산업을 선택하는 방식이 아닌, 새로운 생각이 자유롭게 펼쳐지고 성장할 수 있는 토대를 구축하는 방향으로 전환하여야 한다. 기업가정신이 충만할 수 있는 터전을 만들어가는 지역계획적 접근이 필요하다. 다가올 미래의 뉴노멀은 변화의 진폭이 크고 주기가 짧기 때문에 경직된 접근으로는 한계가 있다. 미래는 모른다고 가정하고 접근하는 것이 더 적절하다고 할 수 있다. 따라서 유연하고 적응적인 접근이 필요하다. 산업 그 자체에 대한 접근에 더하여 지역계획적 접근이 필요하다.

4. 지역경제 리질리언스의 의미와 중요성
: 과거로의 복귀를 넘어 새로운 상태로의 발전

리질리언스는 두 가지 의미를 갖고 있다. 하나는 외부충격이 와

도 별다른 변형이 없거나 혹은 변형이 되어도 원래 상태로 되돌아 가는 특성을 일컫는다('bounce back'). 다른 하나는 외부충격 또는 내적동인에 의해서 충격이 가해졌을 때 기존의 상태를 유지하거나 기존 상태로 복원되는 것이 아니라, 충격과 변화에 적응하여 새로운 그리고 더 나은 상태로 '진화'하는 것을 말한다 ('bounce forward').

물리학에서의 회복력은 외생적 충격으로부터 저항(resistance)과 물질의 안정성(stability)을 나타낸다. 지역경제의 회복력은 경제침체와 불황 등 경제적 충격이 발생하는 경우 지역의 경제가 흔들림 없이 잘 버텨내는 역량이라고 할 수 있다. 회복력과 관련하여 리질리언스, 회복탄력성, 복원력 등 여러 용어로 사용하고 있다. 회복은 충격 이전의 상태로 돌아가는 것을 의미하고 탄력은 다시 튀어 오르는 성질을 의미한다. 회복력은 개체 또는 시스템이 어떤 혼란이나 충격을 받을 경우 그 이전의 상태로 회복할 수 있는 역량을 의미한다.

'바운스백(Bounce Back)'에 초점을 둔 회복력은, 지역경제의 시스템이 안정적인 균형과 평형상태에 있음이 강조된다. 경제위기 등 충격으로 시스템의 변화가 발생할 경우 회복력은 평형상태로 복구하는 속도와 저항하는 능력을 향상시킨다. 외부충격이 일시적이라는 전제하에 시간이 지나면서 충격이 발생하기 '전' 상태로 지역경제가 복구되어 평형 상태로 복구된다는 의미다.

하지만 급격한 변화가 일상이 되는 뉴노멀의 시대에서는, 변화 이전의 평형상태로 돌아간다는 것은 한계가 있다. 따라서 지역경제 회복력은 경제 충격과 같은 변화 후 지역경제시스템이 끊임없이 적응하면서 진화하는 역량을 의미하는 것으로 확장되었다.

따라서 '바운스포워드(boundce forward)'라는 리질리언스라는 개념으로 확장되고 있다. 단순히 과거로의 복귀가 아닌, 새로운 질서와 규범을 모색하는 역량을 포괄한다. 경제적 충격이 일시적인 경우도 있겠지만, 지속적으로 변화하는 환경에 대응하기 위해서는 경제 충격 이전 상태로의 복귀가 아니라, 반복적으로 발생하는 변화와 충격에 잘 적응하여 이전과 다른 시스템을 만들어내는 것이 필요하다.

바운스포워드도 리질리언스라고 불리지만, 전통적인 의미로서 과거 상태로의 복귀가 아니라, 원래 상태로 돌아가지 않고 새로운 균형을 만들어낸다는 의미다. 통상적인 '회복'의 개념과는 큰 차이가 있다. 또한 이는 기존 시스템의 균형과 효율성을 강조하기보다는 지속적으로 외부 변화에 대처할 수 있는 역량을 더 중시한다.

지역경제의 지속가능한 발전이 '균형과 효율, 안정'을 넘어, '적응과 변화, 진화'가 중심이 되는 것이다. 따라서 안정 그 자체가 아니고 적응이 중심이 되고, 끊임없는 변화에 적절한 적응을 위해서는 지역경제의 재구성 능력이 중요하다. 적응력은 시간이 지남에 따라 생산, 고용, 경제구조의 다양성, 투자, 노동력 등 각 요소들을 재구성할 수 있는 능력에 따라 지역경제의 리질리언스가 결정된다.

과거 상태가 유지되는 것이 아니고 변화가 있다 보니, 언뜻 보면 지역경제가 불안정한 것처럼 보일 수 있다. 하지만 '불안정 속의 안정'을 이해하고, 앞으로의 지역경제 정책은 이러한 적응력이 높아서 적응에 강한 생태계시스템을 만들어내는 것이 중요하다.

리질리언스는 동태적 과정으로서 창조적 파괴의 과정인 슘페테리언의 관점으로 이해할 수 있다. 새로운 분야의 발전과 새로운 성장

구조를 위한 기회이며 과거의 파괴와 새로운 미래의 창조가 발생하는 것이다.

지역경제의 리질리언스에서는 지역의 혁신역량이 중요하다. 동종의 산업이 지역 내에 집중되어 특성화된 산업에 의존하는 경우는 외부충격에 대한 취약성이 증가한다. 반대로 지역산업구조가 다양한 경우 외부 위기를 분산시키는 역할을 한다. 또한 지역경제를 구성하고 있는 기업들의 네트워크가 '약한 연결(weak tie)' 특성을 가지고 창업률이 높을 때 외부충격을 극복하고 진화하는 데 긍정적이다.[13]

이러한 과정을 생태계적 관점에서 보여주는 것이 범계성이론이다. 〈그림 4-6〉은 범계성 이론의 개념을 보여준다. x축은 '연결성(connectedness)'으로 경제주체들 간의 유대 관계 정도이다. 낮은 유대관계는 서로 느슨하게 연결되어 있는 상태이다. y축은 '잠재력(potential)'으로서 시스템 내에 축적되어 있는 영양분과 같은 것이다. 생태계의 변화과정은 크게 r에서 K로 진행하는 단계와 Ω에서 Đ로 진행하는 두 가지 단계로 구성된다.

그림 안의 루프 중 r상태(exploitation)에서는 새로운 개체가 등장한다. 시스템에 등장한 개체는 개척자, 혁신가(niche) 내지는 신생기업을 의미하며 빠른 성장을 거치게 된다. 자본과 지식이 축적되면서 성장을 이룬다. 성장이 지속되면서 기존 산업에 의존성이 커지고 새로운 산업과 기업의 등장이 약화되는 보존 단계(conservation)로 진입한다. r에서 K 상태로의 변화단계에서 에너지와 물질은 축

---

13 네트워크의 강한 연결은 오히려 변화에 저항성이 커져 적응적 발전에 저해가 되기도 한다.

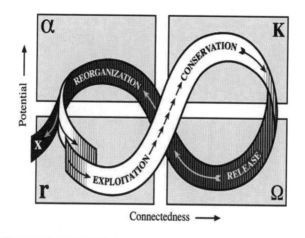

자료: Gunderson, L. H., and C. S. Holling (Eds.).(2002). Panarchy: *Understanding Transformations in Human and Natural Systems*. Island Press.

적된다. 이 단계에서 지역의 핵심 기업이나 산업이 등장하고 이를 중심으로 생태계가 성장하고 연결되면서 외부충격이 있어도 이를 완충할 수 있는 시스템을 갖는다.

K상태(conservation)에서는 시간이 지남에 따라 성장과 에너지의 축적이 점차 느려진다. 이는 시스템이 변화에 대한 적응력이 떨어지고 외부충격에 취약해짐을 의미한다. 즉 지역경제의 회복력은 낮아지게 된다. 그러므로 외부의 충격이 보존 단계에 가해질 경우 경제 침체로 이어지고, 기존의 지역경제 구조의 해체를 경험한다. 이 단계에서 기업의 지식은 축적되었고 혁신도 많이 이루어지고 있으며 마케팅 등도 축적된 상태다. 하지만 기업 내 연계성은 강화되었지만 유대관계가 강화될수록 성장률은 둔화된다. 기업이 이익을 더욱 창출하고 효율성이 증가하는 것은 맞지만, 동시에 유연성은

떨어지게 된다. 그 결과 외부충격이 있는 경우 K에서 Ω단계로 이동한다. Ω(오메가) 상태(release)에서 α(알파) 상태(reorganization)로 이동하는 단계에서 지역경제의 핵심종을 중심으로 지역경제생태계의 해체가 일어난다.

리질리언스가 강한 지역은 주변종이 새로운 핵심종으로 부상하며 새로운 질서를 만들어내는 단계이기도 하다. Ω(오메가) 상태로 진입한 개체와 시스템은 연결성 연계성이 낮아지며 상호작용하는 네트워크 역시 약화된다. 연결이 끊어지고 통제력이 약화되면서 긴밀하게 결합되었던 개체 또는 자원들은 파괴된다. 이러한 파괴로 인해 시스템은 교란이 일어난다. 경제에서 한 기업의 신기술이 기존 기업과 산업들이 이루어 놓은 안정화 상태를 흔드는 것과 같다. 예를 들어 애플의 아이폰이 등장하며 기존의 노키아 지배구조의 핸드폰 시장을 파괴한 경우가 이러한 경우이다. 이 과정은 슘페터의 창조적 파괴 과정으로 볼 수 있다.

α(알파) 상태에서는 재구성이 일어난다. 산업의 재조직화 단계이며 시스템의 교란 이후 실험, 혁신, 재편성(re-assortment)의 특징이 나타난다. 이 단계를 거치면서 지역의 경제에서는 새로운 기업과 산업이 등장한다. 새롭게 등장한 기업과 산업을 중심으로 지역경제생태계는 다시 성장하게 된다.

따라서 외부충격을 제거하거나 외부충격에 저항성을 높이는 것을 넘어, 기업의 해체 또는 붕괴가 일어난다 하더라도, 이러한 충격 이후에도 기업 또는 산업 생태계가 '재조직'화함으로써 일자리를 유지하고 창출할 수 있는 역량이 중요하다.

지역경제 생태계시스템은 규모가 작고 빨리 움직이는 하위시스템과 규모가 크고 느리게 움직이는 상위시스템으로 구성된다. 하위시스템은 해체 혹은 전환 단계를 거치면서 상위시스템에 영향을 미치고, 상위시스템은 성공적으로 안정적 성장을 이룬다. 상위시스템에서 이룬 축적된 지식과 자본은 하위시스템에 제공됨으로써 하위시스템은 재조직화 또는 성장 단계에 진입한다. 지역경제 생태계시스템내의 각 주체들은 상호작용을 통해 공진화한다. 이러한 상호작용을 통해 지역경제는 '동태적 안정화'를 달성할 수 있고, 지역경제의 지속가능한 발전을 가져온다.

뫼비우스의 띠와 같은 무한 루프에서, 전면인 r에서 K로의 과정은 '확장적 성장과정'이다. 한 지역에 등장한 기업이나 산업의 규모가 확장하면서 지역경제를 이끌고 일자리를 창출해낸다. 반면 생태계 순환루프의 후면인 Ω에서 Đ로의 과정은 '재조직 성장과정'이다. 이 과정은 지역경제시스템의 해체와 재조직을 의미한다. 이 과정은 기존 산업이 쇠퇴하거나 심할 경우 해체될 수도 있어 불안정하다. 단기적으로 실업이 증가할 수도 있고 사회적 불안과 긴장이 증가하게 되어 위기상황이 될 수 있다. 이러한 위기상황을 극복하지 못하면 지역은 쇠퇴되어 소멸하게 되는 것이고, 위기상황을 잘 극복하면 지역은 새로운 모습으로 발전해 나아간다.

확장적인 성장과 파괴적인 재조직을 통한 재성장은 동전의 양면처럼 동시에 존재하는 것이며, 끊임없이 반복되면서 지역경제의 지속가능한 발전을 끌고 가는 2개의 동인이다. 한 지역의 경제는 확장적 성장의 기회를 잘 살리는 역량뿐만 아니라, 위기상황이 닥쳤을 때 이를 생산적으로 재조직화해낼 수 있는 사회경제적 리질리언스 역량에 의해서 달려 있다. 특히 한 지역이 장기적으로 지속가능하게 발전하려면 리질리언스 역량이 더욱 중요하다.

변동성이 확대하고 있는 뉴노멀의 시대에 대응하기 위해서는 끊임없는 지역경제의 재구성 역량이 중요하다. 다양성을 갖추는 것은 지역경제의 지속가능한 발전의 핵심이다. 진화경제학적 관점에서 보면, 지역경제의 회복력은 지역이 가지고 있는 물적·인적·산업적 특성에 따라 정태적으로 고정되는 것이 아니라, 산업생태계의 변화에 따라 적응하는 동태적 역량이다. 따라서 시민들에게 안정적인 일자리를 지속가능하게 제공하고 장기적인 경제적 안정을 달성하기 위해서는, 아이러니하게도 유동성과 유연성을 확보하는 일이 필요하다. 따라서 장기적인 지속가능한 발전을 위해서는 산업정책을 넘어 지역계획이 필요하다.

5. 결론: 일자리를 위한 지역정책 제언

지속가능한 지역의 경제발전과 일자리 창출을 위해서는 적극적이고 역량 있는 리더십과 지역의 모든 구성원이 지역공동체라는 큰 그림을 공유하는 동반자라는 인식이 필요하다. 예를 들어 미국의 피츠버그는 미국 철강생산의 3분의 2를 차지하는 US스틸이 있던 도시로, 1960년대까지 세계 최고의 철강도시였지만 1980년대 이후 미국 철강산업 침체와 함께 도시쇠퇴가 심각하였다. 고용률이 25%까지 떨어졌고, 실업률은 증가했으며, 50만 명의 사람들 특히 젊은 층이 피츠버그를 떠날 수밖에 없었다.

피츠버그는 위기상황에서 철강산업이라는 전통제조업 기반의 잘

짜인, 그러나 경직되고 위계적인 사회적 문화를 타파하고, 기업가 정신이 있는 도시로 바꾸고자 하였고 젊은 인재를 유치하는 데 집중했다. 강변지역의 철강공장을 없애고 시민들의 공간으로 전환하였다. 강변지역은 피츠버그의 중요한 도시자산인데 이곳이 배타적 공간인 철강공장이 아닌, 모든 시민들이 모일 수 있는 공공공간으로 탈바꿈시켰다. 제대로 만들어진 도시의 공공공간은 도시에 활기를 불어넣어 생기 있는 도시문화를 창출하였다.

시장을 비롯한 도시의 리더가 적극적으로 나서서 도시의 기업들과 협력하였고 새로운 기업들을 육성하고 유치하는 노력을 기울였다. 또한 도시의 대학 및 연구소와도 협력하여 혁신적 기술을 창출하는 노력도 기울였다. 이러한 노력의 결과로, 구글이 들어오게 되었고 우버의 자율주행자동차를 연구시설이 입지하게 되었다. 구글이나 우버 등 새로운 시대를 이끌 첨단산업이 피츠버그에 들어오면서, 도시의 소상공인의 매출도 증가하고 상권도 발달하여 도시 전반에 활력이 되살아났다.

위의 피츠버그 도시활성화 사례는 '확장적 성장'과 '재구성 성장'을 보여준다. 피츠버그는 1900년대 초부터 시작된 세계 최강의 철강회사 US스틸의 확장에 힘입어 도시의 경제가 성장했다. 20세기 중반에는 고용인원이 34만 명에 이르러 피츠버그에 막대한 소득과 일자리를 제공하였다. 이 과정은 '확장적 성장과정'에 해당한다.

20세기 후반에 접어들어 세계 철강시장의 경쟁이 심화되었고 피츠버그의 철강산업도 쇠퇴의 길에 접어들었다. 1980년대가 되면서 피츠버그의 철강산업은 문을 닫는 수준에 이르렀다. 하지만 그간 도시에 쌓아 놓은 축적된 지식, 비즈니스 역량, 새로움을 창조하는 혁신역량, 사회적 자본과 네트워크, 제대로 된 도시 리더십이 작동하면서 피츠버그는 새로운 산업이 자리매김하는데 성공하였다. 이 과정은 '재구성 성장과정'에 해당한다.

지역계획은 지속가능한 경제발전과 일자리 창출의 기반을 만드는 일이다. 기업가정신이 있는 지역으로 만들기 위해서는 개별 건축물이 아니라 지역의 공공공간의 질이 중요하다. 공공공간은 기능적으로 생활을 편리하게 하고 이동을 막힘없이 흐르게 해준다. 안전을 제공하고 건강과 위생을 제공한다. 공공공간은 또한 사회적인 상호작용을 촉신하고 사회적 자본을 승진시켜 도시·지역 경제 생태계의 발전적 변화를 가능하게 한다.

지역계획은 발전의 수단이 되지만 동시에 우리가 이루려고 하는 발전의 궁극적 목적이기도 하다. 경제를 발전시키고 일자리를 창출하려고 하는 이유는 우리의 삶의 질이 높이고자 함이다. 도시를 건강한 도시, 쾌적한 도시, 친환경적인 도시, 활력이 있는 도시로 만듦으로써 시민들의 삶의 질이 향상된다. 삶의 질이 높은 도시는 우리가 궁극적으로 성취하고자 하는 목표이기도 하고, 경제와 일자리의 지속가능한 발전을 가능하게 하는 동인이기도 하다.

피츠버그의 기반산업이 자리매김 하면서 소상공인을 비롯한 많은 비기반산업 일자리가 증가하게 되었다. 오바마 대통령 시절 산업분야 보좌관이었던 블룸이 말했듯이, "당신이 자동차 조립 공장을 유치하면 월마트가 따라온다. 하지만 당신이 월마트를 유치한다고 자동차 조립 공장이 따라오지 않는다"라고 하였다(Galeser, 2011에서 재인용). 즉 소상공인과 같은 로컬서비스산업 중심의 정책은 발전적 일자리를 창출할 수 없다. 비기반산업에 종사하는 사람이 많다

할지라도 이 분야에 집중하는 정책은 오히려 중장기적으로 도시의 경제를 위축시키고 계속 일자리를 줄을 들게 만들며 일자리의 질도 악화시킬 뿐이다. 노동자 보호 정책과 일자리 창출 정책은 분명히 구별되어야 한다.

우리나라의 일자리 문제는 점점 더 심각한 상황이 되어가고 있다. 특히 청년층의 실업은 사회적으로 큰 문제이다. 청년층(15~29세) 실업률은 9.0%를 넘었고, 일자리를 구하지 못해 구직을 포기한 구직단념자도 60.5만 명에 이른다. 청년층(15~29세)의 체감실업률이 25.1%로 역대 최고에 이르렀다. 청년 4명 중 1명은 실업상태이다. 이는 저출산 저성장으로 이어지는 중장기적 사회문제의 핵심 사안이기도 하다.

공공일자리와 같은 임시직이 아닌 실질적이고 지속적으로 발전이 가능한 새로운 일자리 창출이 중심이 되어야 한다. 현 정책들은 오히려 이러한 실질적이고 지속적인 발전적 일자리 창출을 저해하고, 일자리와 관련된 상황을 왜곡하고 붕괴시키고 있다.

일자리 정책은 '노동자 보호정책'과 구별되어야 한다. 노동자를 보호하기 위한 정책들과 별개로 성장을 가져올 '일자리 정책'이 필요하다. 성장을 가져오는 일자리 정책은 기존 산업의 성장과 확대를 통해서도 이루어질 수 있지만, 변화가 일상화되어가는 뉴노멀의 시대에는 창조적 파괴를 통한 '불안정 속의 안정'이라는 동태적 접근이 동반되어야 한다.

지역경제 생태계의 순환적 진화과정으로서의 지속가능한 발전에서는 확장적 성장과 동시에 기존 산업의 해체와 재구조라는 과정이 필연적으로 동반된다. 기존 산업의 해체가 동반되다 보니, 노동자 보호라는 정책과 일견 상충되는 것으로 보인다. 하지만 기존 산업이 해체되고 재구조화하면서, 더 많고 더 좋은 새로운 일자리를 얻는다는 사실을 상기할 필요가 있다. 기존 일자리의 보호에만 치중하고 사회경제적 변화의 과정을 막는다면 지역경제를 튼튼히 하는 것이 아니라 오히려 지역경제를 중장기적으로 망가뜨리는 행위다. 변화가 없도록 하는 정책이 아니라, 변화의 과정이 활발히 그리고 발전적으로 일어날 수 있도록 하는 정책이 필요하다. 그리고 역동적인 경제발전이 효율적이면서 포용적으로 진행되어 모든 국민들의 일자리가 안정이 되는 '불안정 속의 안정'이 가능하도록 하는 것이다.

안정이 고정은 아니다. 고인 물은 썩을 뿐이다. 변화하는 속에서 안정을 찾을 방법이 필요하다. 기성의 기업이나 산업을 유지하려는 노력도 중요하지만, 자칫 현상유지에 매몰되면 발전을 저해할 수 있다. 다수의 당장의 이해관계에만 관심을 갖는 것은 정의롭지 못하다. 왜냐하면 이는 단순히 당장의 기득권을 보호하는 것일 뿐이며, 중장기적으로 경제생태계를 망가뜨려 모두의 경제상황을 도탄에 빠지게 하는 일이기 때문이다.

일자리 정책은 다수가 아닌 소수를, 기성 산업이 아닌 새로운 산업에 더 큰 관심을 가져야 한다. 단순히 다수의 목소리에 좌지우지되는 것이 아니라, 새로운 기회를 창출해내는 소수의 목소리가 성장할 수 있도록 하여야 한다. 일자리 정책의 공정함은, 경제의 변화발전을 가능하게 하는 것이고, 그러한 변화발전을 통하여 더 큰 편익을 창출하는 것이며, 이렇게 커지 혜택을 '모든' 시민들이 골고루 누릴 수 있게 하는 것이다.

03
····

풍요로운 국토

정창무(서울대학교 교수)

1. 우리 국토의 문제점

국토에 대한 수많은 계획이 있지만, 첫걸음은 우리 국토가 미래에도 풍요로운 곳일 수 있을까 하는 질문에서 출발해보자. 우리가 살고 있는 국토는 인구에 비해 좁은 편이다. 인구밀도 순으로 보면, 우리나라는 세계 8위의 조밀한 인구밀도를 보이고 있다. 2020년 기준 1㎢당 517인인 우리나라보다 인구밀도가 높은 나라로는 싱가포르, 바레인, 방글라데시, 레바논 등이 있으며, 우리와 유사하거나 약간 낮은 인구밀도를 보이는 나라로는 네덜란드, 이스라엘, 인도, 일본 등이 있다.

좁은 땅에 많은 인구가 살고 있다는 것이 우리 국토의 본질적인 한계라면, 그 한계는 2018년 기준으로 21.7%밖에 되지 않는 곡물 자급률로 간단하게 요약할 수 있다.[14] 이 한계를 극복하기 위해 우리나라는 해외교역을 통해 부족한 식량을 확보할 수밖에 없게 된다. 2019년 기준 국민 1인당 품목별 수출입금액을 보면 우리나라는 반도체와 자동차, 조선, 정유와 플라스틱 제품, 비료 등 공업제품을 수출해 번 돈으로 식품 및 에너지, 원재료 등을 확보해 생활을 유지하는 구조를 보인다. 반도체와 자동차, 조선등의 공산제품 수출을 통해 번 돈을 가지고 에너지와 식량을 수입할 수밖에 없는 것은 좁은 땅에 많은 인구를 지닌 우리나라가 지닌 숙명이라고 할 수 있다.

교역이 숙명인 국가에서 교역을 활발하기 위해서는 교통기반시설의 정비가 필수적이다. 우선 에너지원인 원유를 중심으로 우리나라의 해외 교역선을 검토해보자. 우리나라가 원유를 구매하는 국가는 2019년 현재 28개국이며, 지역별로 보면 중동지역이 전체 수입량 중 73.5%로 가장 높은 비중을 보이고 있다.[15] 하지만 이러한 교역로는 안전성이라는 측면에서 매우 취약한 실정이다. 현재 우리나라의 원유 수송로는 미 해군 제7함대에 크게 의존하고 있지만, 언제까지나 국제교역로의 안전을 남의 나라에 의존할 수는 없다. 안정적인 국제교역로를 담보하기 위해 국제교역로의 다변화와 기존 교역로의 안전성을 담보할 수 있는 강력한 방어조치가 필요하다고 볼

---

14 농민신문(2019.6.12). "곡물자급률은 '세계 최하위'…농약 사용량은 '선진국의 10배'".
15 한국석유공사(2020). "석유수급통계", https://kosis.kr/statHtml/statHtml. do?orgId=318&tblId=TX_31801_A008&conn_path=I3

수 있다. 이런 관점에서 보면 국가생존을 확실히 담보하기 위해 최근 중국이 시행하고 있는 일대일로 정책은 우리 입장에서 좋은 참고사례가 될 것으로 보인다.

교역국가로서 우리나라의 내부를 들여다보면, 교통기반시설의 정비가 부실한 편이다. 도로나 철도시설을 국제적으로 비교하면, 인구당 또는 국토면적당 연장길이가 유럽이나 일본에 비해 낮은 수준이다. 반면 항공교통편과 공항기반시설은 고립된 섬과 같은 국토 여건 때문에 정비가 잘 되어 있는 편이다. ICAO 가입국가들의 운송실적(2018년)을 보면 우리나라는 미국, 중국, UAE, 영국, 독일에 이어 세계 6위의 항공운송실적을 보이고 있다.[16] 이러한 항공기반시설이 우리나라를 교역국가로서 기능하게 한 것이라고 할 수 있다.

부실한 육상교통시설은 이동과 운송에 있어 교통정체를 야기했다. OECD에서 2016년에 펴낸 15세에서 64세 사이의 모든 인구가 통근과 통학에 소요되는 하루 교통시간[17]을 보면, 우리나라 일평균 통근통학 소요시간은 58분으로 OECD 26개국 중 가장 높은 수준이며, OECD 26개국 평균 28분에 비해 30분이나 더 소요되는 것으로 나타난다. 교통시설의 정비와 효율적인 관리운영을 통해 통근통학시간을 26개국 평균 28분에 가까운 절반 수준으로 줄인다고 가정하면, 우리나라 전체적으로 절약할 수 있는 연간 교통비용

---

16 ICAO(2019), 『Annual report of the Council』, https://www.airportal.go.kr/knowledge/statsnew/data/policy.jsp#

17 OECD(2016), "OECD gender data portal and OECD secretariat estimates based on national time-use surveys", http://www.oecd.org/els/family/database.htm, 검색일 2020.12.24.

은 38조 원으로 산정된다. 1인당 국민소득을 3만 달러라고 가정할 경우 이는 GDP의 2.19%에 상당하는 금액이다. 바꾸어 이야기하면 우리나라는 매년 교통혼잡비용으로 매년 2.19%의 경제성장률을 잠식하고 있는 셈이라고 할 수 있다.

좁은 국토, 많은 인구, 부실한 교통시설 투자로 인한 교통정체는 지방을 더 먼 지방으로 만들었다. 교통이 불편하면 사람들은 우선 흩어져 살게 된다. 흩어져서 살 수는 있지만, 먹고살 수 없다면 이야기는 전혀 달라진다. 교통이 불편한 나라에서 모여서 서로 도와 뭔가를 만들어 팔아야만 살 수 있다면, 모여 사는 것이 대안이 될 수밖에 없다. 수도권 집중은 우리 국토의 이러한 한계를 보여주는 적나라한 사례라 할 수 있다.

수도권 인구쏠림현상의 부작용으로 코비드19와 같은 전염병의 확산과 교통혼잡, 주택가격 앙등, 지방의 소멸이 거론되고 있다. 30년 후면 전국 228개 시·군·구 중 46%인 105개 정도가 지도상에서 사라질 가능성이 클 것으로 전망되고 있다. 그보다 먼저 인구감소로 지방자치단체의 재정력과 세수기반이 취약해져 2040년경에는 전국 시·군·구의 30%가 파산할 것으로 예상되고 있다.

2. 대안의 탐구

1) 전염병으로부터 안전한 국토와 도시

코로나 바이러스로 시민들의 행태도 바뀌었다. 도심의 많은 일자리가 타격을 입으면서, 도시민들의 귀농·귀촌 의향이 증가하고 있다. 2019년 5월에 비해 2020년 5월에는 농림어업 취업자 수가 3.6%(5만 4,000명) 늘어났다.[18] 우리와 유사한 상황을 겪고 있는 일본의 국토교통성이 2020년 8월부터 9월에 걸쳐 도쿄에 본사를 둔 상장기업 2,024개 기업을 대상으로 시행한 설문조사 결과를 보면 코로나 바이러스의 여파로 과밀한 도쿄권을 벗어나고 싶은 기업과 시민들이 늘었다는 유사한 사실을 확인할 수 있다.[19]

　코로나 사태 이후 일본 도시계획의 과제를 검토하면, 우리나라의 향후 도시계획과 국토계획의 방향성을 상정해볼 수 있다. 일단 수도권을 비롯한 대도시 과밀현상을 완화시켜야 하며, 이를 위해서는 사람들이 일하고 살 수 있는 장소 선택의 폭을 늘려야 한다. 대도시나 교외, 지방도시와 농촌이 촘촘한 교통망으로 연결되어 거점을 중심으로 계층화되며, 각 거점별로는 직주근접이 가능한 복합개발을 중심으로 다양한 위기상황에 대응할 수 있는 유연한 공간구조를 구축할 필요가 있다.[20] 거점도시를 중심으로 국토공간을 결절화하며 기업이나 수도권 주민들이 지방으로 이주하여도 거래처 접근성과 같은 대도시 집적의 이익과 도시 간 교통의 편리성이 약화되지 않도록 할 필요가 있다. 거점도시의 개발 시에는 고속교통

18　KBS 뉴스(2020.6.25). "코로나19 이후 귀농·귀촌 인구는 늘어날까? 줄어들까?"

19　일본국토교통성(2020). "국토의 장기전망전문위원회(제10회) 배부자료중 참고자료2 기업대상 설문조사결과(속보)", https://www.mlit.go.jp/policy/shingikai/kokudo03_sg_000219.html

20　대한민국정부(2019). "모두를 위한 국토, 함께 누리는 쉼터, 제5차 국토종합계획(2020~2040)", 국토연구원. p.67.

수단의 연계점, 즉 역세권을 중심으로 직주공상이 조화된 복합개발을 추진하되, 전염병과 같은 재난에 대비해 오픈스페이스를 충분히 확보하고 비상시 교통로로 활용할 수 있도록 보행네트워크를 조밀하게 구축할 필요가 있다. 공원이나 공개공지를 유사시 대피공간이나 다른 용도로 전용할 수 있도록 토지이용의 유연성을 증대시키고, 자연과의 접근이 용이하도록 도시공간구조를 재구축할 필요가 있다. 이는 제5차 국토종합계획에서도 인구감소 시대의 대응방안 중 하나로 제시된 복합화된 압축도시 조성방안과 유사한 내용이라 할 수 있다.

2) 지방의 소멸방지를 위한 국가교통망의 대대적인 확충과 생활환경 정비

지방의 소멸을 방지하기 위해 이제까지 국가정책으로 추진해왔던 공업의 전국적인 재배치와 지식집약화, 전국 곳곳을 광역교통수단으로 연결하고, 정보통신망의 네트워크화를 통해 도농격차와 수도권 비수도권 격차를 없애겠다는 정책 기조는 유지할 필요가 있다. 하지만 과거 정책의 초점이 수도권에서 비수도권으로 자본과 인력을 준강제적으로 이전하는 것이었다면, 이 기조는 바꿀 필요가 있다. 한정된 국토와 많은 인구라는 숙명을 지닌 우리나라는 모여 살 수밖에 없는 운명을 지니고 있기 때문에 수도권과 비수도권을 구분 짓는 것이 아니라 전국토를 수도권화 한다는 발상의 전환이 필요하다.

이를 위해 채택할 수 있는 몇 가지 정책방안으로 고향세 신설과

1가구 2주택 정책, 1+1 국토교통정책을 들 수 있다. 고향세는 본래 일본에서 실시된 정책으로 타지에 살고 있는 주민들이 자신들의 고향에 기부금을 낼 경우 세액을 공제해주는 제도로 최근 정부에서 도입을 검토한 바 있었다. 국가균형발전이라는 차원에서 세수기반이 취약한 낙후지역의 발전을 위한 자금을 조성하고 지역 간 경쟁을 통한 효율성을 제고한다는 긍정적인 측면이 있지만, 수도권과 같이 다른 지역에서 유입된 주민들이 많은 도시의 입장에서는 세수기반이 취약해질 수 있기 때문에 도입에 반대하고 있는 실정이다.

1가구 2주택 정책은 우리가 알고 있는 1가구 2주택 정책이 아니라, 수도권에 1채, 인구소멸이 예상되는 시군구 지역에 1채 식으로 인구감소지역에 주택 1채를 추가로 보유하더라도 중과세를 유예해주자는 제안이다. 이런 방식으로 1가구 2주택을 소유한 가구가 휴가철이나 방학 또는 주말을 활용하여 인구감소지역에 위치한 주택을 별장처럼 활용할 수 있으며, 지역소비지출을 통해 지역경제 활성화에 기여할 수 있도록 하자는 제안이다. 이런 생활양식을 통해 시민들은 원격근무나 농촌 또는 전원생활의 가능성을 모색하거나 적응기간을 가질 수 있게 된다. 인구감소지역의 경우 빈집문제 해결과 동시에 재산세 기반을 유지할 수 있으며, 상권이나 생활서비스 유지를 위한 최소한의 지지인구 규모를 확보할 수 있는 방편을 확보할 수 있다. 위와 같은 1가구 2주택 제도에 고향세를 결합하면 낙후지역의 세수기반을 확충할 수 있으며, 지방자치단체 간 경쟁을 유도할 수 있기 때문에 지역발전정책 추진의 효율성이 제고될 수 있을 것이다.

4차 산업혁명으로 드론, 개인 모빌리티의 등장, 자율주행차의 등장으로 시내교통여건을 획기적으로 개선할 수 있는 신기술이 속속 등장하고 있다. 거점 간 광역교통수단 역시 고속철도보다 4배 빠른 하이퍼 루프 등 신교통수단이 개발되고 있다. 서울과 부산을 20분만에 주파하는 하이퍼 루프가 드론이나 자율주행차 등 시내 신교통수단과 결합될 수 있다면, 국토 전체를 2시간대로 연결하는 것이 가능해진다. 광역거점과 거점을 1시간 이내로 연결하고 광역거점 내에서는 시내 교통으로 어디에서 살든 1시간 이내로 연결시킬 수 있다면 1+1 교통서비스가 완성될 수 있다. 수도권을 중심으로 국토 전역으로 확대되는 1+1 교통서비스의 완성은 수도권 인구집중 문제를 해결할 수 있는 첫걸음이 될 수 있다. 이를 통해 대도시권의 교통혼잡을 해소하고 국토 전체의 물류 흐름을 원활하게 할 수 있다면, 지금 현재 길거리에 버려지는 귀중한 국민의 시간과 자원을 절약할 수 있을 것이고 코로나 감염에도 강건하게 버틸 수 있는 국토공간구조를 구축할 수 있을 것이다.

　최근 우리나라의 인구집중 현상을 보면 수도권과 정부기능이 소재한 세종시 인근으로 인구가 집중되고 있다. 서울에서 분당, 용인, 오산, 천안, 청주, 세종, 대전으로 이어지는 경부축선상으로 급격한 인구집중이 이루어지고 있지만, 국가균형발전문제는 아직도 과거의 관행대로 수도권과 비수도권이라는 이분법적 시야에 갇혀 있다. 서울, 분당, 용인, 오산, 천안, 청주, 세종, 대전으로 이어지는 경부축을 국토의 신중심축으로 상정하고 경부고속도로를 따라 CBD를 확장해나간다면, 이는 바로 세계적인 도시계획가인 독시아디스가 제창한 다이나-메갈로폴리스[21]와 유사한 공간개발전략이라고 할 수 있다. 여기서 한 축은 호남 광주로 다른 한 축은 부산으로 확장을 지속하면 경부축과 호남축으로 이어지는 거대한 다이나-메갈로폴리스를 형성할 수 있다. 이 경우 교통축을 중심으로 신도심을 선적으로 확장발전시킨다면, 국토 전체적으로 대도시 교통시간을 획기적으로 줄임과 동시에 집적의 이익을 손상시키지 않으면서도 수도권 과밀의 문제를 해결할 수 있을 것으로 보인다. 미래 대도시의 경쟁력이 국가의 경쟁력이 된다면, 한반도를 관통하는 이 거대한 다이나-메갈로폴리스는 우리나라의 국가경쟁력을 지탱하는 물적 기반 인프라로 작동할 수 있을 것이다.

3) 생존을 위한 국제교역망의 정비와 확충

2020년 정부가 발표한 제5차 국토종합계획에서 밝힌 주요 정책과제를 보면 우선 남북 교통인프라 연결 및 현대화를 추진하며 남북 접경지역의 평화적 공동 이용 및 관리개발을 도모하며, 대륙과 해양을 잇는 관문국가로 위상을 강화하기 위해 대륙 연결형 교통물류 통합네트워크를 구축하겠다고 밝히고 있다. 정부가 추진하고 있는 대륙과 해양을 잇는 평화국토 조성의 기본방향에 대해서는 동의하지만, 구상의 실현가능성 또는 현실적 타당성에 대해서는 더 많은 검토가 필요하다. 정부가 야심차게 추진했던 「한반도 신경

---

21 김선범(2001.7.18). "건축자료: 독시아디스의 도시,건축사상", https://m.cafe. daum.net/alwaysarchi/1w3Y/4?q=D_oNeYewAwh3Y0&, 검색일 20201221.

제구상」이나 「동아시아 철도공동체 구상」 모두 국제정치라는 냉엄한 현실 앞에서 추진동력을 잃고 말았기 때문이다. 북핵과 미·중 패권전쟁이 복잡하게 얽혀 있는 「한반도 신경제구상」과 미국과 일본, 러시아와 중국, 몽골, 중앙아시아의 CIS 국가들의 이해관계가 복잡하게 얽혀 있는 동아시아 철도공동체 구상 역시 에너지 수입선을 둘러싼 남중국해 항행의 자유 작전과 엮여 있으며, 우리의 운신도 미국이나 일본, 중국의 입김으로부터 자유롭지 않은 실정이다. 한반도를 둘러싼 국제교역로의 확충과 정비는 미·중 패권을 비롯한 국제정치의 역학을 이해하지 못한다면, 한걸음도 내디딜 수 없는 어려운 난제라는 사실을 정확하게 인식하는 것으로부터 시작해야 한다.

한반도와 유라시아를 잇는 유라시아 교역로로 아시안 고속도로망과 아시안 철도망이 있으며, 유라시아 교역로의 운영관리방침을 정하는 국제기관으로 국제연합 아시아태평양 경제사회이사회 (ESCAP)가 있다. ESCAP은 전후 아시아와 극동지역의 경제재건을 위해 1947년 3월 설립된 ECAFF(Economic Commission for Asia and the far East)이 1974년 8월 확대 개편된 조직으로 유엔 경제사회이사회 (ECOSOC) 직속 지역위원회이다. 아·태 지역의 경제·사회 개발에 관한 협력기구인 ESCAP은 아시아횡단 철도망, 아시안 하이웨이 등 아시아 육상교통망 개발사업을 중점적으로 추진하고 있다.

아시안 하이웨이로 명명된 ESCAP의 유라시아 고속도로 네트워크는 현재 32개국의 총연장 14만 5,000km 이상의 도로로 구성되어 있다.[22] 아시안 하이웨이 1호선(Asian Highway Network 1)은 총연장 2만 557km로 아시안 하이웨이 노선 중에서 가장 긴 노선이다. 일본 도쿄를 출발점으로 하여 대한민국, 조선민주주의인민공화국, 중화인민공화국, 동남아시아, 인도를 거쳐 터키와 종착점인 불가리아의 국경선으로 연결되며, 이 종착점에서 유럽 고속도로망과 연결된다. 대한민국과 일본을 연결하는 대한해협 노선은 현재 카페리로 연결되어 있으며, 대한민국 구간은 경부고속도로 노선과 일치한다. 아시안 하이웨이 6호선(Asian Highway Network 6)은 아시안 하이웨이의 간선 노선 중 하나로, 부산을 출발하여 국도 7호선을 따라 경북과 강원도를 지난 뒤 조선민주주의인민공화국, 시베리아, 중화인민공화국을 경유, 러시아 모스크바까지 이어진다.

분단 상황에서 아시안 하이웨이에 대한 구체적인 구상을 구체화한다는 것은 그림의 떡인 상황이지만, 아시안 하이웨이 1호선 구간에 포함되어 있는 대한해협 구간에 한일해저터널을 건설할 것인가 하는 문제는 뜨거운 감자로 달아오르고 있는 주제이다. 일본의 입장에서는 대륙으로의 연결을 용이하게 해주는 한일해저터널에 대해 긍정적인 입장임에 반해 부산시민들은 부산의 국제교역항의 지위가 흔들릴 수 있다는 우려 때문에 반대의 목소리를 높이곤 했었다. 유라시아 대륙으로 향하는 육상교통로의 확보 및 환동해 경제권의 구축을 위한 일본의 이러한 노력이 우리나라의 비협조로 번번이 좌절되자, 러시아는 2016년 블라디보스토크까지 연결된 TSR을

22 UNESCAP. "Asian Highway Network", https://www.unescap.org/our-work/transport/asian-highway-network, 검색일 2020.12.11.

사할린을 거쳐 홋카이도(北海道)로 연결하는 사업(사할린 연육교 사업 등)을 일본에 제안한 바 있었다.[23] 연해주 개발에 소극적인 우리나라를 견제하려는 러시아의 의도가 일정 부분 숨어 있다는 이야기도 들리지만,[24] 한일해저터널의 대안으로 제시된 사할린 연육교 사업은 부진을 겪고 있는 실정이다.[25] 반면 최근 들어서는 부산 지역 주민들의 한일해저터널 건설에 대한 우호적인 의견도 간간히 제시되고 있는 실정이다.

만약 한일해저터널 대신 사할린 연육교가 건설되어 일본이 육로로 유라시아 대륙과 연결된다면, 유라시아 물류의 시발점으로서 한국의 역할은 사라질 수 있다. 일본 코베항이나 요코하마항에서 선적된 물류가 일본 홋카이도를 거쳐 사할린으로 시베리아 횡단철도를 타고 유럽이나 중국으로 가게 되면 유라시아 주요 교역로에서 한국은 배제되고, 아시아 지역은 일본을 중심으로 번영을 구가할 가능성이 크다. 이 경우 국제교역로를 다시 우리 쪽으로 끌고 오는 일은 오랜 시간이 걸릴 수 있기 때문에 한일해저터널 건설에 대해서 무조건 반대가 아니라, 치밀하고 적극적인 검토가 필요하다.

유라시아 철도망을 둘러싼 세계 각국은 복잡한 이해관계로 얽혀 있다. 우크라이나 사태로 경제가 봉쇄된 러시아는 천연가스를 팔 수 있는 시장으로 한국과 일본 등 극동을 바라보고 있으며, 자원

23　중앙일보(2016,10,4), "러시아와 일본은 철도로 연결한다는데…",

24　김선철(2017), "환동해 경제권 구축을 위한 한일 협력의 지정학", 『동북아·북한 교통물류 이슈페이퍼』, 2017-10, 한국교통연구원.

25　프리마미디어코리아(2020,10,14), "푸틴, 러시아 '사할린─본토' 연육교 건설 또다시 언급",

수출의 통로로서 동해와 유라시아를 연결하는 시베리아 철도의 이용률 제고를 위해 노력하고 있다. 반면 태평양으로 진출하여 국가 해양방위선을 확대하려는 중국과 이를 저지하고자 하는 미국과 일본, 그리고 환동해 경제권을 구축하여 낙후된 일본의 동해안 연안 지역을 개발하려는 일본의 이해관계도 유라시아 대륙 철도망과 얽혀 있다.

유라시아 국제교역로에 대한 우리의 시각은 제5차 국토종합계획에 적시된 동아시아철도 공동체 추진 철도노선에 나타나 있다. 하지만 이 계획은 TSR과 TMR을 둘러싼 러시아와 중국의 경쟁관계가 반영되어 있지 않다. 북한 나진과 러시아 하산에 가로막혀 동해 진출이 불가능한 중국이 남의 나라 항구라도 빌려 동해로 진출하고자 하는 차항출해(借港出海) 전략도 고려하지 않았다. 이를 막으려는 일본의 환동해경제권 전략도 무시되고 있다.[26] 바닷길을 갈구하는 몽고의 입장도 배제되어 있으며, 한반도 종단철도(TKR)가 운행되었을 때 북한이 느낄 체제불안의 요소도 반영하지 못하고 있다. 통일을 넘어서 유라시아와의 연결은 한반도에 살고 있는 사람들의 생존을 좌우할 수 있는 중차대한 문제이며, 그런 관점에서 유라시아 교역망의 확충과 정비방향에 대한 심각한 고민이 있어야 한다. 더 나아가 중국의 동북삼성을 지나 몽골로, 우즈베키스탄으로, 카자흐스탄으로 가야 한다면 유라시아 대륙 전체와 한반도를 연결하는 국제분업과 교역로 개설에 따른 각국의 이해관계 조절이라는 과제

---

26 김선철(2017). "환동해 경제권 구축을 위한 한일 협력의 지정학", 『동북아·북한 교통물류 이슈페이퍼』, 2017-10, 한국교통연구원.

를 사전에 검토하지 않으면 안 된다.

또 다른 국제교역로로서의 북극항로는 최근 지구온난화 현상으로 국제교역로서의 가능성이 높아지고 있는 항로이다. 북극항로는 북동항로와 북서항로로 구분되는 바, 북동항로(Northeast Passage 또는 Northern Sea Route)는 러시아의 시베리아 북부 해안을 따라 대서양과 태평양을 잇는 노선이며, 북서항로(Northwest Passage)는 캐나다 북부 군도 해역을 따라 돌며, 태평양과 대서양을 잇는 노선이다. 북극항로의 경우 지구온난화의 영향으로 시간이 지날수록 연중 일반 항해가 가능한 일수가 늘어나고 있으며, 현재에는 약 4개월(7~10월) 정도 경제적 운항이 가능하지만, 2030년경에는 연중 일반 항해가 가능하며, 2050년경에는 북극점을 관통하는 중앙항로의 이용도 가능할 것으로 전망되고 있다. 북극항로 이용 시 부산과 네덜란드 로테르담 간의 거리는 기존 수에즈 항로의 항행거리 2만 2,000km보다 32% 짧은 1만 5,000km 정도이다. 선박운행기간은 기존 수에즈 항로가 40일 정도 소요되는 반면, 30일 정도 소요되어 10일 정도 운항일수를 줄일 수 있다.

우리나라의 경우 지난 2013년 5월 북극이사회에 옵저버 자격으로 가입한 이후 북극이사회 고위관리(SAO) 회의, 각료회의 옵저버 자격 참석 및 산하 작업반(Working Group) 활동에 적극 참여하고 있다. 또한 러시아, 캐나다, 덴마크, 노르웨이 등 북극 관련 국가들과 북극 협의회 개최를 통한 양자협력을 도모하고 있다. 지난 2018년에는 최초로 북극써클 한국포럼을 개최하였으며, 이후 한일 중고위급 북극협력대화 3국 순환 개최 등의 다자협력을 강화하고 있다.

북극항로 개척에 가장 열성적인 국가는 러시아와 중국을 들 수 있다. 러시아는 최근 「북극항로 인프라 개발계획」과 「2035 북극 기본원칙 수립」 등의 정책을 추진하고 있으며, 조만간 「2035 북극개발전략」을 발표할 계획이다.[27] 최근 새로 승인된 「2035 기본원칙」은 북극지역을 러시아 경제성장의 주요 자원기지로 지목하고 있으며, 북극항로를 국제적으로 경쟁력을 갖춘 국가운송회랑으로 개발하겠다는 내용을 포함하고 있다. 관련하여 2018년 푸틴 대통령은 북극항로의 물동량을 2024년까지 8,000만 톤으로 증대시키겠다는 목표도 발표한 바 있었다. 중국의 경우 2018년 1월 발표한 북극정책에서 북극을 관통하는 항로를 북극중앙항로로 명명한 바 있으며 북극중앙항로의 이용의사를 세계 최초로 표명하였다. 여기에서 더 나아가 중국은 기존 일대일로에 북극항로를 빙싱실크로드라는 이름으로 추가하기도 하였다. 이러한 중국의 북극해에 대한 입장은 중국 공산당 기관지 인민일보 해외판 기사를 통해 엿볼 수 있다. 2018년 2월 14일 인민일보는 "'북극항로'를 개척할 경우 중국 상하이 항구에서 유럽 서부, 발트해 등지의 항구까지 이어지는 기존 해상항로 대비 25~55%가량 노선을 단축할 수 있다"고 보도한 바 있었다. 90%가량의 화물 운송을 해운에 의존하고 있으며, 전체 대외무역액의 10%에 가까운 금액을 화물운송비용으로 지출하고 있는 중국의 입장에서 북극항로가 개통되면, 533억 달러에서 1,274억 달러에 달하는 비용을 절감할 수 있기 때문에 북극항로 개척에 더욱 정성을 다하고 있는 실정이다. 북극 연안국들이 기후변

---

27 한은영·서종원(2020.10.30), "2020 러시아 항만인프라 현황과 시사점", 「동북아·북한 교통물류 이슈페이퍼」, 2020-19, 한국교통연구원.

화로 북극 만년설이 녹아 없어진다는 사실에 경악하고 걱정하고 있는 사이, 중국은 북극항로의 경제적 측면에 착안하여 아이슬란드와 2013년 자유무역협정(FTA)을 체결하였으며, 2018년에는 중국-아이슬란드 북극과학전망대를 아쿠레이리 외곽에 설립하기도 하였다.

4) 전국토의 식량기지화와 에너지 자립도의 제고

우리나라의 식량생산능력의 변화를 살펴보기 위해 농업면적 변화 추이를 살펴보자. 전답을 포함한 우리나라 전체 농경지면적은 1975년 전국적으로 2만 2,397km²로 대한민국 국토면적의 22.32%를 차지하고 있었으나 1975년부터 2019년까지 매년 평균 서울시 면적의 4분의 1에 해당하는 149.7km²씩 줄어들어 2019년 현재는 1만 5,810km²의 규모를 보이고 있다. 1975년과 비교하면 70.59% 수준으로 줄어든 셈이다. 1975년부터 2019년까지 연평균 농경지면적 감소율이 0.79%이므로 이 추세가 지속될 경우 향후 100년 뒤인 2120년경에는 대한민국의 농경지가 모두 사라지게 될 것으로 추정된다.

식량수급문제를 바라보는 두 가지 시각은 식량안보론에 입각한 식량자급론(Food self-sufficiency)과 자유무역경제를 입각한 식량자립론(Food self-reliance)이라고 할 수 있다. 식량자급론자들이 주장하는 식량자급률은 한 나라의 식량소비량 중 국내에서 생산·조달할 수 있는 식량의 비율이고 이를 올려야 한다는 것이다. 이와 반대로 식량자립론자들은 전 세계가 자유로운 무역을 통해 식량을 조달하면 된다는 입장으로 특정 국가의 국경 안에서 더 많은 곡물을 생산하고 소비하는 식량자급론자들의 입장을 시대에 뒤떨어진 방식으로 취급한다.

최근 코로나 사태의 여태로 식량의 가용성과 이동성에 대한 불확실성이 증대하고 있으며, 실제로 2020년 러시아와 우크라이나, 베트남, 캄보디아 등이 일시적으로 식량 수출을 중단한 바 있었다.[28] 이러한 식량의 가용성과 이동성의 불확실성에 대응하기 위해 많은 나라들이 농업부문에 대한 정책적 보호와 지원을 수행하고 있다. 유럽연합(EU)도 역내 농산물생산을 보호하기 위한 이중가격제 시행과 농민에 대한 직접지원금 지급 등 다양한 농업보호정책을 시행하고 있는 실정이다.[29]

우리나라도 국민의 일반적인 시각은 식량안보가 중요하며, 식량수급의 불확실성에 대처하기 위해서는 국내 식량자급률을 높여야 한다는 것이다. 농민신문이 전국 대상 성인남녀 1,007명을 대상으로 한 여론조사에 따르면 국민 75%가 식량자급률 목표치의 법제화에 찬성하고 있는 것으로 나타났다. 국민 대부분이 식량자급률을 제고하길 원하고 있다면, 토지이용에 있어서도 농지의 보전이 필요하다. 농지가 감소한다는 것은 작물생산기반이 줄어든다는 이야기이기 때문이다. 절대농지의 보전에 만전을 기하고 무분별한 농지전용도 억제되어야 한다. 농경지 면적 확대와 농업인 인력 확보에

---

28 김규호(2020). "코로나19 발 식량위기론의 부상배경과 대응과제", 『이슈와 논점』, 제1703호, 국회입법조사처.

29 주한 유럽연합(EU) 대표부(2019.1.28). "유럽의 농업정책", https://blog.naver.com/eudelkorea/221452908800

도 국민적 노력이 경주되어야 한다.

에너지 자립도 제고는 안정적이고 지속적인 에너지원의 확보가 국민생존과 직결된다는 점에서 국토계획의 전제조건이라고 할 수 있다. 우리나라의 2019년 에너지원별 발전비중을 보면, 아직까지 화석연료인 석탄, 천연가스, 중유 등 수입에너지가 발전 에너지원의 대부분을 차지하고 있다. 하지만 정부의 탈원전과 신재생에너지 육성정책에 힘입어 재생에너지 발전량은 전년 대비 22.1% 상승하여 재생에너지 발전량이 전체에서 차지하는 비중이 5%로 늘었다. 하지만 세계 평균과 비교하면 절반 수준에 불과하며, OECD국가(14.5%)와 비교하면 3분의 1수준에 불과하다. 반면 석탄발전의 비중은 OECD 국가 평균의 2배 수준을 보이고 있다.

신재생에너지의 비중이 낮고 화석연료 비중이 높다는 것도 문제이지만, 더 중요한 문제는 에너지의 대부분을 수입에 의존하고 있어 국제정세의 변동에 취약하다는 점이다. 일본 경제통산성이 2019년 발표한 「제5차 국가에너지전략계획」을 보면, 에너지 문제에 있어 일본이 가장 먼저 해결해야 할 당면 전략과제로 원자력발전소의 폐쇄로 인한 에너지원의 높은 해외의존성을 들고 있다.[30] 일본 경제통산성의 분석에 따르면 일본의 수입의존도는 2017년 87.4%였으며", 에너지 자급률은 2017년 9.6%에 불과한 것으로 나타났다. 에너지 자급률이 낮으면, 국제정세의 영향에 취약해져 에너지 공급의 안정성에 대한 우려가 커지게 된다고 계획안을 밝히고 있다.

---

30 일본경제통상산업부(2018). "Structure of the 5th Strategic Energy Plan", https://www.meti.go.jp/english/press/2018/pdf/0703_002b.pdf

2030년까지 에너지 자급률을 24%로 올리기 위해 일본은 화석연료를 대체할 에너지원으로 신재생에너지와 원자력발전, 수소에너지원 개발에 정책적 노력을 기울이고 있다.

일본의 에너지 자급률 9.6%에 비하면 우리나라의 2017년 에너지 자급률은 16.9% 수준으로 높은 편이지만, 우리나라 역시 국제정세의 영향에 취약한 구조라 할 수 있다. 일본과 마찬가지로 국토의 회복탄력성을 높이기 위해 에너지 자급률을 높이는 것이 필요하다. 신재생에너지와 수소에너지 생산기반시설의 확대, 원자력 발전소의 수명연장의 가능성에 대해서도 신중한 검토가 필요하다.

3. 마치면서

소설가 박경리 선생이 1969년부터 1994년까지 26년 동안 집필한 『토지』는 한국문학사에 있어 기념비적인 작품이다. 박경리 소설 속의 토지는 단순히 흙이 덮여 있는 물리적 의미에서의 토지가 아니라 서민들의 생존을 보장하고 인간다움을 만들어주는 사회경제적 기반으로 부각되고 있다.

이 글은 국토를 우리의 삶과 생활을 보장해 주는 터전이라는 관점에서 파악하여 기존의 국토계획과는 다른 접근을 취하였다. 좁은 국토에 많은 인구가 살기 때문에 식량과 에너지 자급이 안 되는 우리 국토의 숙명에 대해 먼저 고찰하였다. 식량이나 에너지 자급이 안 되는 좁은 국토의 한계를 뛰어 넘기 위해 농산품과 공산품을 교역해야 하는 교역국가로서의 숙명을 안고 가야 한다. 교역국가로서 성공하기 위해서는 교역망의 확충이 필요하지만, 인프라에 대한 부족한 투자로 인해 우리 국민들은 국토 전반적으로 흩어져서 살 수 없었고, 경쟁력과 생산성 향상을 위해 수도권 인구집적이 이루어질 수밖에 없었다. 인구집중의 결과 과밀과 혼잡이 발생하였으며, 대규모 유행병에 취약한 공간구조가 만들어졌다. 이를 극복하기 위한 방안으로 내부교통망의 확충을 통한 인구분산이 필요하다. 생산성 향상을 동반한 인구의 분산방안으로서 독시아디스가 제창한 다이나-메갈로폴리스에 기반한 국토공간 조성전략을 검토할 수 있다. 우리 국토가 미래에도 풍요로운 곳이 되기 위해서는 이를 보장하는 가장 근원적인 조건인 국제교역로의 다양화, 식량과 에너지의 자급률 제고가 필요하다.

들어가며

Fainstein, S. (2010) The Just City, Cornell University Press.

1장 1절 토지공개념의 이해와 제도화 방향

김윤상(2009). 『지공주의: 새로운 토지 패러다임』, 경북대학교출판부.

김윤상(2009). "버블 비극과 지공주의", 이정전 외(2009). 『위기의 부동산』, 후마니
타스.

김윤상(2019). "한국사회의 특권 구조와 토지", 『민주법학』, 69: 147-165, 민주주
의법학연구회.

남기업 외(2020). "기본소득형 국토보유세 도입 및 실행 방안에 관한 연구", 경기
연구원. 미발표 논문.

유영성 외(2020). "기본소득형 국토보유세 도입과 세제개편에 관한 연구", 경기연
구원.

이규황(1999). 『토지공개념과 신도시: 구상에서 실천까지』, 삼성경제연구소.

전강수 외(2018). "국토보유세, 부동산 불평등 해결의 열쇠", 김윤상 외(2018). 『헨
리 조지와 지대개혁』, 219-232, 경북대학교출판부.

토지공개념위원회(1989). "토지공개념위원회 연구보고서".

Foldvary, Fred (2005). "Geo-Rent: A Plea to Public Economists", *Economic
Journal Watch*, 2(1): 106-132.

Friedman, Milton (1993). "An Interview with Milton Friedman", *Human Events*, 38(46), 1978 November 18. Quoted in Charles Hooper, "Henry George", *The Fortune Encyclopedia of Economics*, New York: Warner Books.

Friedman, Milton (2014). "Milton Friedman Talks About Property Taxes", https://www.youtube.com/watch?v=yS7Jb58hcsc.

George, Henry (1879). *Progress and Poverty*, 김윤상 역 (2016). 『진보와 빈곤』, 개역판, 비봉출판사.

Hayek, Friedrich, A. (1960). *The Constitution of Liberty*, London: Routledge & Kegan Paul.

Kresge, Stephen and Lief Wenar (eds.) (1994). *Hayek on Hayek: An Autobiographical Dialogue*, London: Bartly Institute.

1장 2절 토지공개념의 역사와 부동산정책 시사점

국정브리핑 특별기획팀(2007). 『대한민국 부동산 40년』, 한스미디어.

김명수(2018), "토지공개념 헌법 명기에 내포된 가능성과 한계", 『경제와 사회』, 119: 102–129, 비평사회학회.

김명수(2020). 『내 집에 갇힌 사회: 생존과 투기 사이에서』, 창비.

박명호(2013). 『2012 경제발전경험모듈화사업: 한국의 농지개혁』, 기획재정부.

박찬종(2018). "한국 부채경제의 구조변동: '기업부채'에서 '가계부채'로", 『OUGHTOPIA』, 33(2) :75–113, 경희대학교 인류사회재건연구원.

유종성(2016). 『동아시아 부패의 기원:문제는 불평등이다. 한국 타이완 필리핀 비교연구』, 동아시아.

이정우(2007). "한국 부동산 문제의 진단", 『응용경제』, 9(2): 5–40, 한국응용경제학회.

전강수(2010). "평등지권과 농지개혁 그리고 조봉암", 『역사비평』, 91: 298–328, 역사비평사.

전강수(2012). "1970년대 박정희 정권의 강남개발", 『역사문제연구』, 28: 9–40,

역사문제연구소.

한국은행경제통계시스템(ecos.bok.or.kr).

1장 3절 토지공개념과 바람직한 부동산 세제

국회예산정책처(2018). "부동산세제 현황 및 최근 논의동향".

김미림·유보람(2018). "누진적 재산세 세율구조 하에서 공공서비스의 차별적 편익 가정의 적절성: 서울시 자치구 기반 공공서비스를 중심으로". 한국지방세연구원.

김종화(2011). "조세제도가 주택시장에 미치는 영향: 서울지역의 주택가격 및 거래량 결정요인을 중심으로". 『국제회계연구』, 38: 75-98, 한국국제회계학회.

노기성(1993). "재산세의 가격효과와 귀착", 『KDI Journal of Economic Policy』, 15(4), pp.143-154.

박민·안경봉(2008). "현행 부동산 보유세의 헌법적 재조명", 『조세법연구』, 14(3): 263-295, 한국세법학회.

변혜정(2013). "경제위기에 대응한 부동산 세제 변화에 대한 연구", 『원광법학』, 29(4): 321-342, 원광대학교 법학연구소.

이선화(2017). "조세기능에 기초한 부동산 보유과세 개편 연구", 한국지방세연구원.

이준구(2017). "부동산 관련 정책에 관한 두 가지 단상", 『한국경제포럼』, 9(4): 1-25, 한국경제학회.

전강수·강남훈(2017). "기본소득과 국토보유세: 등장 배경, 도입 방안, 그리고 예상 효과", 『역사비평』, 120: 250-281, 역사문제연구소.

주만수(2019). "부동산보유세제의 세율 특성 및 형평성: 재산세와 종합부동산세의 연계 분석", 『한국지방재정논집』, 24(2): 1-37, 한국지방재정학회.

최명근·김상겸(2005). "우리나라 보유세제 개편을 위한 연구: 종합부동산세 도입정책에 대한 평가 및 정책제언을 중심으로". 한국경제연구원.

Adams, M. (2015). *Land: A new Paradigm for a thriving World*, North Atlantic Books.

Aregger, N., Brown, M., & Rossi, E. (2013). *Transaction taxes, capital gains taxes and house prices* (No. 2013–02).

Benjamin, J. D., Coulson, N. E., & Yang, S. X. (1993). "Real estate transfer taxes and property values: The Philadelphia story", *The Journal of Real Estate Finance and Economics*, 7(2): 151–157.

Best, M. C., & Kleven, H. J. (2018). "Housing market responses to transaction taxes: Evidence from notches and stimulus in the UK", *The Review of Economic Studies*, 85(1): 157–193.

Besley, T., Meads, N., & Surico, P. (2014). "The incidence of transaction taxes: Evidence from a stamp duty holiday", *Journal of Public Economics*, 119:61–70.

Bø, E. E. (2020). "Taxation of housing: Killing several birds with one stone", *Review of Income and Wealth*, 66(3): 534–557.

Dachis, B., Duranton, G., & Turner, M. A. (2012). "The effects of land transfer taxes on real estate markets: evidence from a natural experiment in Toronto", *Journal of economic Geography*, 12(2): 327–354.

Eyraud, L. (2014). *Reforming capital taxation in Italy*, IMF Working Papers 14/6.

Figari, F., Paulus, A., Sutherland, H., Tsakloglou, P., Verbist, G., & Zantomio, F. (2017). "Removing homeownership bias in taxation: The distributional effects of including net imputed rent in taxable income", *Fiscal Studies*, 38(4):525–557.

Foldvary, F. E. (2005). Geo–rent: A plea to public economists. *Econ. Journal Watch*, 2(1): 106–132.

Franzsen, R., & McCluskey, W. J. (2012). "Value based approaches to property taxation", A primer on property tax: *Administration and policy*.

Frick, J. R., & Grabka, M. M. (2003). "Imputed rent and income inequality:

A decomposition analysis for Great Britain, West Germany and the US", *Review of Income and Wealth*, 49(4): 513–537.

Hsu, B. F., & Yuen, C. W. (2001). "Tax avoidance due to the zero capital gains tax: Some indirect evidence from Hong Kong", *International Evidence on the Effects of Having No Capital Gains Taxes*, 39–54.

Kholdy, S., & Sohrabian, A. (2008). "Capital gain expectations and efficiency in the real estate markets", *Journal of Business & Economics Research*, 6(4):43–52.

Kopczuk, W., & Munroe, D. (2015). "Mansion tax: The effect of transfer taxes on the residential real estate market", *American economic Journal: economic policy*, 7(2): 214–257.

Miller et al. (2020)

Paetzold, J., & Tiefenbacher, M. (2018). "Distributional and revenue effects of a tax shift from labor to property", *International Tax and Public Finance*, 25(5):1215–1251.

Saarimaa, T.(2011). "Imputed rental income, taxation and income distribution in Finland", *Urban Studies*, 48(8): 1695–1714

Skinner, J.(1996). "The dynamic efficiency cost of not taxing housing", *Journal of Public Economics*, 59(3): 397–417.

Slemrod, J., Weber, C., & Shan, H. (2017). "The behavioral response to housing transfer taxes: Evidence from a notched change in DC policy", *Journal of Urban Economics*, 100:137 153.

Sobhaniyan, S. M. H. (2018). *Tax on capital gains of housing estate*.

연합뉴스, 박영석기자. 2020.11.03

통계청 국가통계포털

1장 4절 토지공개념에 기초한 전 국민 주거권 실현방안

김수현(2011), 『부동산은 끝났다 : 우리 삶에서 가장 중요한 곳, 다시 집을 생각한다』, 오월의봄.

남기업(2021), "대한민국 부동산 불평등 실태와 해소 방안 연구", 기본소득당 연구용역보고서.

봉인식·최혜진(2019), "새로운 길을 찾는 공공임대주택," 『이슈&진단』, No.355, 경기연구원.

서순탁·최명식(2010), "한국과 싱가포르의 개발부담금제 비교연구," 『공간과 사회』, 33: 77-110, 한국공간환경학회.

신진욱(2011), "국제비교 관점에서 본 한국 주거자본주의 체제의 특성", 『동향과 전망』, 81: 113-156, 한국사회과학연구소.

유영성 외(2020), "기본소득형 국토보유세 도입과 세제개편에 관한 연구", 경기연구원.

이석희·김수현(2014), "한국 주택체제의 성격과 변화 : 동아시아 발전주의 국가의 특성을 중심으로", 『공간과 사회』 48: 5-37, 한국공간환경학회.

조성찬(2013), "하우스푸어의 가계부채 해결을 위한 대안적인 '토지임대형 주택 모델' 연구", 『도시행정학보』, 26(3) :97-119, 도시행정학회.

유진성(2020), "거주유형이 과 출산에 미치는 영향", 『KERI 정책제언』, 20-10, 한국경제연구원.

국가통계포털(kosis.kr)

중소기업중앙회, "중소기업 현황", 각년도.

한국토지주택공사(lh.or.kr)

2장 1절 기본주택의 개념 및 공급 활성화 방안

건설교통부(2003), "국민임대주택단지 7개 지구 개발계획 승인", 보도자료.

국토교통부(2020), "2019년도 주거실태조사 결과 발표", 보도자료.

김상훈(2019), "SH공사 임대주택사업, 최근 5년간 1조 6,855억 적자", 보도자료.

노승한(2020). 한국주택학회

도시계획법 제6조 위헌소원 판결문 「전원재판부 97헌바26」.

도시계획법 제21조의 위헌여부에 관한 헌법소원 판결문 「전원재판부 89헌바
214」.

봉인식 외(2019). "Ghekière의 유형론을 활용한 한국 공공임대주택 정책에 대한
탐구」, 「주택연구」, 27(1): 31-51, 한국주택학회.

주택임대차보호법 제3조의2제1항 위헌소원 판결문 「전원재판부 97헌바20」.

진미윤 외(2020). 「공공임대주택의 주거 빈곤 완화 및 소득 재분배 효과」, 한국토
지주택공사 토지주택연구원.

국가통계포털(kosis.kr).

경기주택도시공사(gh.or.kr).

Mercer Quality of living city ranking. https://mobilityexchange.mercer.
com

OECD Affordable Housing Database. http://oe.cd/ahd

EU-SILC (ilc_mded04 문항, 2017). https://ec.europa.eu/eurostat/web/
products-datasets/-/ilc_mded04

Housing Europe(2019), *The state of housing in the Europe*.

2장 2절 사회주택 성과와 정책적 과제

고철 외(1988). "사회주택정책에 관한 연구", 국토개발연구원.

국토교통부(2019). 「사회주택 활성화 방안」.

김란수 외(2019). "LH형 사회주택 공동체주택 로드맵", 한국토지주택공사

김지은 외(2017), "민간부문 사회주택의 쟁점과 과제", SH도시연구원.

김혜승 외(2013). "사회적 경제조직에 의한 주택공급방안 연구", 국토연구원.

박신영 외(2004). "비영리조직 공공주택사업 참여 활성화 방안 연구", 건설교통부.

봉인식 외(2016). "공공임대주택 정책의 새로운 방향과 경기도의 과제", 경기연
구원.

윤관석(2016). "민간임대주택에 관한 특별법 일부개정법률안", 2016.12.13. 윤관석(대표 발의), 박찬대, 이찬열, 김민기, 서영교, 전혜숙, 박남춘, 신경민, 박경미, 김병욱, 민홍철, 김해영, 문미옥, 황주홍, 장정숙, 기동민(16인)

진남영·최경호(2019). "사회주택 아카데미 교육자료", 주택도시보증공사 사회임대주택 금융지원센터.

진남영 외(2018). "사회적 경제주체를 통한 임대주택 공급모델 구축방안", 경기도시공사.

최은영 외(2016). "사회주택공급 활성화를 위한 대응 방안", 서울특별시의회.

최은영(2015). "사회주택의 필요성", 『한국주거학회지』, 10(3): 7-8, 한국주거학회.

하성규(1989). "사회주택정책의 이론적 접근", 『환경과 과학연구』, 1: 33-56, 중앙대학교 환경과학연구소.

Nielsen&Haagerup (2017). "The Danish Social Housing Sector: Recent Changes and Future Challenges", *Critical Housing Analysis*, 4(1): 142-149.

Oxley (2009). *Financing Affordable Social Housing in Europe*, Nairobi: UN-Habitat.

UNECE (2015). *Social Housing in the UNECE: Model, Trends and Challenges*.

Sanguinetti, A. (2013). *Cohousing: A Behavioral Approach, Transformational Practices, and the Retrofit Model*, Doctoral thesis (PhD), University of California:Irvine.

UN (2015). *Social housing in the UNECE Region: Models, Trends and Challenges*(국내 번역: UNECE 지역의 사회주택, 사회주택포럼(2017) 옮김)

2장 3절 주거권 강화를 위한 주거정책 거버넌스 구축방안

김정섭 외(2019). "미국 및 영국 대기자명부 운영사례 비교분석 용역 최종보고서", SH서울주택도시공사.

오도영·박준·김혜승(2015). "영국 주거복지정책의 변화: 2010년 이후 심화된 신자유주의적 변화를 중심으로", 『공간과 사회』, 25(2): 227-266, 한국공간환경학회.

이용만·김진유·김준형·김정섭(2018). "지속가능한 공공임대주택 공급 및 관리

운영을 위한 정책방안 연구", SH서울주택도시공사.

전성제(2020). "영국 보수당과 노동당의 주택정책 비교분석 연구", 『주택도시금융 연구』, 5(1): 41-62, 주택도시보증공사.

주거권 실현을 위한 한국 NGO 모임(2018). "유엔 주거권 특별보고관 방한 2018 한국 주거권 보고서".

HDB (2020). 2018/2019 *Annual Report Key Statistics*. Retrieved from https://services2.hdb.gov.sg/ebook/AR2019-keystats/key-stats.html

Leilani Farha (2019). *Report of the Special Rapporteur on adequate housing as a component of the right to an adequate standard of living, and on the right to non-discrimination in this context*, UN Human Rights Council.

Ministry of Housing, Communities & Local Government (2018). *Homes England Framework Document*. Retrieved from https://assets.publishing.service.gov.uk/government/uploads/system/uploads/attachment_data/file/754034/Homes_England_Framework_Document_2018.pdf

Office of the United Nations High Commissioner for Human Rights (2014). *The Right to Adequate Housing*, Fact Sheet No. 21/Rev.1. UN Habitat.

Pang, S., & Helble, M. (2016). *Housing Policies in Singapore*. Asian Development Bank Institute. Retrieved from https://www.adb.org/sites/default/files/publication/181599/adbi-wp559.pdf

HDB 홈페이지(History and Towns, hdb.gov.sg/cs/infoweb/about-us/history).

2장 4절 주택임대차 보호 강화를 위한 주거법원 도입

국토교통부(2020.10.13). "「상가건물 임대차보호법 시행령」개정안 국무회의 통과" 보도자료. http://www.molit.go.kr/USR/NEWS/m_71/dtl.jsp?lcmspage=1&id=95084601

국회예산정책처(2020). "2019 회계연도 공공기관 결산 위원회별 분석 I".

김정섭 외(2020). "임대료 연체세대 주거안정을 위한 대책 마련 연구용역 최종보고서", 서울주택도시공사, 서울시 중앙주거복지센터.

동아일보(2020.9.25). "집주인-세입자 갈등 줄이려면". https://www.donga.com/news/article/all/20200925/103101682/1

Gerull, S. (2014). "Evictions Due to Rent Arrears: A Comparative Analysis of Evictions in Fourteen Countries", *European Journal of Homelessness*, 8(2): 137-155.

Kenna, P., Benjaminsen, L., Busch-Geertsema, V., &Nasarre-Aznar, S. (2016). Pilot project-promoting protection of the right to housing-homelessness prevention in the context of evictions. European Commission, Directorate-General for Employment, Social Affairs and Inclusion, Luxemburg.

Office of the United Nations High Commissioner for Human Rights (2014). *The Right to Adequate Housing*, Fact Sheet No. 21/Rev.1. UN Habitat.

Residential Tenancy Branch (2015). *A Guide for Landlords & Tenants in British Columbia*. Retrieved from https://www.rentingitright.ca/sites/default/files/pictures/act_english.pdf

뉴욕주거법원. "Summary of Evictions, Possessions and Ejectments Conducted 2019". https://www.nycourts.gov/COURTS/nyc/SSI/statistics/Stats_2019SEPEC.pdf

주택임대차분쟁조정위원회 홈페이지(www.hldcc.or.kr).

찾기쉬운생활법령정보(www.easylaw.go.kr).

3장 1절 도시생태계를 살리는 시민체감형 도시르네상스사업

도시재생활성화 및 지원에 관한 특별법.

도시재생종합정보체계(https://www.city.go.kr/index.do).

이상준(2020). "도시재생뉴딜 정책동향과 신규제도이해", 『건설정책저널』, 37, 대한건설정책연구원.

국토교통부(2017). "2017년도 도시재생사업 추진실적(내부 자료)"

국토교통부(2018). "2018년 도시재생활성화계획 추진실적평가계획(내부자료)"

국토교통부(2019). "2019년 도시재생사업 추진실적 및 평가(내부 자료)"

김현수 외(2018). 『경제기반형 활성화계획 수립을 위한 지원체계 개발(V)』, 도시재생실증연구총서 12.

이왕건 외(2018). 『경제기반형 도시재생 추진전략 및 사업화 기법 개발(V)』, 도시재생실증연구총서 11.

홍경구(2018). "선순환구조를 위한 도시재생사업과 공기업의 역할", 『제4회 수도권공사 도시재생 공동포럼』, No.4, 수도권공사 도시재생협의회.

홍경구 외(2017). "도시재생실증연구단 5.경제기반형 도시재생사업의 성과평가 모니터링–청주시와 인천시를 사례로", 『대한국토도시계획학회 2017 추계학술대회』, No.30, 대한국토 도시계획학회.

홍경구 외(2014). "도시재생특별법의 시행방향과 과제", 『도시정보』, No.275, 대한국토·도시계획학회.

홍경구 외(2013). "도시활력증진지역 개발사업 현황과 과제", 『도시정보』, No.265, 대한국토·도시계획학회.

홍경구(2020). "성남형 공공재개발 추진전략 방안모색", 성남형 공공재개발사업모델 국회정책세미나. 발표자료.

한국도시계획가협회(2001). "다시 도시재생을 생각한다", 『URBAN PLANNERS』, 8(1): 8–35.

3장 2절 여성친화도시의 공정성 및 발전방향

고보혜(2019). "여성친화적 도시재생사업 추진방안: 광주광역시 사례를 중심으로", 『한국사회학회 사회학대회 논문집』, 한국사회학회.

김영미(2010). "자본주의 다양성 관점에서 본 젠더와 계급의 교차성", 『한국여성학』, 26(3): 65–89, 한국여성학회.

김영화(2010). "여성친화도시를 위한 성찰과 전망: 공간의 정치에서 복지의 공간

으로: 대구시의 경우를 중심으로", 『사회과학 담론과 정책』, 3(1): 91-121, 경북대학교 사회과학연구원.

마경희. (2007). "성 주류화 (gender mainstreaming) 에 대한 비판적 성찰: 여성정책의 새로운 패러다임인가? 함정인가?", 『한국여성학』, 23(1): 39-67, 한국여성학회.

문재원(2017). "혐오와 친화 사이에서, 도시와 마주친 여성들", 『동북아 문화연구』, 50: 205-223, 동북아시아문화학회.

박태원·천현숙(2012). "여성친화도시의 개념과 도시계획 구성요소", 『국토연구』, 372: 29-40, 국토연구원.

배은경(2016). "젠더 관점과 여성정책 패러다임: 해방 이후 한국 여성정책의 역사에 대한 이론적 검토", 『한국여성학』, 32(1): 1-45, 한국여성학회.

송향숙·박태원(2013). "여성친화도시 조성을 위한 계획요소 및 우선순위 선정에 관한 연구", 『2013 한국지역개발학회 춘계종합학술대회 발표집』, 227-240, 한국지역개발학회.

안숙영(2011). "젠더와 공간의 만남을 위한 시론-젠더평등의 관점에서", 『여성학연구』, 21: 7-37, 한국여성학회.

여성가족부(2017). "여성친화도시 조성 매뉴얼", 한국여성정책연구원.

여성가족부(2010). "여성친화도시 조성 매뉴얼", 한국여성정책연구원.

오세라비·김소연·나연준(2020). 『페미니즘은 어떻게 괴물이 되었나?』, 글통.

유영주(2006). "한국의 여성 및 가족정책의 변화-문제와 전망", 『여성가족생활연구』, 10: 51-75, 명지대학교 여성가족생활연구소.

유재언·변수정·이소영·최인선·배은경·이지연(2019). "젠더 관점에서의 인구정책 분석-저출산·고령사회 정책을 중심으로", 한국보건사회연구원.

이재경·김경희(2012). "여성주의 정책 패러다임 모색과 '성평등'", 『한국여성학』, 28(3): 1-33, 한국여성학회.

이현재(2010). "여성주의적 도시권을 위한 시론", 『공간과 사회』, 34: 5-32, 한국공간환경학회.

장지인·최정선·안현진·이재희(2020). "젠더관점에서의 스마트시티 보행환경에

관한 인식분석: 세종시 2-2 생활권 (새롬동) 여성특별설계구역 중심으로", 『도시행정학보』, 33(2): 81-98, 한국도시행정학회.

정승화(2018). "급진 페미니즘을 퀴어혐오로부터 구해내기", 『문화과학』, 95: 50-73, 문화과학사.

조명희·공미혜(2014). "여성친화도시 사례분석: 안전도시, 지역공동체활성화", 『젠더와 사회』, 25: 19-47.

조선주·이선민·이동선·권도연(2017). 『여성친화도시 시행단계별 발전방안 연구』, 한국여성정책연구원.

최유진·김양희·오미란·이미원·장미현·이동선·문희영(2015). "2015년 여성친화도시 사업성과 분석 및 개선방안 연구", 한국여성정책연구원.

통계청(2010). "통계로 보는 서울여성의 삶(2010년)". http://stat.seoul.go.kr/jsp/WWS8/webjin_view.jsp?wj_id=36

한국여성정책연구원(2012). "여성친화도시 안내서", 한국여성정책연구원.

매일경제(2020.9.23). "탈가족 시대 정책 어떻게…'물보다 피' 옛말, 혈연 중심 제도 바꿔야 1인 가구에 주택청약 소득공제 지원을".

KBS 뉴스(2020.10.11). "'여성 우선' 주차장 필요한가요? 서울 마포구의 실험".

한겨레(2020.04.25). "'생물학적 구분'이 연대의 토대? 페미니즘은 왜 '여성'의 범주를 묻는가".

Fainstein, S. S., & Servon, L. J. (Eds.). (2005). *Gender and planning: A reader*, Rutgers University Press.

Jo, A.; Lee, S. and Kim, J. (2020). "Gender gaps in the use of urban space in Seoul: Analyzing spatial patterns of temporary populations using mobile phone data", *Sustainability*, 12, 6481.

Kern, L. (2020). Feminist city: *Claiming Space in a Man-made world*, Brooklyn, NY, USA: Verso.

McDowell, L. (1999). *Gender, Identity & Place, Minneapolis*, MN, USA: University of Minnesota Press.

Miranne, K. B., & Young, A. H. (Eds.). (2000). *Gendering the city: Women, boundaries, and visions of urban life.* Lanham, ML, USA: Rowman & Littlefield Publishers, Inc.

Moser, C. (2012). Gender planning and development: *Theory, practice and training,* London, UK : Routledge.

Sandercock, L. and Forsyth, A. (1992). "A gender agenda: New directions for planning theory", *Journal of the American Planning Association,* 58(1): 49-59.

Terraza, H.; Orlando, M. B.; Lakovits, C.; Janik, V. L. and Kalashyan, A. (2020). *Handbook for Gender-Inclusive Urban Planning and Design,* Washington DC, USA : World Bank.

Polak, M. (2019). *I Am a Feminist: Claiming the F-word in Turbulent Times,* Victoria, BC, Canada : Orca Book Publishers.

World Economic Forum (2019). *Global Gender Gap Report 2020.* http://reports. weforum.org/global-gender-gap-report-2020/

여성가족부 홈페이지(www.mogef.go.kr).

UNDP 홈페이지(http://hdr.undp.org/en/content/gender-inequality-index-gii).

UN WOMENT 홈페이지(www.unwomen.org).

3장 3절 공공개발이익 국민환원제 도입

김군수 외(2019). "경기도형 지역균형개발 산업단지 도입방안", 경기연구원.

서순탁(2016). "저성장기의 개발이익환수제도 개편방향과 정책과제", 『토지공법연구』, 73(2): 65-81, 한국토지공법학회.

서울시정개발연구원(2011). "사전협상제도를 통한 도시개발의 공공성 증진방안 연구용역", 서울연구원.

이상경(1996). "상업지역 공동개발에서 지주간 권리조정을 위한 이윤분배 분석", 서울대학교 박사학위논문.

이상경(2018). "원가 공개를 통한 개발이익 국민환원제 도입". 『아파트 분양원가 공개 국회토론회(2018.12.19) 자료집』.

이상경·김진엽(2019). "개발이익 도민환원제: 대장동 개발사업의 특징과 시사점", 『GRI 정책브리프』, 2019-1, 경기연구원.

이상경 외(2019). "개발이익 공공환원 사례 심층연구", 경기연구원.

이성룡 외(2020). "기본소득형 개발이익 환원방안 연구", 경기연구원.

기본소득한국네트워크(basicincomekorea.org).

4장 1절 지방분권과 지역균형발전

김승태·전용주(2017). "지방분권과 지역균형발전: 긍정론과 회의론, 그리고 대안", 『공공정책연구』, 34(1): 31-55, 동의대학교 지방자치연구소.

김순은(2018). "자치분권과 지역균형발전의 상생적 추진전략", 『지방행정연구』, 32(1): 35-60.

김영삼(1989). "중앙집권과 지방분권의 재개념화", 『동의법정』, 5: 95-116, 동의대학교 지방자치연구소.

김태환 외 5인(2020). "인구의 지역별 격차와 불균형", 『균형발전 모니터링 & 이슈 Brief, 제1호.

김현호·김도형(2018). "지방분권형 지역균형발전정책의 설계", 한국지방행정연구원.

대한민국정부(1982). "제2차 국토종합개발계획".

대한만국정부(1992). "제3차 국토종합개발계획".

안성호(1993). "우리나라 지방분권화의 논거", 『한국행정보』, 27(3): 825-846, 한국행정학회.

양진홍·이미영·정우성(2020). "지역균형발전을 위한 통합적 지역발전체계 구축", 『국토정책 브리프』, 792, 국토연구원.

자치분권위원회(2017). "자치분권 로드맵(안)".

자치분권위원회(2018). "자치분권 종합계획(안)".

자치분권위원회(2019). "2019년 자치분권 시행계획".

자치분권위원회(2020). "2020년 자치분권 시행계획".

조민경·김렬(2014). "재정분권이 지역경제성장에 미치는 영향", 『도시행정학보』, 27(2): 263-286.

최성욱(2018). "기호학적 텍스트분석을 통한 지방분권담론의 이분법적 대립성 해체", 『지방정부연구』, 21(4): 465-487, 한국지방정부학회.

통계청, 『인구총조사』.

국가기록원, "기록으로보는 지방자치의 발자취". https://theme.archives.go.kr//next/localSelf/vote.do

4장 2절 일자리 창출과 지역경제 리질리언스

강명구·구교준·기정훈 외(2017). 『지역개발론』, 박영사.

글레이저(2011). 『도시의 승리: 도시는 어떻게 인간을 더 풍요롭고 더 행복하게 만들었나』, 해냄출판사.

김영수(2013). "지역산업의 고용구조 변화와 일자리 창출 전략", 산업연구원.

김진하(2016). "제4차 산업혁명 시대, 미래사회 변화에 대한 전략적 대응 방안 모색", 『KISTEP InI』, 15, 한국과학기술기획평가원.

모레티(2014). 『직업의 지리학: 소득을 결정하는 일자리의 새로운 지형』, 김영사.

석병훈·이남강(2021). "한국경제의 추세 성장률 하락과 원인", 한국은행.

조미경(2020). "지역 산업생태계의 회복력과 '약한 연결'의 중요성 연구: 자동차 산업 네트워크 분석을 중심으로", 서울시립대학교 박사학위논문 .

통계청(2020). "2020년 12월 및 연간 고용동향".

통계청(2021). "2020년 연간 고용동향".

통계청 전국사업체조사(경제총조사)

ECORYS. (2009). *Study on the Competitiveness of the European Shipbuilding Industry.*

Granovetter, Mark S. (1973). "The Strength of Weak Ties". *The American Journal of Sociology*, 78(6):1360-1380.

Gunderson, L. H., and C. S. Holling (Eds.) (2002). *Panarchy: Understanding Transformations in Human and Natural Systems*, Island Press.

Holling (2002). Adaptive Cycle: *Basic Ecosystem Dynamics*, https://www.resalliance.org/adaptive-cycle

Ritchie, Hannah (2017). *Technology Adoption*, Published online at OurWorldInData.org. Retrieved from: 'https://ourworldindata.org/technology-adoption' [Online Resource]

중소벤처기업부 홈페이지(www.mss.www.mss.go.kr)

4장 3절 풍요로운 국토

김규호(2020). "코로나19 발 식량위기론의 부상배경과 대응과제", 『이슈와 논점』, 제1703호, 국회입법조사처.

김선범(2001.7.18). "건축자료: 독시아디스의 도시, 건축사상", https://m.cafe.daum.net/alwaysarchi/1w3Y/4?q=D_oNeYewAwh3Y0&, 검색일 20201221.

김선철(2017). "환동해 경제권 구축을 위한 한일 협력의 지정학", 『동북아·북한 교통물류 이슈페이퍼』, 2017-10, 한국교통연구원.

농민신문(2019.6.12). "곡물자급률은 '세계 최하위'…농약 사용량은 '선진국의 10배'", https://www.nongmin.com/news/NEWS/POL/ETC/312279/v

대한민국정부(2019). "모두를 위한 국토, 함께 누리는 쉼터, 제5차 국토종합계획 (2020-2040)", 국토연구원.

일본경제통상산업부(2018). "Structure of the 5th Strategic Energy Plan", https://www.meti.go.jp/english/press/2018/pdf/0703_002b.pdf

일본국토교통성(2020). "국토의 장기전망전문위원회(제10회) 배부자료 중 참고자료2 기업대상 설문조사 결과 (속보)", https://www.mlit.go.jp/policy/shingikai/kokudo03_sg_000219.html

주한 유럽연합(EU) 대표부(2019.1.28). "유럽의 농업정책", https://blog.naver.com/eudelkorea/221452908800

중앙일보(2016.10.4). "러시아와 일본은 철도로 연결한다는데…", https://news.

joins.com/article/20675126

프리마미디어코리아(2020.10.14). "푸틴, 러시아 '사할린-본토' 연륙교 건설 또
다시 언급", http://www.primamediakorea.com/news/articleView.
html?idxno=1791

한국석유공사(2020). "석유수급통계", https://kosis.kr/statHtml/statHtml.
do?orgId=318&tblId=TX_31801_A008&conn_path=I3

한은영·서종원(2020.10.30). "2020 러시아 항만인프라 현황과 시사점", 『동북아
북한 교통물류 이슈페이퍼』, 2020-19, 한국교통연구원.

ICAO (2019). 『Annual report of the Council』, https://www.airportal.go.kr/
knowledge/statsnew/data/policy.jsp#

KBS 뉴스(2020.6.25). "코로나19 이후 귀농·귀촌 인구는 늘어날까? 줄어들까?",
http://news.kbs.co.kr/news/view.do?ncd=4479445&ref=A

OECD (2016). "OECD gender data portal and OECD secretariat estimates
based on national time-use surveys", http://www.oecd.org/els/family/
database.htm, 검색일 20201224.

UNESCAP. "Asian Highway Network", https://www.unescap.org/our-
work/transport/asian-highway-network, 검색일 2020.12.11.

이 책을 함께 준비한 사람들

이한주

이한주 경기연구원장은 가천대학교 경제학과 교수로 경영대학원장, 부총장을 역임하고 새로운경기위원회 공동위원장, 대통령 직속 국정기획자문위원회 경제1분과 위원장을 지냈다.

강식

강식 선임연구위원은 경기연구원에 근무하고 있다. 1999년 이래 지난 20여 년간 경기도의 도시 및 지역 계획과 관련한 다양한 정책연구들을 수행하여왔다. 주요 연구 분야는 도시계획 및 도시설계, 도시개발, 건축정책, 농촌공간정책 등이다.

김윤상

김윤상 교수는 경북대학교 명예교수이며 자유업 학자이다. 서울대학교 법과대학 졸업 후 환경대학원에서 석사를, 미국 펜실베이니아대학교에서 도시계획학으로 박사학위를 받았으며 사회정의와 토지정책을 전공했다. 저서로 『지공주의: 새로운 토지패러다임』, 『이상사회를 찾아서: 좌도우기의 길』 등이 있고 번역서로 헨리 조지의 『진보와 빈곤』 등이 있다.

이태경

이태경 부소장은 현재 토지+자유연구소에서 근무 중이다. 전공은 법학이다. 토지정의시민연대 사무처장, 헨리조지포럼 사무처장 등을 역임하며 토지가치공유 운동을 전개해왔다. 관심사는 토지정의, 기본소득, 사법정의 등이다.

임재만

임재만 교수는 세종대학교 산업대학원 부동산·자산관리학과에 근무하고 있다. 20여 년에 걸친 세월 동안 토지와 주택 부문의 다양한 연구를 수행한 바 있으며, 부동산경제, 부동산투자, 부동산금융 등의 교과목을 강의하고 있다. 부동산학 분야의 전문 학술단체인 한국부동산분석학회와 한국주택학회에서 다양한 활동을 펼치고 있다.

남기업

남기업 박사는 토지+자유연구소 소장으로 활동하고 있다. 토지 공개념의 원류(原流)인 헨리 조지의 경제사상을 주제로 학위를 마쳤고, 그 후 16년 동안 부동산 개혁에 관한 연구와 시민운동을 병행하였다. 현재는 '한국토지정책학회' 부회장과 기독시민단체인 '희년함께'의 공동 대표로 활동하고 있다.

이헌욱

이헌욱 변호사는 2001년 개업한 이래 민생 개혁을 위해 참여연대, 민변 등에서 시민운동을 펼쳐 왔으며, 2019년 2월부터 경기주택도시공사 사장으로 재임하고 있다. 주요 관심사는 불평등을 완화하고 혁신을 가속할 수 있는 도시 개발의 실현이며, 기본주택은 보편적 공공재로 주거문제 인식 변화를 위한 주거 안정 혁신정책이다.

이지욱

이지욱 부장은 2005년 경기주택도시공사에 입사한 이래 주로 임대주택사업 기획업무를 담당하였으며, 현재는 기본주택사업1부장으로 재직하고 있다. 주요 수행 업무로는 유휴 국·공유지 및 모듈러 공법을 활용한 임대주택 건립사업, 따복하우스 및 기본주택 정책기획 업무가 있다.

권순형

권순형 박사는 (사)새로운사회를여는연구원 이사로 재직하고 있다. 성균관대학교에서 경영학을 전공하고 한성대에서 부동산학 석사·박사 학위를 받았다. 공공주택 혁신, 주거복지, 사회주택, 도시재생, 산업단지 구조고도화 등에 관심을 가지고 연구하고 있다.

김정섭

김정섭 교수는 울산과학기술원(UNIST) 도시환경공학과에 근무하고 있다. 플로리다대학교(University of Florida)에서 도시 및 지역계획학 박사 학위를 취득한 이래로 공공임대주택, 사회적 혼합, 공유주택, 주거 선호와 주택시장, 젠트리피케이션 등 주택 및 커뮤니티 개발과 관련한 다양한 이론적, 정책적 연구들을 지속적으로 수행하고 있다.

홍경구

홍경구 교수는 단국대학교 건축학부에서 건축과 도시설계를 가르치고 있다. 20여 년간 건축과 도시재생, 신도시설계에서 프로젝트를 진행하였다. 대구근대골목 역사문화벨트, 김광석길 및 앞산맛둘레길, 수원화성, 공주 원도심 도시재생사업과 판교창조경제밸리, 대구혁신도시, 화성동탄 지구단위계획에 참여하였다.

김재철

김재철 교수는 조지아공과대학교(Georgia Tech)에서 도시설계 박사학위를 받고 국토연구원을 거쳐 현재 가천대학교 도시계획·조경학부 부교수로 재직 중이다. 주요 연구 분야는 휴먼스케일의 도시설계, New Urbanism, 기술 및 사회 변화를 수용하는 도시 모델 개발, ICT를 활용한 도시설계 실무 개선 등을 포함한다.

이상경

이상경 교수는 가천대학교 도시계획·조경학부에서 미래의 계획가들을 양성하고 있다. 서울시정개발연구원 등을 거치면서 송도신도시, 상암 DMC, 대구혁신도시 등의 계획에 참여하였으며 현재 경기도 도시계획위원으로 지역사회에 봉사하고 있다. 도시문제를 해결하고 국토 공간을 혁신할 수 있는 방안을 연구하는 것에 관심이 많다.

임동근

임동근 박사는 서울대학교 도시공학과를 졸업하고 동 대학원에서 공학 석사를, 프랑스 파리7대학에서 지리학 박사학위를 받았다. 지은 책으로 『서울에서 유목하기』, 『메트로폴리스 서울의 탄생』(공저) 등이 있고, 옮긴 책으로 데이비드 하비의 『신자유주의의 세계화의 공간들』 등이 있다.

강명구

강명구 교수는 미국 MIT에서 도시 및 지역계획 박사를 취득하였다. 서울시 국제도시개발협력단 단장을 역임하였고, 세계은행(World Bank) 등 국제기구의 도시 및 지역계획 전문가로서 활동하고 있다. 현재 서울시립대학교 교수이며, 스마트도시연구센터 센터장이고, 국제 저명 학술지 IJUS의 편집장이다.

정창무

정창무 교수는 서울대학교 공과대학 건설환경공학부에 근무하고 있다. 40여 년에 걸친 세월 동안 국토도시계획의 다양한 연구를 수행한 바 있으며, 도시계획, 국토계획, 도시경제학 등의 교과목을 강의하고 있다. 국토·도시계획학 분야 전문 학술단체인 대한국토·도시계획학회 25대 학회장을 역임한 바 있다.

공정한 부동산, 지속가능한 도시

2021년 6월 20일 1쇄 인쇄
2021년 6월 28일 1쇄 발행

기 획 | 이한주 · 강식
지은이 | 이상경 외
발행인 | 윤호권 박헌용
본부장 | 김경섭

발행처 | ㈜시공사
출판등록 | 1989년 5월 10일(제3-248호)
브랜드 | 시공사

주소 | 서울특별시 성동구 상원1길 22 7층(우편번호 04779)
전화 | 편집(02)2046-2864 · 마케팅(02)2046-2800
팩스 | 편집 · 마케팅(02)585-1755
홈페이지 www.sigongsa.com

ISBN 979-11-6579-617-4 (04300)
세트 ISBN 979-11-6579-616-7 (04300)